Christina Thürmer-Rohrs Essays sind desillusionierend und provozierend: Das Vertrauen in den Mann als Kulturträger und Wertsetzer ist verbraucht, sein moralischer Zerfall ist nicht länger zu kaschieren. Aber, und das ist eine zentrale Aussage dieser Essays: Die Frauen sind auch nicht unschuldig. Ihre Beteiligung an der zynischen Entwicklung der Männergesellschaften steckt in den »normalen« Eigenschaften des weiblichen Sozialcharakters, der die prinzipielle Bejahung des Mannes und seiner Welt sicherstellen will. Der Lohn: ein Platz in dieser Welt. Die Frau bezahlt für ihr »Dazugehören« mit der permanenten Anstrengung der Realitätsleugnung: wegsehen, beschönigen, ausblenden, so tun, als ob ... Die Aufkündigung dieser Bejahung bedeutet Heimatlosigkeit, die Aufgabe des festen Platzes in der Männergesellschaft. Das beklagt die Autorin aber nicht als Verlust. Denn diese Heimatlosigkeit bildet die Voraussetzung dafür, daß Frauen sich aus ihrer Mittäterschaft lösen. Das Vagabundinnendasein bezeichnet einen moralisch-politischen Protest, einen Weg der Unversöhnlichkeit mit den herrschenden Verhältnissen.

Christina Thürmer-Rohr, Jahrgang 1936, ist Professorin am Fachbereich Erziehungswissenschaften der TU Berlin mit Schwerpunkt Frauenforschung. Zuvor arbeitete sie in psychologischen Beratungsstellen und in der Stadtplanung. Zahlreiche Veröffentlichungen in kulturpolitischen Zeitschriften und Sammelbänden. Außerdem: ›Verlorene Narrenfreiheit‹, Essays, Berlin 1994.

Christina Thürmer-Rohr
Vagabundinnen
Feministische Essays

Fischer Taschenbuch Verlag

Die Frau in der Gesellschaft
Herausgegeben von Ingeborg Mues

Veröffentlicht im Fischer Taschenbuch Verlag GmbH,
Frankfurt am Main, Januar 1999

Lizenzausgabe mit freundlicher Genehmigung
des Orlanda Frauenverlags, Berlin
© Orlanda Frauenverlag, Berlin 1987
Für die erweiterte Ausgabe:
© Fischer Taschenbuch Verlag GmbH,
Frankfurt am Main 1999
Gesamtherstellung: Clausen & Bosse, Leck
Printed in Germany
ISBN 3-596-13982-1

Inhalt

Vorwort
7

Das Ende der Gewißheit
11

Abscheu vor dem Paradies
26

Aus der Täuschung in die Ent-Täuschung
Zur Mittäterschaft von Frauen
45

Liebe und Lüge: »Meine geliebten Kinderchen!«
68

Letzter Liebesanfall
89

Feminismus und Moral
97

Wendezeit – Wendedenken – Wegdenken
109

Feminisierung der Gesellschaft – Weiblichkeit als Putz- und Entseuchungsmittel
124

Der Chor der Opfer ist verstummt
Eine Kritik an Ansprüchen der Frauenforschung
142

Querdenken – Gegenfragen – Einspruch
Zündstoff feministischer Forschung
165

Haßverbot
180

Das »moralische Irresein« der Frau
197

**Die unheilbare Pluralität der Welt –
Von Patriarchatskritik zur Totalitarismusforschung (1998)**
214

Anmerkungen
231

Quellenhinweise
247

Vorwort

Die hier gesammelten Texte sind in den achtziger Jahren geschrieben. Es war eine Zeit, in der die Zerstörungsfähigkeiten der Kultur des weißen Mannes Ahnungen zu übertreffen begannen und in ein Stadium der Endgültigkeit übergingen. In jeder Phase der eigenen Lebenszeit bedarf es einer hohen Schmerzfähigkeit, um nicht aus persönlicher Notwehr Schutzzonen um sich selbst zu errichten. In jedem Zeitabschnitt ein neuer Versuch, sich von der Wirklichkeit belehren zu lassen. Die Schlüsselereignisse der achtziger Jahre wurden zu Metaphern der Schädlichkeit und Selbstschändung dieser Männerkultur, deren Geschichte und gefährliches Wissen nicht mehr zu tilgen sind. Es waren Erschütterungen, die die Vertrauensreste in jede Kraft der Vernunft und jeden Willen zur Selbstbeaufsichtigung auffliegen ließen. Und es reichte nicht aus, Gewalttätigkeit und Gewaltdenken des *herrschenden* Mannes anzuklagen. Denn erschüttert war das Vertrauen in die eigene Kultur und damit auch in die weiße Frau als deren zwar wenig sichtbaren, aber mittragenden Teil.

Mit einer Kritik, die vor der eigenen kulturellen Person, den eigenen Zeitgenossinnen nicht haltmacht, wird ein feministisches Selbstverständnis zwar nicht beerdigt. Aber die Dinge werden unübersichtlicher, verworrener, vielleicht quälender, ehrlicher; Gut und Böse werden uneindeutiger; die Suche nach der sogenannten Identität, nach einer Essenz der verlorenen Personen absurder.

»Ich brauche nicht Heimat, ich brauche Freiheit«, sagt Peter Bichsel, »wenn man mir die garantiert, dann werde ich so viel Heimat finden, wie ich brauche, meine Frau, meine Freundin, Beethoven, Schubert, Lester Young, Tom Waits, ... Goethe und Robert Walser,

Bakunin und Heinrich Heine, einen Trinker am Bahnhofsbuffet ...«[1]

So kann nur einer sprechen, der im Einverständnis mit seiner Welt lebt und dem alles zur Verfügung steht, solange er nicht festgenagelt und eingekerkert ist. Der Mann erlaubt sich weiterhin die Pflicht und das Vergnügen, nach Bedarf und freier Wahl der Autorität eines anderen zu verfallen[2], polykulturell die Welt im Kopf und mit den Füßen zu durchwandern, rastlos und gelassen zugleich und ohne Entsetzen. Und auf diesem Weg wird er immer etwas finden, das er wiederholen, fortsetzen, überhöhen und beerben will.

Auch die Ortlosigkeit der freien Geister, der souveränen Einsiedler ist keine heimatlose. Ihre Welt liegt da für sie, ob sie sie verachten oder verehren, ob sie hingehen oder sie sich selbst überlassen. Ihre Sehnsucht ist ein Heimweh, die Rückerinnerung an ein vergangenes Glück[3], die Suche nach etwas, das sie schon einmal hatten und das ihnen zerstört wurde. Selbst die Brüder von der Landstraße, die Ende der zwanziger Jahre auf deutschen Straßen herumzogen, 100 000 Arbeitslose und Abenteurer, Abgebaute und Abgehauene, die letzten Nachfahren der Handwerker auf der Walz und die moderne Hungerarmee der Weltwirtschaftskrise, herumstreifende Rebellen, Unbehauste und Grenzgänger der Gesellschaft: Sie überlieferten bei aller erzwungenen, manchmal selbstgewählten Not noch immer ein Lebensgefühl des Beheimatetseins.[4] Sie sahen sich zu Hause auf der ganzen Erde mit Bruder Baum und Gras und Tier und Mensch, Brüder einer großen Menschenfamilie.[5]

Die Identität, die wir haben, ist unsere Geschichte. Und diese führt Frauen weder in Heimat noch in Freiheit, nicht zu Erfahrungen des Wiedererkennens, kaum in Räume der Erinnerung.[6] Meine »Identität« wird nicht fragwürdig, sondern sie war es längst; ich werde nicht heimatlos, sondern bin es längst. Meine Sehnsucht bleibt vorstellungslos und ohne Vor- und Zurückversicherungen, Vagabundieren wird zum Symbol eines Lebensversuchs, der an Vertrautes nicht anknüpft, der Vertrautes nur zum

Anlaß nimmt, falsche Heimstätten wieder zu verlassen, Heilung von einem Mitgefühl, das Urteile unmöglich macht. Ein Weg zwischen Erschöpfung und Neugierde. Eine andere Liebe zum Leben.

Berlin, Januar 1987

Der Beitrag »Die unheilbare Pluralität der Welt« (Seite 214), der der 1987 erschienenen Erstausgabe hinzugefügt wurde, stammt aus dem Jahr 1998.

Das Ende der Gewißheit

Als ich in den fünfziger Jahren – nach hautnahen und gleichzeitig als schicksalhafte Normalität erlebten Kriegs- und Nachkriegserfahrungen – zum ersten Mal mit der Weiterproduktion und der Wirkungsweise von Atombomben und mit der Diskussion um die atomare Aufrüstung der Bundeswehr konfrontiert wurde, stand für mich eines fest: Es passiert, und hoffentlich bald. Die Katastrophe ist unabwendbar. Ich war vom kommenden Atomkrieg und von der nahen und totalen Menschenvernichtung durch Menschen überzeugt. Bevor ich das Leben richtig begonnen hatte, war ich bereit, es wieder sein zu lassen, und bereit zu der Erkenntnis: Das Leben ist nicht haltbar. Das von Menschen Produzierte als Schicksal zu akzeptieren, Krieg zu behandeln wie Religion, die wie er die Selbstopferung verlangt, bewährte sich als selbstverständliches Denkmuster.
Es war keine Angst vor der Katastrophe, keine Verzweiflung und Trauer über eine vermeintliche Zukunftslosigkeit, keine angstvolle Erwartung des Endes. Die nihilistische Überzeugung, daß die Menschen sinnlos und das Leben sinnlos seien, hatte materielle Gestalt angenommen. Die nukleare Selbstzerstörung war ihr konsequenter Ausdruck, Beweis für die Absurdität des Glaubens an Sinn und Zweck der Geschichte und der menschlichen Existenz. Das war ohne Rebellion, ohne Pathos der Verzweiflung, der Ausweg- und Aussichtslosigkeit. Fatalismus, dem gerade der totale Krieg als Lockung und Lösung erscheint: Müdigkeit mit dem Leben, die geheime Müdigkeit mißbrauchter Menschen auf der mißbrauchten Erde, das Leben langfristig mit Sinn auszustatten.
Mein bereitwilliger Griff nach der Vision vom schnellen gewaltsamen Ende war aber nicht der der tragischen Selbstmordkandidatin. Es gab auf der Welt noch was zu suchen. Das Leben handelte

noch von etwas. Aber im Zeitraffer. Es ging um alles, und um mehr, als dazusein. Die verbleibende Zeit war mit maßlosen Erwartungen gefüllt, mit Selbstvergeudung und Selbstverausgabung, mit dem Gefühl unbegrenzter Freiheiten und dem Mut, zu realisieren, was vollkommen perspektivlos sein würde. Nichts mußte aufgebaut, gesichert, erhalten und festgehalten werden. Das kurze Leben, ein Überschuß, ein sinnloser Luxus, eine sinnlose Leidenschaft, ohne Zeit für Unwesentliches, Beliebiges, Indirektes, Halbes, ohne Raum für Alltage. Sie wurden aus diesem Lebensgefühl herausgetrennt. Sie störten. Sie gerieten in unerträglichen Kontrast zu den unruhigen Höhenflügen. Sie waren das uneigentliche Leben, und die Unvermeidbarkeit dieser Alltage führte eher zur Verzweiflung als das Wissen um die Unlebbarkeit des »eigentlichen« Lebens auf Dauer. Dieses war beherrscht von der unwilligen Ablehnung von Ablenkungen und der absoluten Intoleranz gegenüber allen Versuchen von außen, die eigenen Vorstellungen vom Lebenskonzentrat zu beschneiden oder durch Maßregelungen zu ordnen.

1955, achtzehnjährig, las ich den »Tod in Venedig«. In dem mittlerweile leicht vergilbten Fischer-Taschenbuch im charakteristischen Umschlagdesign der fünfziger Jahre sind die Spuren meiner damaligen selektiven Faszination von diesem Stoff Thomas Manns noch sichtbar: heftige Bleistiftunterstreichungen von Satzfetzen wie: »Vorteile des Chaos«, »Unzucht und Raserei des Untergangs«, »Sympathie mit dem Abgrund« ...[1]

Die todbringende Epidemie im Nacken, die sich in den schmutzigen Gassen Venedigs heimlich und unaufhaltsam ausbreitete, konnte Gustav Aschenbach sein Gefüge bürgerlicher Ordnung verfallen lassen, in dem er sich bislang erfolgreich und wohlanständig eingerichtet hatte. Vor dem Hintergrund des Untergangs, des nahen und sicheren Verfalls nahm er sich Freiheiten, die zuvor in seinem standhaften männlich-würdigen Leben und in Unkenntnis der eigenen Wünsche seinen Horizont nicht gestreift hatten; Freiheiten, die ihn jenseits aller Regeln der Kunst und des bürgerlichen Verstandes brachten. Einen Jungen zu lieben und alle Kräfte unwirtschaftlich in Rausch und Gefühlen aufgehen zu lassen, dieser Sprung ins Unerlaubte und aus der gesellschaft-

lichen Normalität und Zustimmung heraus war nur möglich, weil Aschenbach den Tod und nicht den Fortbestand des Lebens erwartete.
Das Pathos vom Leben am Rande des Todes, in dem der Tod nicht mehr aus dem Leben und in die Zufälligkeit gedrängt wird, das Leben im Beisein des Todes macht intolerant gegenüber den Grenzen eines immer wieder in den Dimensionen kontinuierlichen Fortschritts funktionierenden Denkens. Es führt zur Unverträglichkeit gegenüber der geisteskranken Normalität, der Alltäglichkeit, der Abstumpfung der Gefühle, der zeitverschwenderischen Gleichgültigkeit. Leben so, als sei es mit der Erde so oder so zu Ende – sofort oder demnächst –, ist exzessiv, es beansprucht und verausgabt alles auf einmal. Es kann keine langsamen Entwicklungen abwarten, hat wenig Geduld, wenig Vorsicht und Rücksicht. Es schont nicht und spart nicht auf. Es ist verantwortungslos und formlos, dachte ich, und hat keine Moral, denn es läßt los, was sich nicht bewährt, was ent-täuscht. Es hat ein gutes Verhältnis zur Illusion, denn ob Erfahrungen auf Realität oder auf Schein beruhen, wird gleichgültig. Es ist wagemutig und ist mißmutig in der Anerkennung einer verläßlichen Zukunft. Konflikte werden verschoben. Und sind sie nicht verschiebbar, so ist die besänftigende Lösung immer der Gedanke an die allgemeine Auflösung. Es gibt keine Aufgaben und keinen Fahrplan. Der Blick konzentriert und verengt sich auf Sensationen. Im Alltag kann nichts Wesentliches entdeckt werden. Und so ist beängstigend nicht, daß es nicht weitergeht, sondern daß es weitergehen könnte.
Wer von der Sinnlosigkeit der menschlichen Existenz überzeugt ist, wundert sich nicht, daß »die Menschheit« konsequent die Beendigung dieser Sinnlosigkeit herbeiführt, und stimmt mit denen, die das tun, überein.
Die in dieser Sinnlosigkeit erblühenden Ordnungssysteme treten gleichzeitig in ihrer ganzen Absurdität zutage.

Mit den diversen Menschenbildern, mit denen zu leben ich schon probiert habe, ist heute nicht auszukommen. Ich kann mich also nicht mehr zurechtfinden losgelöst von der Tatsache, daß die

Atombombe – wie alle anderen Vernichtungsinstrumente auch – kein von außen oder von oben über uns gekommenes Verhängnis ist. Vielmehr ist

> »die Bombe keine Spur böser als die Wirklichkeit und um kein Haar destruktiver als wir. Sie ist nur unsere Entfaltung, eine materielle Darstellung unseres Wesens. Sie ist bereits als Vollkommenes verkörpert, während wir im Verhältnis zu ihr noch gespalten sind ... Die Bombe fordert von uns ... Selbsterfahrung. Wir sind sie. In ihr vollendet sich das westliche ›Subjekt‹.«[2]

Akzeptiere ich zunächst das zwischen Mächtigen und Nicht-Mächtigen, zwischen Männern und Frauen nicht differenzierende »Wir«, gehe ich also davon aus, daß »wir«, daß »wir alle« an der Fertigstellung dieses Symbols zivilisiert-patriarchalen Machtdenkens – in sehr unterschiedlichen Funktionen zwar – teilhaben: Der Motor der weiteren überschaubaren Geschichte bleibt die Existenz eines seit 40 Jahren um das Tausendfache angestiegenen und weiter ansteigenden Ausrottungsfaktors. Die zynische Provokation, die in diesem materiellen Abbild »menschlichen Wesens« steckt, ist umwerfend. Sie wirft Reste eines mit Hoffnungen und Utopien veredelten Menschenbildes um. Der Mensch steht auf dem Spiel. Die Zeiten der Naivität sind vorbei, die Zeiten der trotzigen Hoffnungen. Meine Unschuld und die derjenigen, die ich gern unschuldig sähe, ist nicht wiederherzustellen. Was es auch immer sei, Schock, Zynismus, Verzweiflung oder Verdrängung: Es sitzt mir in den Gliedern, in den Nerven, im Blick, in den Mundwinkeln, im Magen.

Damit wird den Tagen zunächst jede Heiterkeit gestohlen. Es ist einmal der Haß, der die Tage düster macht. Der Ekel vor denen, die den Verteidigungssadismus als Form der notwendigen Selbsterhaltung von Völkern und Völkergruppen gutheißen und sich in akzeptierender Übereinstimmung mit dieser herrschenden Logik befinden. Wir haben sie vor uns und um uns, und es sind, wie die letzte Bundestagswahl bestätigt hat, die meisten. Zwar fühle ich mich ihnen nicht zugehörig, nein, sie sind mir bis zur physischen Allergie unerträglich, ich meide sie, absentiere mich, ich sehe und höre weg, ich kehre bei ihnen nicht ein, ich suche mir andere Orte.

Dennoch bin ich aufgeklärt genug, um zu wissen, daß wir nicht

einfach die »anderen« Menschen sind, nämlich Frauen. Und so hasse ich nicht nur die, die so weitermachen als wäre nichts, sondern kämpfe auch mit der eigenen Selbstverachtung, wenn ich mich versteinert, mürrisch und erkältet vorfinde, wenn ich das verliere, was mich liebesfreudig und liebenswürdig hat sein lassen: Ich sehe, wie ich schrumpfe.
Ich hatte mich gewappnet und geschont mit etwas Gutgläubigkeit und Kurzblick, mich mit lebensfähig erhaltenden Irrtümern versehen. Bei allem partiellen oder vermeintlichen Durchblick, bei aller aufgeklärten Skepsis hatte ich die Vollendung des Menschen nach seiner »bösen« Seite nicht wirklich erwartet.
Mit der Entwicklung der Naturwissenschaften war im 19. Jahrhundert die Vorstellung immer mehr zusammengebrochen, daß ein höherer Zweck, ein überirdischer Sinn das Leben der Menschen auf der Erde lenke. Gott ist tot. Und wenn Gott tot ist, erscheint das Leben blind, beliebig, zwecklos, rechtlos, entbehrlich und unerlösbar. Es gibt nur noch eine materielle Naturwelt, deren Gesetzmäßigkeiten aufklärbar sind. Der Zusammenbruch der theologischen Astronomie war ein Schock, eine Totalzerstörung des geistigen und emotionalen Habitus, nicht nur von Männern.

Durch ihre eigenen Erkenntnisse haben die Menschen gleichzeitig ihre eigene Wichtigkeit vernichtet. Der Mensch, in seinen früheren Augen ein »Kind Gottes« und gottähnlich, ist nur noch irgendein Lebewesen, das weder unentbehrlich noch einzigartig ist, ein Spielball des Unsinns. Seitdem »rollt der Mensch immer schneller ... ins Nichts«[3]. Wer ist der Gesetzgeber, und wo sind die Linienrichter der Moral, wenn kein Gott und keine Heiligen nach dem Rechten sehen und registrieren, was die Menschen tun? Wir sind nicht gesollt, sondern nur da. Also, warum sind wir überhaupt? Dafür, daß das sinnlos ist, rächen die Menschen sich, indem sie das Nichtsein selbst besorgen und die Vernichtung selbst in die Hand nehmen. Diese Rache, in der Menschen ja immerhin noch eine Konsequenz zögen, die die Natur selbst trotz ihrer Gesetzmäßigkeit offenbar nicht zieht, könnte die einzige ihnen noch freistehende Aktion sein.
Bombenhersteller, -befürworter und -dulder, die Ausbreitung ni-

hilistischer Gedanken bis zur Massenmentalität der vierziger und fünfziger Jahre und die Entwicklung des Massenvernichtungsinstruments Atombombe, der Nationalsozialismus als erste politische Bewegung, die Menschenmassen als Menschen verneinte, um sie als Rohmaterial oder Abfall zu vernichten – sie bildeten einen Komplex, und es schien gleichgültig geworden, ob die Existenz der Bombe als Zeugnis für die Sinnlosigkeit des Daseins oder umgekehrt die Sinnlosigkeit des Daseins zum Legitimationsgrund für die Existenz der Bombe wurde.
Wir sind eh zu nichts da, die Bombe geschieht uns recht, und da die Bombe da ist, taugen wir ja doch zu nichts, und da wir zu nichts taugen, kann die Bombe ja auch nichts mehr schlimmer machen.
Die Sinnlosigkeit der Welt verknüpfte sich mit der Konsequenz: Alles ist gleich, alles ist egal, alles ist erlaubt; ob es die Welt gibt oder nicht, ist egal, also könnte es sie auch ebensogut nicht geben, also spricht nichts dagegen, sie zu zerstören, also spricht auch nichts dagegen, ihrer Zerstörung zuzustimmen.

Spätestens der Aufrüstungsbeschluß der Nato-Länder vom 12. 12. 1979 rief Erinnerungen an solche Gedankenfetzen aus den fünfziger Jahren wach. Damals hatte ich ihnen nicht viel mehr entgegenzusetzen als meine eigene, mir eigentlich inkonsequent erscheinende Neugierde aufs Leben, auf mich selbst und andere Menschen. In der Zwischenzeit war es möglich geworden, die Zukunft nicht nur als private Sehnsucht, sondern als eine gesellschaftliche »Perspektive« zu entdecken. Die befreiende Bekanntschaft mit der marxistischen Philosophie und die Überzeugung, daß die Misere der Menschen und die Vernichtungsabsichten der Herrschenden eine kapitalistische Systematik besäßen und nicht Sinn der Sinnlosigkeit seien, griffen in den lebenshungrigen Fatalismus ein, beendigten ihn. Leben als ein Unterwegssein nach dem vollkommenen Augenblick, als Suche nach etwas Glück, punktuell, zufällig und abreißend, das war jetzt zum verheerenden Irrtum geworden, der auf vorenthaltenes Wissen über die wahren Zusammenhänge dieser Gesellschaft und ihrer Geschichte zurückgeführt wurde, auf falsches Bewußtsein und ver-

logene Vermittlung. Christentum, bürgerliche Wissenschaft, der Glaube wie der Nicht-Glaube hatten alle in Sackgassen gelenkt, von denen aus nichts zu durchschauen war. Während zuvor die Überlebensstrategie darin bestanden hatte, aus einer statischen Welt etwas herauszubrechen, was nicht Mangel war, ein Stückchen Glück, das es irgendwo und immer wieder mal zu finden gab, eignete ich mir jetzt mit vielen anderen gierig und kurzatmig eine Theorie an, die von Veränderungen handelte, welche zum ersten Mal nicht in die bloße Vorstellungswelt allein verbannt werden mußten. Durch eigene Anstrengungen waren sie der Verwirklichung näher zu bringen. Veränderungen in der Wirklichkeit und nicht in einem verquasten Jenseits, Abseits, Außerhalb, Oberhalb. Die Köpfe vollzogen Kategorien nach, mit denen vorstellbar wurde, was zuvor immer nebelhaft und nur als großes Defizit unbegriffen geblieben war.
Vernunft kehrte ein in die Lebensorganisation. Es schien Ordnung und Folgerichtigkeit, fortschreitende Entwicklung und Logik zu geben, worunter die unbegreiflichen Phänomene begreifbar wurden. Eine neue Sinnstiftung nahm die Hirne in Beschlag. Es gab eine Richtung, auf die hin die Ereignisse sich ordnen ließen. Zurücksehen, um zu wissen, wohin wir zu gehen haben, das machte Sinn. Es gab eine Gangart für alle, die dazugehörten, sie gab Halt und Orientierung. Die richtige Analyse im Kopf und in den Beinen zu vermuten zog zwar viele Ängste nach sich: die Angst abzuweichen, die Angst des Mißlingens und der Vergeblichkeit der Anstrengungen, die Angst, an den historisch möglichen Veränderungen nicht oder nicht an der richtigen Stelle und nicht mit den richtigen Mitteln teilzunehmen. Denn jetzt gab es falsch und richtig. Angst um die richtigen Aktionen, Angst, den Überblick zu verlieren, das ganze Geschehen nicht in den Griff zu bekommen, das Wirkungslose zu tun, Angst, herauszufallen aus der Gruppe derjenigen, die ähnliches wollten. Denn wir hatten jetzt eine gemeinsame Aufgabe. Wir *fühlten* uns wie Menschen, die auf eine neue Zeit zugehen und diese mit hervorbringen. Es war so, als lebten wir *tatsächlich* im Umbruch zu einer gerechteren Zeit.
Aber es war nur im Bewußtsein; in Wirklichkeit eine Täuschung.

Die Theorie: geliehen aus einem Jahrhundert vor uns, und dazu noch mit vielen Mißverständnissen rezipiert. Die große Wende fand mit und ohne uns nicht statt. Die Hoffnungen und das Denken stimmten mit den gesellschaftlichen Tatsachen der eigenen Zeit, mit der eigenen Zeitgeschichte, mit uns in Wirklichkeit nicht überein. Und so war es kein Aufbruch, nur eine Aufbruchstimmung.

Wo alle Bilder vom Menschen, alle Theorien über die fortschreitende Veredelung seiner bösen Naturtriebe eine Spur von Komik bekommen haben, wo auch die Wiederfreilegung guter Ursprünge bei den Opfern der Zivilisation, sofern sie zur Natur zurückfinden, sich als Märchen erwiesen; wo die revolutionäre Klasse sich nicht revolutionär verhielt, jedenfalls nicht erkennbar, wo alle Erfahrung uns, sobald wir genau hinsahen, dazu führte, keinem großen Wort zu glauben: Da blieb immer noch die Utopie – das Gute, die gute Lösung, ist eben noch gar nicht dagewesen, noch nie dagewesen, außer im menschlichen Wunsch und Traum, außer in der Vision eines Ziels. Dieses geht aber auf das, was es noch nicht wirklich gibt, unbeirrt zu.

Wenn es schon das, was wir uns vorstellen können, nicht gab und nicht gibt und wir den Mangel an dem, was ist, unentwegt empfinden, dann machen wir Entwürfe unserer selbst aus der Gegenwart heraus zu dem hin, was wir noch nicht sind. »Es kommt darauf an, das Hoffen zu lernen.«[4] Ich hatte es nicht verlernt.

Ein paar Jahre hatte ich mich mit der Scheinerkenntnis männlicher Intellektueller herumgequält, daß nämlich die sinnliche Erfahrung als Nicht-Proletarier/innen nicht an die gesellschaftliche Wirklichkeit heran-, sondern von der Wirklichkeit wegführte. Wir hätten den psychischen und intellektuellen Akrobatenakt leisten müssen, vom Klassenstandpunkt des Proletariats aus zu denken und zu handeln. Das ging aber nicht. Eine »proletarische Praxis«, die allein eine Lösung unserer Erkenntnisfesseln versprach, war jedenfalls nicht unsere Praxis und konnte es auch bei allen gutgemeinten Versuchen nicht werden. Die marxistische Erkenntnistheorie wies Frauen keinen Weg, ihre gesellschaftliche und persönliche Erfahrung zu begreifen. Unser Falschwissen über die Bedingungen »richtiger« Erkenntnis verhinderte es, daß wir in un-

seren skandalösen und beschämenden Erfahrungen Wirklichkeit sehen konnten. Wir verdrehten sie zur Lappalie oder Selbsttäuschung. Statt als Frauen definierten wir uns weiter als bündnisbereite Kleinbürger. Danach gehörten wir einer »zertrümmerten Klasse« an. Unser wirkliches Leiden wurde zum selbstmitleidigen Klagen der Intellektuellen verbogen, die sich in Selbstanfechtung ergingen und sich als Zugehörige einer »Weder-noch«-Klasse beständig von dieser absetzten.
Daß Frauen eine andere Wirklichkeit erfahren als Männer, daß Frauen seit mehr als tausend Jahren Männer-Beherrschte sind, daß Frauen zu der Kultur, die sie bestimmt, direkt und offiziell so gut wie nichts beigetragen haben, beitragen konnten und dennoch ihre unentbehrlichen Teilhaberinnen sind: Diese einfachen Einsichten begründeten Hoffnungen in die Frauenbewegung, von denen ich dachte, sie seien niemals zu irritieren. Sie klärten die linken Irrtümer und Mißerfolge auf und das zuvor unverständliche Unbehagen, immer noch und schon wieder neben der Realität zu stehen. Sie erklärten Zweifel und Skrupel, Schmerzen und Kopfschmerzen. Sie führten zur Veränderung des Wohnorts, des Lebensortes, und noch nie war eine Entscheidung zum Umdenken und Umziehen so unausweichlich gewesen. Meine Überzeugungen brachten mich an die gleiche Stelle wie meine Gefühle.
Was wir jeweils zu tun hatten war in den Tagen und Nächten kaum zu bewältigen. Aber weil es stimmte, hatten wir viel Kraft. Wir bündelten alle Energien. Wir waren darauf angwiesen, alles abzustoßen, was die täglichen Wege zu den nahen und den fernen Zielen zu verlängern drohte. Keine Umwege. Wir arbeiteten mit der Heckenschere an alten Kontakten, Interessen, Genüssen und Gedanken. Denn übrigbleiben sollte Gereinigtes und Tragfähiges.
Die Anstrengung und dann die vielen kleinkarierten Zwistigkeiten und größergemusterten Spaltungen unter Frauen machten das Leben zwar nicht gerade leicht. Aber dafür gab es Erklärungen, die begütigend waren. Außerdem gab es keine Wahl und kein Zurück. Wir glaubten an unsere historische Stunde, an die Zerstörung und Selbstzerstörung der Patriarchate. Also fehlte es nicht an großen

Worten über die Zukunft. Sie zu rezitieren würde sie lächerlich machen. Aber lächerlich waren sie nicht.

Der Nato-Doppelbeschluß 1979 wurde zum Datum, mich wieder mit männlichen Taten zu befassen. Je mehr ich mich sachkundig machte über den Zustand dieser Erde und über den Zustand der Herren der Apokalypse, desto mehr wurde klar, welches unausrottbare, ausweglose Erbe diejenigen antreten würden, die sich auf eine Zukunft einlassen wollten, sollte es eine geben. Denn Zukunft heißt nicht mehr Machtveränderung und Neuanfang. Was hier angerichtet ist, ist nicht rückgängig zu machen und nicht verlernbar. Die Träume von der Ablösung der Patriarchate erledigen sich. Die Träume nach vorwärts sind nur noch zwar angebrochene, aber zählebige anthropologische Relikte in unseren abendländisch kultivierten Köpfen. Sie unterliegen immer noch einer Verwechslung mit »Lebensimpuls«. Heißt das nun, daß auch die feministischen Hoffnungen sich beendet haben? Daß wir sie alle durch haben, die ganzen aufwendigen, geistreichen, hoffnungsreichen, gutgemeinten, wohltätigen Vorstellungen darüber, was wir mehr und besseres sind, als uns die eigene Wirklichkeit vor Augen führt?
Ich weiß es nicht. Jedenfalls reißen alle Seile. Und sicher ist, daß die Seile reißen *mußten*, denn ohne Seil zu leben ist das einzige, was mit der eigenen Selbstachtung noch zu vereinbaren ist. Ohne Seil leben heißt, zu sehen, daß Männer *und* Frauen sich entlarvt, entblößt haben als Wesen, von denen kaum weiteres zu erwarten ist als das, was sie angerichtet bzw. unterlassen haben. Männer haben im Laufe der Geschichte alles herausgelassen; alle Gemeinheiten, Widerwärtigkeiten und Fahrlässigkeiten haben im Ergebnis gesiegt. Sie haben sich in ihrer menschenverachtenden und sich selbst verachtenden Seite preisgegeben. Und Frauen haben entweder desgleichen getan mit ihren Mitteln, oder sie haben diese Männer einfach nur versorgt, geduldet, ertragen oder ignoriert. Aufgeschrien haben sie meist allein, und die, die öffentlich aufschrien: Im Ergebnis waren auch das meist Soloparts. Immerhin denke ich, wir haben noch Reserven.
Meine heutige Abstinenz gegenüber der Zukunft ist nun nicht Re-

sultat des Horrors vor dem Unbekannten oder der Angst, etwas aufgeben zum müsssen, was ich gerade in Besitz genommen hätte und in Besitz halten wollte. Die fehlende Zukunftswitterung ist auch nicht Ergebnis meiner sensorischen Stumpfheit und kommt auch nicht von einem Brett, das ich vorm Kopf habe. Auch nicht daher, daß ich das Gegebene jemals selbstverständlich und damit nicht veränderungswürdig gefunden hätte. Sie ist auch nicht der scharfsinnigen Analyse gleichzusetzen, die Joachim Schumacher[5] während des deutschen Faschismus Mitte der dreißiger Jahre im Exil herausbrachte und in der er die damals um sich greifende Untergangsangst als ein Klassenproblem entlarvte: Nämlich als die Angst des Bürgertums in den kapitalistischen Gesellschaften, das seine eigene drohende Entmachtung mit Untergang überhaupt, mit dem totalen Chaos und Ende verwechselte, ein politisch pervertiertes Jüngstes Gericht.

Die gesellschaftliche Zukunft ist tatsächlich und nicht einfach in einer momentanen Bewußtseinstrübung derer, denen die Felle davonschwimmen, perspektivlos und veränderungslos geworden. Jedes Sturm-und-Drang-ähnliche Denken, jede Öffnung zu einem noch Ungekommenen, jedes Pathos der Veränderung gibt sich heute der Lächerlichkeit preis. Das »anfeuernde und tröstende Weltverständnis«[6] können wir im Reich von Gedanken und Ideen finden und nachlesen, verfaßt von Humanisten der Vergangenheit. Wir werden es nicht antreffen, und wir werden es nicht herstellen können. Wir werden die Gegebenheiten nicht schaffen, nicht umbilden und nicht überholen können – außer in unseren Köpfen –, und wir werden heimatlos bleiben. Es *ist* schon geschehen, gestern, heute, morgen, übermorgen. So existieren wir in einer abgeriegelten Welt, ausgestattet mit einem Denken und Fühlen, das sich auf ein statisches Leben und auf diese vorgeordnete fertig-kaputte Welt nicht einrichten kann.

Was bleibt, wenn nicht nur die bittere Wahrheit, nicht nur die falschen Hoffnungen, der Fortschritt des Verrückten und der Stillstand der Vernunft?

Erstaunlich ist die Erfahrung, daß trotz aller Einsicht in die gesellschaftliche Ausweglosigkeit nicht die gekränkte und zynische saure Sicht der Dinge, nicht die häßliche und gehässige Bitter-

miene, auch nicht nur Erschöpfung und seelisches Greisentum übrigbleiben.
Was bleibt, ist die Gegenwart.
Das ist zwar nichts Besonderes, denn alle Menschen hatten in Wirklichkeit immer nur ihre Gegenwart. Aber statt sich zwischen chronisch Unerträglichem und akut Qualvollem hinzuwälzen oder sich in trügerische Paradiese oder sonstige Refugien abzusetzen, gewinnt diese Gegenwart eine Daseinsintensität zurück, wenn wir immer konsequenter aufhören, uns in die herrschenden Wahnsysteme zu integrieren.
Wir waren gewohnt zu denken, daß »das Dasein unendlich viel mehr (ist) als das, was es wäre, wenn man es auf eine reine Gegenwart beschränkte«[7]. Das ist so selbstverständlich geworden, daß wir uns kaum das Umgekehrte vorstellen können: Nämlich daß die Anreicherung der Gegenwart mit eingebildetem, ersehntem, erhofftem Zukunftsstoff diese Gegenwart in Wirklichkeit *verdünnt*.
Wenn wir genau hinsehen, was unsere Tage ausmacht, so ergibt sich zuviel Versäumtes, zuviel dumpf-dummer Traum und zuwenig Gegenwart. So übersehen, überhören, überspringen, überleben wir viele Augenblicke. Und schon sind sie verträumt. Sie sind zu ungelebtem Leben geworden, leer, vertan, verdorben und verloren. Dabei sind dann nicht nur diese Augenblicke, sondern vor allem wir verloren, insofern wir uns so immer mehr in eine klägliche Schwachsinnigkeit hineinentwickeln. In ihr kann nichts mehr wahrgenommen werden als Ausgekochtes, Abgewracktes, Verstimmtes, Heruntergekommenes, Vermurkstes, Unzumutbares: das Leben – eine einzige Gemeinheit.
Vielleicht versuchen wir mal, wenigstens probeweise, die großen Machthaber, die wie ihre Urväter sich weiterhin an die verlogene Formel halten: »Willst du Frieden, rüste zum Krieg«, nicht als Riesen zu sehen, sondern als Pflegefälle: beschränkte Figuren, denen die Mittel der Totalvernichtung in den Schoß fielen wie irgendeine technische Neuerung und die unser biologisches Leben liquidieren können, ja leider. Sie haben aber nicht die ideologische Macht, uns leblos und zu Unpersonen zu machen, solange wir leben. Im übrigen sollten wir diese Wirkung auch unseren

kleinen Machthabern und Machthaberinnen nicht überlassen, die es immer wieder fast schaffen, uns die Lebenslaune zu verderben. Wenn wir den einen und den anderen diese Macht über uns geben, gestehen wir ihnen Devitalisierungskräfte zu, mit denen sie uns in hypochondrische Selbstquäler/innen verwandeln können, in Halbleichen, die in erster Linie zu leiden verstehen, oder in Erstarrte und Eingefrorene, die – anstatt sich pietätlos von allem zu *trennen*, was die Lebensfähigkeit in uns kappt – Selbstzerstörerisches an sich und anderen nicht mehr abzustoßen in der Lage sind.

So bleibt etwas, was nicht Selbsttäuschung, Einbildung, Projektion und bloßer Trost ist. Dabei denke ich gar nicht nur an Großartiges. Wenn ich wirklich erkenne, daß die Dinge und die Menschen nichts weiter sind als das, was sie sind, wird der Blick auf sie liebevoller statt kahler.

Was ich meine, kann manchmal nur ein Blick auf etwas sein, auf etwas ganz Unbedeutendes, in dem die Freude am bloßen Dasein erhalten ist. Oder eine Empfindung, in der für einen Moment die Schönheit eines Augenblicks, einer *Möglichkeit* in uns aufreißt. Was wir hier wahrgenommen haben, ist wirklich und gegenwärtig, wir können es wahrnehmen, nicht nur erhoffen, erträumen, erwarten, erstreben. Wir können es auch wieder antreffen. Auch gewisse »moralische« Abstrakta wie »Güte«, »Hilfe«, »Sympathie«, »Wissen« sind nicht *nur* Projektionen dessen, was uns abgeht und was deswegen als Ergänzung eigener schmerzlicher Defizite in eine überirdische Instanz hineinverlagert werden mußte oder in säkularisierte Götter. Vielmehr stammen diese »Werte« *auch* aus dem Stoff eigener Erfahrung mit sich selbst und anderen. Sie sind wirklich – hin und wieder – antreffbar. Und sie entstammen wohl auch nicht nur dem Zwang eines selbstgerechten moralischen Imperativs.

Ich meine aber auch »Großartiges«. So ist die Erfahrung von Vollkommenheit in der Musik[8] keine Täuschung. Das »Glück«, das Musik vermitteln kann oder von dem sie eine Ahnung gibt, ist kein Irrtum. Und dabei ist Musik keine Sendung aus dem Jenseits. Sie ist menschengemacht, sie ist ganz und gar diesseitig, und ihre Erfahrung ist gegenwärtig und menschenmöglich.

Solche Erfahrungen sind allerdings keine heiteren. Wie alle intensiven Erfahrungen sind es auch immer Erfahrungen unendlicher Trauer. Es ist nicht die Sentimentalität eines verlorenen Glücks, das nicht wiederzufinden, oder eines zukünftigen Glücks, das nicht einzuholen ist. Sondern es ist ein Glück, das sich als ein nicht lebbares, nicht umsetzbares vermittelt. Es bleibt als Erfahrungs*zustand* »unerträglich«, es überschreitet uns sozusagen, es sprengt uns und zerstört sich so. Trauer und Erkenntnis gehören zusammen. Wir werden glücklich und traurig über die Erfahrung eines Vollkommenen, weil sich ihr die eine Seite »des« Menschen realisiert, von der wir wissen, daß wir sie nicht leben können, jedenfalls nicht sie allein, und nicht auf Dauer. Aber die gute und die vollkommene Erfahrung war wirklich da, und nicht nur wie ein geisterhafter Besuch, der wieder geht. Vielmehr konfrontierte sie uns auch mit unseren Möglichkeiten, die wir viel zu wenig erfassen, die wir aber erfassen könnten.

Solche Gedanken sind geeignet, mich in den Verruch der politischen Eskapistin zu bringen. Zugegeben, daß sie in kein Rezept münden. Ich halte solche eifersüchtigen Vorwürfe dennoch für engstirnig und verkniffen. Sie verraten die penetrante Gewohnheit, zu denken, daß der *zukünfige* Zweck, den wir einer Handlung oder einem Gedanken anhängen, allein es sei, der den Motor zum Leben schaffe. Der vermutete Zweck des Handelns gilt als Kausalität des Handelns, als Wirkungskraft des Zukünftigen. Und so ist die Meinung hartnäckig, daß in dem Moment, wo wir Worten wie »Fortschritt«, »Zukunft«, »Prozeß«, »Ziel«, »Aufbau« etc. den Glauben aufkündigen, ebenfalls der Motor zum Widerstand gegen die uns umgebenden Zerstörungen zum Stillstand komme. Es geht um Grenzüberschreitungen. Aber nicht verstanden als Entwürfe unserer selbst aus der Gegenwart hinaus zu dem hin, was wir *noch* nicht sind oder was diese Gesellschaft *noch* nicht ist. Wir müssen den aus Mangelerfahrungen der jeweiligen Gegenwart entsprungenen männlichen Utopien vom »ewigen Frieden«, von der »klassenlosen Gesellschaft« etc. nicht weitere weibliche hinzufügen. Die Reisen nach Utopia, zu den Wasserflecken an den Decken von Wohnungen und Zellen, sind bequem, billig und beruhigend.[9] Aber sie bleiben Selbstbetrügerei.

Sie sind nicht die Grenzüberschreitungen, um die es geht. Wenn wir uns als Voll-Lebendige und Voll-Vernünftige erhalten wollen, dann allein deswegen, weil wir unsere *gegenwärtigen* und wirklichen Möglichkeiten noch nicht gelebt haben. Wir sind noch immer weniger als das, was wir sind.

Abscheu vor dem Paradies

Ich gehe *nicht* davon aus, daß wir in der »Krise« stecken. Wer es dennoch tut, sagt: »Im Augenblick ist die Lage zwar ernst, aber es wird wieder.« »Durch eine Krise muß man durch. Nach jeder Talsohle geht es wieder aufwärts.« Wer Krise sagt, sagt auch, daß alles mal besser war und wieder besser wird; daß die Entwicklung (von Sicherheit, Fortschritt, Meinungen, wirtschaftlichem Wachstum und so weiter) eben so ist: ein Auf und Ab. Auf Regen folgt Sonne, und auf Sonne folgt Regen; schließlich aber doch: durch Nacht zum Licht.
Das ist alles ablenkendes und dummes Gerede. Das Wort Krise bagatellisiert und vernebelt. Der Zustand von Erde und Menschen, der in der Absurdität des atomaren Mordes an jenem einzelnen Lebewesen lediglich gipfelt, und der moralische Zustand der Menschen, die dieses Faktum geschaffen und geduldet haben, ist mit dem Terminus »Krise« überhaupt nicht gekennzeichnet. Wir befinden uns weder in der Krise noch bereits in der Hölle.
Diese Gegenwart ist kontinuierlich vorbereitet worden in einer jahrtausendelangen Entwicklung der Herrschaft von Männern über Frauen, von Reichen über Arme, Freien über Abhängige, sogenannten Zivilisierten über sogenannte Nicht-Zivilisierte. Und in diesem Jahrhundert gab es Vor- und Einübungen in die Gegenwart, die kaum eine menschliche Phantasie sich bis dahin auszudenken getraut hat. Der Ausrottungsfaktor hat sich vertausendfacht. Was wir jetzt erfahren, ist kein plötzliches Unglück, sondern die Folge einer Vorgeschichte, in der Menschen, Männer und Frauen, offensichtlich nicht in der Lage waren, die Verbrechen ihrer jeweiligen Gegenwart zu erfassen und in der sie zwischen »Gut und Böse so schlecht unterscheiden konnten«[1].
Der gegenwärtige Zustand ist nicht die Wiederkehr eines prinzipiell immer schon mal dagewesenen Zustands, der von dem näch-

sten schon dagewesenen Zustand abgelöst wird, nicht ein schon vielfach Geschehenes, das gestern, übermorgen schon war und sein wird. Fakten, die geschaffen worden sind, machen diese Gegenwart vielmehr einmalig und erstmalig in der Geschichte. Denn die patriarchale Sucht nach All-Macht ist aus dem Stadium der bloßen Hoffnung und der Vorbereitung in das Stadium der Umsetzung getreten. Die vollkommene Vernichtungsmaschinerie *ist* auf der Erde anwesend; das Wissen über ihre Herstellung *ist* im menschlichen Gehirn gespeichert, ist sein Besitz, mit und ohne Abrüstung, mit und ohne Stationierung, mit und ohne Sicherheitsmaßnahmen; und gesiegt hat eine politische Logik, die Symptom einer schweren Kopfkrankheit und Hirnverseuchung ist, einer kollektiven Verblödung und moralischen Deformation. Das alles macht die Einmaligkeit dieser Zeit aus.

Sie ist auch deswegen einmalig, weil wohl kaum zuvor Menschen einen derart unretuschierten, einen derart glasklaren Anblick der Resultate patriarchaler zivilisierter Herrschaft präsentiert bekommen haben. Alle haben heute die Möglichkeit, das volle Ausmaß der Ungeheuerlichkeiten, die auf dieser Erde vorgehen und vorgegangen sind, zu sehen. Niemand kann mehr sagen, er/sie habe nichts gewußt – wie noch hin und wieder glaubwürdig während und nach den Vernichtungsexzessen im Zweiten Weltkrieg. Die Lage ist klar. Dabei ist der Ton der Verkündigung dahin. Eigentlich ist alles schon gesagt. Die verbale Münze ist nicht besonders wertvoll. Sie hat sich abgenutzt. Die Sprache reicht nicht hin. Die Worte sind abgegriffen, nur noch Hüllen, die bereitwillig unterschiedlichste Inhalte in sich aufnehmen. Alle reden vom Frieden. Niemand weiß, was Friede ist. Höchstens einen vergifteten Frieden kennen wir. Niemand hat ein Leben, eine Erde ohne Waffen, ohne Krieg und Kriegsdrohung im Kleinen und im Großen jemals erfahren. Meine Generation ist im Nationalsozialismus geboren worden, hatte eventuell nationalsozialistische Väter oder auch Mütter, weiß von dem millionenfachen Menschenschlachten in den Weltkriegen, Vernichtungslagern, in Hiroshima, Nagasaki und in Kriegen der »dritten Welt« mit tatkräftiger Unterstützung durch sogenannte zivilisierte Nationen, bis hin zu den gegenwärtigen Abschreckungsverbrechen, die legal ca. 60 Tonnen Sprengstoff TNT auf die Köpfe jedes einzelnen Menschen der Nato-Länder und derjenigen des Warschauer Paktes angehäuft haben. Auch wenn das alles bekannt ist und viele es nicht mehr hören wollen: Die Diskrepanz zwischen diesen Fakten und unseren Reaktionen ist unmäßig groß. Die letzteren bleiben konventionell, gefesselt und unverhältnismäßig anständig. Der Lage angemessen könnte nur ein Verhalten sein, das schwer vorstellbar ist, so gebahnt und eng, so festgefahren und diszipliniert sind unsere verfügbaren Möglichkeiten.

Unter diesen Voraussetzungen stellt sich zunächst alles in Frage, woran wir vorsichtig glaubten und appellierten. Das Bild vom Menschen, der zwar immer wieder auf Abwege kommt oder Umwege macht, der strauchelt und sich verstrickt, letztlich aber doch sich vernünftig entscheiden kann, scheint kabarettreif geworden. Das Bild vom »guten Menschen« wird zur Fratze. Das Bild vom Menschen schließlich als einem lernfähigen Wesen, das Konsequenzen aus Fehlern und selbstangestellten Katastrophen ziehen kann, wird zum Witzstoff. Der Lusux des Vertrauens ist dahin. »Der Mensch«, obwohl er noch lebt, hat schon etwas Ruinenhaftes. Und versuche ich, ihn zu analysieren und über ihn nachzudenken, komme ich mir vor wie eine vorzeitige Archäologin von Zombies und Monstern.

Wissen und Erkennen der Wirklichkeit sollten seit der Aufklärung und damit seit der Verabschiedung vom Gottesglauben der Angstminderung der Menschen dienen. Neugier und Erkenntnishunger hofften auf eine fortschreitende Lösung der Rätsel des Daseins und auf eine wirksame Steuerung der in ihrem Funktionieren unbekannten Gefährte des Lebens, der Staaten und Gesellschaften, hin zum Besseren natürlich.

Heute ist jeder neue Einblick in die Realität, jedes weitere Durchschauen von Zusammenhängen, jede weitere Information, die wir aufnehmen, von der Befürchtung begleitet, weiteres Wissen könnte weiteres Verschlimmerungswissen sein.

Die monströse Bösartigkeit der Fakten unserer Zeit verleitet so zur Flucht. Sie führt, den Vorbildern unserer Tradition folgend, viele in die Versuchung, mit urzeitlichen oder endzeitlichen

Glückszuständen zu sympathisieren. Die Dürftigkeit wirklich erfahrenen Glücks oder seine Bedrohtheit, Kurzfristigkeit und Zerbrechlichkeit steuert auf vergangene oder zukünftige Phantasieorte zu. Wie in anderen beängstigenden und mangelhaften Gegenwarten auch, schafft das Beängstigende und Mangelhafte dieser Gegenwart das flehende Bedürfnis nach Verwöhnung und Entspannung, nach Sonne und Milde, nach heilen Menschen. Ihr Anblick könnte die quälende Menschenverachtung, die mir den Appetit verschlägt, und die trübe Kälte lindern. Himmelreich, Garten Eden, Ewiges Leben, Nirwana, Weltende, Utopia, Walden, Walden Two, Sonnenstaat, Gottesstaat, Goldenes Zeitalter, Sozialinseln, Fraueninseln, Frauenland, Schlaraffenland; ein Leben, das den Tod nicht mehr vor sich, sondern sozusagen im Rücken hat.

Solche Paradiesvorstellungen waren immer tröstlich, ihre Verordnung heilsam, ihr Klima beruhigend. Das menschliche Elend ist immer die größte Hilfsmacht der Utopisten gewesen. Die Überwindung des häßlichen Menschen und die Beendigung der mißratenen Verhältnisse: Das geschieht in der Zukunft, auf die wir alle hoffen, oder jedenfalls ganz woanders, oder das geschah in der Vergangenheit, in die wir zurück möchten: später, wenn ich groß bin, später, wenn ich alt bin, später, wenn ich tot bin; früher, als ich klein war, früher, als es noch keinen Sündenfall, noch keine Klassengesellschaft, noch keine Männerherrschaft oder noch keinen Overkill gab. Das eigentliche Leben wird aus der Gegenwart heraustransportiert. Denn die Gegenwart erfüllt die Wünsche einfach nicht. So haben die beständigen Zukunftshoffnungen des abendländischen Menschen eine Konstitution kreiert, die »ohne Hoffnung auf bessere Zeiten« nicht leben zu können meint. Diese Hoffnung auf ein besseres Leben oder Ende hält bei der Stange, hilft die Unzumutbarkeiten irgendwie zu überbrücken, läßt durchhalten, auch wenn die Gegenwart schwer erträglich ist, macht duldsam und den Blick unscharf und schließlich jederzeit zur Flucht aus der Gegenwart bereit. Die Sprünge ins Irrationale beruhigen, sie füllen Lücken, sie gleichen Mängel aus.

Nun sind aber diese Paradiese gespenstische Projekte. Ihr Wunschleben ist noch nie Wirklichkeit geworden. Die Geschichte hat keine der hoffnungsreichen Voraussagen bestätigt.

Seit 2000 Jahren ist zwar in Utopien die Ausbeutung des Menschen durch Menschen abgeschafft, aber die Idealwelten, die im Nirgendwo angesiedelt sind, haben dennoch wenig ausstrahlende und überschäumende Kraft bewiesen. Die himmlischen oder auch auf irgendeine irdische Geographie gerichteten Visionen waren auf dieser Welt nicht unterzubringen. Und so blieben alle utopischen Konstruktionen merkwürdig öde, statisch. Die Paradiese gerieten immer wieder zu »geometrischen Idyllen«[2], sie sind von eigentümlicher Langeweile und Biederkeit, von einer dürren Harmonie und Starrheit. Das Bild »Königreich des Friedens« zum Beispiel, vor 150 Jahren von dem amerikanischen Maler Edward Hicks gemalt, zeigt einen Löwen, einen Tiger, einen Affen, ein Lamm, eine Ziege, verschiedene Kuharten, Frauen mit spielenden Kindern. Allesamt starren sie mit einem großäugig-sanften Blick in die Gegend, in einen bewegungslosen sauberen Garten Eden, in dem alle friedlich sitzend oder stehend an den Erdboden gefesselt zu sein scheinen: ein Paradies.
Solcher beschaulichen paradiesischen Unterwerfung ist ganz und gar nichts abzugewinnen, auch nichts dem unveränderlichen Augenblick in einer falsch verstandenen »Natur«. Frauen kennen das: Das ist kein Paradies. Das ist Stillstand, Stagnation, ein unausstehliches, eingezwängtes Nicht-Glück. Da gibt es keinen Zusammenhang mit wirklichen Menschen, ihren Verrücktheiten und wirklichen dramatischen Träumen, ihren Unberechenbarkeiten, Ausbrüchen und ihrem gelegentlichen Gelächter.

Es fällt offenbar schwer, Paradiese vorzustellen, in denen wir wirklich leben wollten. Menschen können aus ihren diesseitigen Vorstellungswelten gar nicht herausspringen. Und weil alle Vorstellungsmöglichkeiten und Begrifflichkeiten, die wir zur Verfügung haben, diesseitige Erfahrungen zur Grundlage haben, sind alle Paradiese auch kein Jenseits, sondern immer nur Übertragungen von Diesseitigem. Die Paradiese bleiben Laboratorien. Die Personen bleiben wie Automaten, Fiktionen, »keine ist wahr, keine geht über den Wirklichkeitsgrad einer Strohpuppe hinaus. Eine Gesellschaft von Marionetten. Die Erfinder sind ganz und gar nicht eingeweiht ins Dasein.«[3]

Wir sollten mehr an das Ende eines Tages als an das Ende der Welt denken. Wir sollten die Paradiese auf sich beruhen lassen. Es sind keine Zufluchtsstätten. Wir haben nur eine Welt, das ist diese. Wir sollten versuchen, in dieser Zeit *hoffnungs-los gegenwärtig* zu leben.

Ein solcher Satz verletzt nicht bloß die Liebe zu Illusionen, sondern offenbar einen zentralen Lebensnerv, vor allem von Frauen. Die *Verabschiedung* vom *Prinzip Hoffnung* ist dennoch unvermeidbar und unaufschiebbar. Was ich meine, verdeutliche ich an einem bisher kaum in Frage gestellten ehrwürdigen Beispiel: Ernst Bloch.

Ernst Bloch, der große Philosoph der Hoffnung, der zwar atheistische, aber durch und durch in christlich-abendländischer Tradition denkende vielverehrte Tröster und Aufmunterer, hat ein Werk hinterlassen, das eine »Wegzehrung in der Wüste«[4], ein Stärkungsmittel in schweren Zeiten sein soll: Wir sollen das Hoffen lernen. In ihm allein seien die Wege der Befreiung des Menschen zu finden. Ein dickes, ein universalistisches Werk, der Niederschlag eines langen Lebens, in dem ein undogmatischer Marxist immer der gleichen Frage und Aufforderung nachging: Den Wegen der Hoffnung auf eine neue Gesellschaft in einer Zeit, die den Aufbruch spürt.

Die Welt humanisieren als Gegenstück zu dem »unglücklichen Dasein der Tiere, die sich gegenseitig die Beute mit Morden der entsetzlichsten Art entreißen«[5]: Die Tiere! Ein Werk, beflügelt vom Zukunftsglauben, besessen von dem »Noch-Nicht«, vom Heraufkommenden, von dem unerhellten »utopischen Aufkommen der Welt«. Dieser fortschrittliche Philosoph vollzieht voller Bewunderung die ständige Suche »des Menschen« nach einem besseren Leben nach und veredelt sie als Ausdruck des Prinzips Hoffnung.

Wie sieht das aus? Bloch sieht zum Beispiel Columbus als einen, der nach dem verlorenen Paradies suchte. Dabei sagt er nicht, daß solche Paradiessuche immer der Anfang von Eroberungs- und Unterwerfungsfeldzügen der Männer war. Die Paradiese abendländischer Männer – und ihrer meist später nachgeholten Frauen – sind zum Beispiel ihre großen und kleinen Kolonien. Bloch nennt sie nicht Stätten des Raubs, der Unterdrückung, der Anmaßung, der Vergewaltigung und des Mordes, sondern »geographische Utopien«, irdische Paradiese, nachdem sich das himmlische Paradies als nicht antreffbar erwies. Die Südsee, Indien, Afrika oder Gold und Edelsteine: Nach Bloch Ausdruck des Suchens, der Antizipation eines utopischen Endzustands. Titanengleich stürmt der Mensch aus dem Elend der Gegenwart heraus, um die vor ihm liegenden Dinge herauszubringen.

Zeitgenössisches Sturmbeispiel wäre der millionenträchtige Prostitutionstourismus des kleinen weißen Mannes zu Thailänderinnen, oder der blühende Frauenhandel von Ländern der »dritten Welt« an die Bars und Bordelle westlicher Industrienationen, wobei westdeutsche Männer zu den Hauptabnehmern des Rohstoffs Frau gehören.

Was sind die alltäglichen Hoffnungsbilder von Frauen, die das Nicht-auf-der-Stelle-Treten, das Vorwärtsgreifen der Träume bekunden? Bloch beschreibt die Ehre der kleinen Tagträume hin und wieder geschlechtsspezifisch: Da wünscht sich das Mädchen unter den Schrank, der Junge auf den Gipfel eines Baumes; das Mädchen hofft auf Einbrecher, die es mitnehmen, der Junge läuft dem Dudelsackspieler nach, um in die schöne Fremde zu gelangen; »Mädchen arbeiten an ihrem Vornamen wie an ihrer Frisur«, um sich »pikanter« für den Mann zu machen, Jungen wünschen sich aufs Kriegsschiff mit elektrischen Kanonen ...[6] – »bürgerliche Ausschweifungen juveniler Art«[7]. Gleich, ob es sich hier um Blochsche Geschlechtsklischees handelt oder um Beobachtungen: Bloch fällt angesichts seiner eigenen Beispiele nichts auf.

Die Sprache ist durchsetzt mit Metaphern aus der Kriegs- und Eroberungssprache: »Frontbewußtsein«, »an der Front des Weltprozesses«, »Hoffnung genau an der Front«, »Schlachtfelder«, »Sieg«, »Niederlage«, »Pulver zum Schuß bereitlegen«, auf dem Meer und Herr sein wollen, an allen Küsten der Erde allgegenwärtig sein, die »Erdkarte neu verteilen« wollen, den »Platz an der Spitze« anstreben, als »erster durchs Ziel« gehen; Instrumentalstimmen einer Sinfonie »schießen vorwärts«, mit dem Tod verbindet sich »Jagdtrieb«, und: der »Aufgang der Sonne« muß »beschleunigt werden«. – Beschleunigt und an Schönheit übertroffen wurde er, nämlich durch die erste Explosion einer Atombombe, die heller als tausend Sonnen leuchtete und nach dem ästhetischen Geschmack vieler amerikanischer Augenzeugen das schönste Naturereignis übertraf.

Eine solche Sprache ist verräterisch. Sie ist nicht einfach der Lapsus eines begeisterten Karl-May-Lesers. Hier spiegeln sich exemplarisch die Anmaßungen, die Überheblichkeiten gegenüber der Natur, die Selbstüberschätzung von Männern des Abendlandes und ihr blindes Vertrauen in ihresgleichen. Ihrem Wunschleben wird in solchen phallokratischen Aufbruchphantasien aus dem Herzen gesprochen. Hoffen und Haben, Hoffen und Stürmen, Hoffen und Besitzen, Hoffen und Beherrschen, Hoffen und Vereinnahmen, Hoffen und Zugreifen, Hoffen und Vorgreifen, Hoffen und Eingreifen, Hoffen und Angreifen.

Die Besessenheit vom Zugriff auf die Zukunft, der weltschöpferische Schwung, hat den Menschen gerade nicht friedlichen oder harmlosen Paradiesen, sondern der Ausrottung und Selbstausrottung, den Gewalttaten der Erkenntnis und dem moralischen Kretinismus näher gebracht. In ihrer Zukunftsbesessenheit gerieten den Männern ihre Erfindungen immer wieder zur Waffe, und die Intelligenz konzentrierte sich zukunftsgerichtet und hoffnungsvoll auf das Ausdenken von Abschreckungssystemen, auf Strategien der Machtsicherung und -erweiterung, auf Feindforschung, Spionage und Geheimdienste, kriegerische Aufklärung, Propaganda, Volksverführung und -verdummung. Bloch – stellvertretend – sagt dennoch: »Die Hoffnung ist auf jeden Fall revolutionär.«[8] Die wertvollsten menschlichen Eigenschaften seien an die Fähigkeit zu Hoffnung und Zukunftsentwürfen geknüpft.

So lautet das *normale* patriarchale Denken, das sich auf sein Vorwärtsstreben, seine Vorwärtsfühler was zugute hält. Diese Normalität hat sich als mörderisch erwiesen. Offensichtlich wurde immer das Falsche gehofft.

So sind auch »normale« Frauen zu Expertinnen der Hoffnung geworden. Ein Expertentum allerdings mit anderen Inhalten. Pflegen, versorgen, vorsorgen, erziehen, zusammenhalten, sparen, aufsparen, beschränken, beschneiden, geben, verteilen, zurück-

halten, immer im richtigen Maß, damit alles in Gang, alles in Ordnung bleibt oder in Ordnung kommt; damit die Misere der eigenen Existenz, die tägliche Einschränkung nicht das Maß des Erträglichen überschreitet. Das ist zu regeln. Unermüdlich das Morgen und Übermorgen der eigenen kleinen Welt im Auge und die Träume vom besseren Leben, von Liebe wohl meistens. Und wenn es Konflikte gibt: Hoffen, daß sich alles wieder einrenkt, daß die Situation sich rettet oder zu retten ist, hoffen, daß alles so schlimm doch wohl nicht sein kann. Das Ordnungssystem von Frauen ist ihr Hoffnungssystem. Ihr Mitfühlen, Mitdenken, Vorausdenken, Begleiten, Beschränken, Rechnen, Aufrechnen, Lenken, Regieführen, Begreifen, Mißbilligen, Kontrollieren, Verurteilen, Vorurteilen ist darauf gerichtet, aus der kleinen störbaren Ansammlung von Menschen zu einem kleinen Stückchen Welt, der »Beziehung«, der Familie, der Bezugsgruppe, der Scene, eine stabile Einheit zu produzieren, aus der niemand ausbrechen darf, zukunftssicher hoffentlich. Eine permanente Anstrengung und Anspannung der Gedanken auf das hin, was diese anderen, die »Nächsten«, sichtbar tun und tun werden; eine pausenlose Ausrichtung und Einschränkung der eigenen Antennen auf die Sendungen dieser wenigen anderen; ein Empfang von Spannungen im Vorfeld ihrer Entstehung, ein vorwegnehmendes Eingreifen und Einspringen, ein vorausschauendes Eingehen wechselnder Bündnisse mit den jeweils Beteiligten, um eine vordergründige Harmonie vorläufig zu retten.
Und alles auf dem Boden eines blauäugigen Vertrauens gegenüber dem, was außerhalb des eigenen Blickfeldes geschieht – ein frauenmoralisch einwandfreier Schutzmechanismus; oder auch eines markanten versteckten Ekels, der Kehrseite dieses Vertrauens, der ebenfalls der Wirklichkeit ausweicht, nicht hinschaut, nicht anfaßt, sich das Anstößige vom Leib hält, damit es die Wunschentwicklung nicht tangieren kann.
Dieses Medium eines auf Hoffnung basierenden zerbrechlichen Gleichgewichts herzustellen, eines nie giftfreien Friedens, dazu sind Frauen oft hervorragend qualifiziert. Psychohygienisch hat es sich bewährt. Und es macht die gesellschaftliche Unentbehrlichkeit von Frauen aus. In seiner Atmosphäre meinen viele am be-

sten zu gedeihen, und es vorzufinden macht ein leichtes Wohlbefinden aus. Um das hilfreiche Klima der guten Hoffnung und des friedfertigen Vertrauens herzustellen, bedarf es der Fähigkeit des Abschaltens, einer warmen Blindheit. Sie schützt vor Brüchen, Abbrüchen und Einbrüchen, vor Abschieden, auf die Frauen sich schlecht verstehen. Sie ist Arznei, Linderung von Schmerz. Der Verzicht auf den schonenden Luxus des Vertrauens führt erst mal in unbekannte Gefilde, in Kälte. Sehen ist oft unangenehm. Es stört die gute Atmosphäre, die Ruhe und den guten Ton. Es verdirbt die Laune. Das jederzeit zum Absprung bereite Mißtrauen macht das Leben unordentlich.

Warum sollten wir eigentlich an einer psychischen Disposition festhalten, an »Hoffnung« nämlich, die das moralische Niveau dieser Kultur nicht transzendiert, sondern nur befestigen kann? Warum brauchen wir eigentlich Hoffnung in die Zukunft, wenn wir die gegenwärtige Existenz zu akzeptieren uns weigern? Warum soll die Spannung, in der wir sind und aus der heraus wir handeln, eigentlich aus Zukunftshoffnungen stammen? Von der Hoffnung ist kein tragfähiges Motiv zu erwarten, um in dieser Zeit nicht zu verhärten, zu schrumpfen oder zu erlahmen. Warum sollte die Erfahrung, daß unsere Sehnsucht meist größer bleibt als die Erfüllung, das starrsinnige Festhalten an dem Es-wird-sicher-noch-Werden begründen? Warum sollte gerade dieses Festklammern an einem entlarvten und schal gewordenen Konstrukt ausgerechnet heute das Menschliche an Menschen ausmachen? Diese Welt berechtigt nicht dazu. Mit leerbleibenden Wünschen, mit dem Mißverhältnis von Vorstellungen und Wirklichkeit müßte heute etwas anderes anzufangen sein. Und auch falls es einen Grund zur Hoffnung gäbe: Er ginge uns sozusagen nichts an, denn wir können ihn nicht erkennen.

Wer Hoffnung und Illusionen weiter zur Quelle des Lebenswillens macht, der/dem würde jedes Wissen über die Wirklichkeit höchst bedrohlich, weil es den Boden für diese Hoffnung jederzeit, mit jeder neuen Information, entziehen könnte. Genau das ist jetzt der Fall. Wenn die Hoffnung auf Besserung der Lebensmotor ist, folgt zwangsläufig die erneute und verstärkte Wirklichkeitsverleugnung. Wir müßten Illusionistinnen werden oder bleiben, zum

weiblichen Infantilismus zurückkehren, zum guten dummen Willen, zum Glauben, zur heillosen weiblichen Naivität. Damit brächen wir uns endgültig selber das Genick.
Wir sollten leben lernen in der *Gegenwart*. Unsere Situation zwingt uns zu erkennen, daß wir unsere Ansprüche an uns selbst und andere nicht aufschieben und vertagen können. Wir können es uns nicht leisten, das, was wir tun und sein könnten, auf eine Zukunft zu verlagern. *Die Bewährungsprobe findet jetzt statt*. Alles, was wir zu tun haben, haben wir jetzt zu tun.
Ich plädiere also für diese ganze verrottete Gegenwart. Sie ist unsere einzige Gelegenheit. Sie ist das Leben, das wir haben. Sie und keine andere birgt den Stoff, um unsere Kräfte zu entwickeln.
Sich auf die Gegenwart zu konzentrieren, Sinngebungen zu entthronisieren und sich vom Zukunftsschwung zu verabschieden ist kein Verzweiflungsakt, ist überhaupt kein Symptom von Müdigkeit, Kraftlosigkeit und Resignation; vielmehr eine Befreiung von Unrat, eine Art Säuberung.
Sich auf die Gegenwart zu konzentrieren bedeutet auch nicht das Einzwängen des geistigen Bewegungsraumes, so als balancierten wir nur noch auf einem langsam rollenden Pünktchen, einem winzigen Stückchen Zeit; vor und hinter diesem Pünktchen Dunkel, Leere und Fragezeichen. Die abstrakte Vorstellung, Gegenwart sei »Nichts«, da sich ja jeder einzelne Moment aufteilt in gerade Vergangenes und gerade Kommendes, widerspricht den Erfahrungen, ein Lebewesen zu sein, das Einfluß nehmen kann auf das, was es selbst produziert, beziehungsweise produziert hat und produzieren wird, und auf das, was es wahrnimmt. Gegenwart ist die Strecke Zeit, die sich unserer Einwirkung noch nicht entzieht, in der wir Möglichkeiten haben. Wenn ein Kind zum Beispiel dabei ist, auf dem Fußboden eine Spielzeugstadt zu bauen, dann gehören alle vergangenen Augenblicke vom Beginn des Bauens an mit zur Gegenwart, ebenso wie alle Ideen, wie es mit der Stadt weitergehen soll. Das, was vor drei Stunden zu entstehen begann, kann jederzeit umgebaut, verändert, abgebaut werden. Jetzt die Schienen für die Lokomotive. Sie bekommt Räucherstäbchen in den Schornstein. Ach nein, die Strecke muß umgelegt werden, an den Häusern vorbei, weil es so schön riecht. Es

fehlen Bäume. Ich muß noch welche finden in der Kiste ... Alles wird ständig korrigiert, ergänzt, benutzt. Das kann lange dauern.
Der gesamte Prozeß des Produzierens und des Umgehens mit dem Produzierten bleibt so lange Gegenwart, wie das in der Produktion Befindliche veränderbar und nutzbar ist. Käme jetzt ein Erwachsener, verböte dem Kind weiterzubauen, befähle ihm, die Sachen wegzupacken, oder schaffte sie selbst weg, dann wäre von dem Moment an »das Spiel aus«, die Stadt zerstört, das heißt die Vergangenheit hätte begonnen.
Vergangenheit, Gegenwart und Zukunft sind demnach eigentlich gar keine Zeitbegriffe, keine Zeit-Ordnungs-Begriffe, keine die Zeit ordnenden Begriffe. Vielmehr ordnen sie meine *Möglichkeiten*, meine Produktivität. So ist Gegenwart der Zeitraum, in dem die Ereignisse noch im Fluß, mir noch nicht oder nicht mehr verschlossen und aus der Hand genommen sind. Was man noch zurücknehmen kann, ist noch vorhanden, noch nicht verbrannt.
Gegenwart ist also nicht der unveränderliche, betonierte Augenblick, die stationäre Dauer, die erstarrte Möglichkeit, die Apathie, das Nicht-Handeln. Gegenwart besteht auch nicht einfach nur in den sichtbaren, meßbaren, zählbaren Dingen der materiellen Fakten. So ist der *Traum* – im Unterschied zur konstruierten Utopie, zur Scheinwelt und Illusion und zu institutionalisierten Paradiesen – ein Phänomen der Gegenwart. Hier findet er statt und ist dennoch nicht gekettet an den punktförmigen Augenblick, denn er greift zurück, greift vor und vermengt die Zeiten nach seiner eigenen überraschenden Logik. Er löst Raum und Zeit auf, aber er spielt *jetzt*, er ist keine Probeveranstaltung, keine Vorübung, keine Voraufführung für die Zukunft. Er nutzt die Möglichkeit, gegenwärtig etwas zeitumfassend denken, empfinden und ausdrücken zu können, so wie wir es im wachen Leben schlecht zuwege bringen. Er fügt scheinbar unverbundene Ereignisse und Zeiten zusammen. Wir können – gegenwärtig – mehr erfahren, als unsere Augen sehen können. Der Traum kann die Augen für neue Möglichkeiten im wachen Leben öffnen. Wir haben aber gelernt, aus ihm wenig zu lernen und seinen Wirkungsbereich einzuschränken, weil seine Informationen für ein ordentliches norma-

les Leben und Denken bedrohlich sein können. Denn der Traum weiß zu viel.

Gegenwart hat mit *Klarheit* zu tun. Die deutsche Sprache gibt das wieder in Wendungen wie: Ich vergegenwärtige mir etwas, etwas ist mir gegenwärtig, ich bin mir gegenwärtig. Das heißt: Ich bin mit allen meinen Sinnen und Fähigkeiten *präsent*, konzentriert auf etwas, worum es jetzt geht. Ich hole Vergangenheit, Erfahrungen und Wünsche herein, bringe sie zu einem Punkt.

Ich gehe davon aus, daß wir in dieser verrotteten Gegenwart Möglichkeiten haben, zu leben und leben zu lernen; daß unsere einzige Rettung darin zu suchen ist, ganz auf dieses Leben gerichtet zu sein, so intensiv wie möglich, das Gegebene auszuschöpfen, das Leben zu erfassen. Mich interessiert, ob ich ohne Hoffnung unwiderruflich leben kann, ob es eine Auflehnung ohne Hoffnung gibt.

Solche Formulierungen führen zu großen Mißverständnissen. Mit dem Wort »Leben« verbinden viele so etwas wie Freizeit und Ferien und denken an Beziehungen. Das Wort Leben klingt wie »Privatleben«, und das Wort Intensität klingt wie »Liebe«. Der Appell zu leben hört sich dann an wie das Plädoyer für einen individualistischen Rückzug ins beziehungs- und kulturliebende Private, so als wolle man sich nunmehr mit resigniertem Achselzucken sinnenhungrig dem »Genuß des Lebens« – welchen Lebens? – verschreiben. Ich meine das nicht so. Leben auf »Privatleben« zu beschneiden und Intensität auf »Liebesbeziehungen«, meist verstanden als »sexuelle Beziehungen«, zu reduzieren, halte ich für eine allzu weibliche Lokalisierung von emotionalen und intellektuellen Möglichkeiten auf einen Lebensbereich, in dem Frauen traditionell ihre Wünsche ans Leben auszubreiten suchten und – wurden sie nicht erfüllt – weiter, nur mit anderen Personen, ausbreiten. Das ist nicht einzusehen.

Vermutlich vermissen viele das scheinbar klare Wort »Widerstand«. Ich kann es nicht mehr unvoreingenommen verwenden. Es ist statisch und reaktiv. Jedenfalls müßten wir einen neuen Begriff von dem finden, was wir Widerstand nannten. Widerstand kann nicht etwas sein, das in bestimmten organisierten Aktionen aufzählbar und ausweisbar ist. Denn es geht um eine zunehmende Gleichsetzung unserer gesamten Person und unserer gesamten Lebenszeit mit der Abweichung von den Normen, die diese Gesellschaft bestimmen. Damit ist es dann nicht mehr möglich, von »Leben« auf der einen Seite und »Widerstand« auf der anderen Seite zu reden. Leben und Widerstand zu trennen und zu addieren, zu spalten zwischen Leben und Leistung, Leistung und Entspannung, Denken und Reden. Leben ist »Widerstand«, und »Widerstand« ist Leben. Alles andere ist Hochstapelei.

In dieser Sichtweise, die einem zweckgerichteten strategischen Denken nicht traut, ist nicht in erster Linie entscheidend, ob eine politische Aktion erfolgreich oder erfolgversprechend ist. Denn ob wir mit unserem Einsatz, mit unseren Aktionen und Ideen die weitere Aufrüstung, die Stationierung, den Krieg und die Beerdigung Europas oder der Erde verhüten können, halte ich zumindest für fraglich. Unter den geschaffenen Bedingungen kann das, was wir befürchten, eintreffen, und vieles ist eingetroffen. Ob die einzelnen Menschen nun unmenschlich und leblos geblieben sind oder nicht. Eine Aktion ist dann »richtig«, wenn sie die moralischen, intellektuellen und emotionalen Kräfte, die von den gewaltsamen patriarchalen Strukturen abweichen, zum Ausdruck bringt, in die Welt setzt. Das ist das Entscheidende, ob damit diese Welt noch mal verändert werden kann oder nicht.

Es geht nicht nur ums physische Überleben. Wenn die Menschheit tatsächlich so verrottet ist, so stumpfsinnig und bösartig, wie es sich im Ergebnis erweisen könnte, dann soll sie zugrunde gehen. Dann hat sie kein anderes Ende verdient. Dann hat sie *den* Tod verdient, den sie sich selbst zubereitet hat. Dann hat sie es nicht verdient, dieses Leben zu haben, diese Erde zu bevölkern und ihre eigenen guten Möglichkeiten zu realisieren. Dann muß die Bombe das Symbol ihres eigenen Wesens sein: Macht, Zerstörung, Verachtung und grenzenlose Dummheit.

Ich liebe dieses Dasein in seiner bloß biologischen Definition nicht immer genug, um das mögliche menschengemachte Finale als die *größte* Katastrophe anzusehen. Größer noch finde ich die Katastrophe, in der Zeit, die uns bleibt, unsere Möglichkeiten als Frauen mit *dieser* Geschichte und in *dieser* Gegenwart zu verpas-

sen, zu verschlafen, zu vergeuden, das heißt, hinter uns selbst zurückzubleiben.
Unsere Möglichkeiten zu erweitern: Das allein könnte so etwas wie Erfüllung sein. Erfüllung und Lösung von Fesselungen (= Erlösung) haben die abendländischen Menschen meist vor sich hergeschoben, sie waren zu wenig in der Lage, beides in sich selbst zu finden, Heimweh und Erwartung auf sich selbst zu richten. Eine solche Erfüllung muß keine Leerformel bleiben, die erst in irgendeiner zukünftigen Welt gefüllt werden könnte, gefüllt natürlich nur von einer über uns oder vor uns liegenden überirdischen Kraft, ohne daß wir selbst wüßten, was das eigentlich heißen könnte, erfüllt und erlöst zu leben.

Das christliche Abendland hat in seiner Geschichte Abstand genommen von der Behauptung ihres Religionsgründers, daß das »Reich Gottes« weder hier noch da, sondern im Innern der Menschen zu finden sei. Die Suche nach diesem »Reich Gottes« in sich selbst stand aber im Widerspruch zu der Lust an den männlich vorwärtsstrebenden großen Schritten. Und so erschien es passender, dieses Reich in die Zukunft zu verlegen. Damit konnten dann auch alle gefertigten Skandale der Gegenwarten gerechtfertigt werden. Und damit war dann auch der »Gott« in den Menschen nicht vorfindbar.
Ich bin keine Christin. Auch habe ich meist mehr mit den Immoralisten sympathisiert, Menschen jenseits von Gut und Böse. Sie waren immer die Radikalen, die sich außerhalb der Konventionen befanden und ohne Vorbild, ohne Vergleich und ohne Vorgänger zu denken versuchten. Das taten sie in Zeiten, in denen das Herrschende moralisch zu sein beanspruchte. Die Lage aber hat sich längst verkehrt. Die christlich-abendländische Denktradition und Kultur in ihrer ganzen Widersprüchlichkeit, ihrer Brutalität und gleichzeitig ihrem unglaublichen Reichtum zeigen, daß *Moral* etwas anderes ist als einfach eine von den jeweils Herrschenden geschneiderte Zwangsjacke, die die jeweils Unfreien zu tragen hatten.
Moral, die Bewertung von Menschen und ihren Taten, ist zunächst eine menschliche Möglichkeit, die wir als Frauen neu und

nochmals *verfehlen* oder neu wahrnehmen können, ohne Vorlagen, die kopiert werden könnten. Von Moral zu reden ist nicht modisch, überhaupt nicht trendgemäß. »Moral« hat im Denken seit der Aufklärung und im linken und feministischen Denken kaum einen Platz. »Moral« ist irgendwie ein peinliches Wort. Es gibt keine Begriffskultur, keine Sprachkultur für diese Seite des Menschen, erst recht nicht für Frauen. Wir stammeln hier herum, reden in Kleinkindsprache von »Gut« und »Böse«. Entweder simplifizieren die Worte oder sie werden pastoral, bigott und begleitet von dem pädagogischen Zeigefinger.
Jede/r kann begreifen, daß Menschen menschlich sein sollen, weil sie es sein können. Müßten sie nur »gut« sein, solange es einen Gott gibt, fiele alle Menschlichkeit in sich zusammen, sobald an ihn nicht mehr geglaubt wird. Die Geschichte hat aber nicht bewiesen, daß das moralische Beurteilungsvermögen vom Gottesglauben abhängig ist. Der Glaube an Gott konnte immer verlorengehen und abgelöst werden durch andere Glauben. »Gott ist tot« heißt nicht: Alles ist erlaubt, niemand guckt zu. Moral ist nicht an göttliche Buchführung gebunden. Gott und Mensch sind keine Geschäftspartner, die ihre Forderungen gegenseitig aufrechnen. Ein solches Geschäftsdenken hat dazu geführt, daß die Disziplin, die Verläßlichkeit ins Wanken kommen, sobald kein lieber Gott am Himmel die Menschen beobachtet und belohnt.
An diesem Begriff kleben außerdem Generationen von selbstgefälligen christlichen Taten; von Verfolgungen, Folterungen, Verbrennungen und Kriegszügen; Bibliotheken voller intellektualistischer theologischer Exegesen, die Unrecht rechtfertigen; Sonntage in Gottesdiensten und Messen voller zweideutiger Episoden, voller abgelenkter Gebetsversuche, halbherziger Schuldbekenntnisse und scheinheiliger Friedfertigkeit.
Moral, ausgelegt und gefordert im Sinne der Herrschenden, galt immer wieder der Anpassung und Integration, der Dienstbarmachung und Ruhigstellung der individuellen Untertanen. Dieses Verständnis von Moral appelliert an die *einzelnen*, keine Übel zu verursachen. Damit ist der einzelne beschäftigt, lebenslänglich kehrt er zerknirscht oder in leiser Selbstgerechtigkeit mit sauberer Weste vor seiner eigenen Tür. Er versucht, sich mittels seiner

moralischen Regeln so weit wie möglich selbst in Schach zu halten. Das ist praktisch für Kirche und Staat und spart Arbeit. So waren die moralischen Ideale des christlichen Abendlandes praktisch meist keineswegs revolutionär.

Wenn Nietzsche gegen das christliche Moralsystem gewettert hat, dann deswegen, weil es die Menschen anpaßte und verkleinerte zu scheinheiligen Duckmäusern und in die Heuchelei oder in die Verzweiflung trieb. Das Gottessymbol des Christentums, der Herr, der Herrscher, der Allmächtige, der Gewaltige, ist Inbegriff der männlichen Sucht nach Macht. Bei diesem Gott vor der Nase gibt es kaum mehr als zwei Möglichkeiten: Ihm nacheifern, auch ein bißchen so sein wie er, riesig und gewaltig, oder kuschen, ganz klein sein und nicht auffallen. Die »Sünde«, die schlechte Tat von Frauen, ist eher die letztere, und Frauen brauchen eine ganz andere Definition von »Sünde« als Männer.

Wenn menschliche Moral nicht mehr im Rahmen eines individuellen Kuhhandels mit Gott befolgt wird, mit dem jeder verschwiegen ein gutes Geschäft machen will und die Belohnung für sein Wohlverhalten erhofft, bekommt sie etwas Sprengendes: Wenn sie nämlich zu einer kollektiv angeeigneten und kollektiv getragenen Eigenschaft von Menschen geworden ist, die im Widerspruch steht zu dem, was die Obrigkeit für richtig hält.

Das ethische Kernstück des Neuen Testaments, die Bergpredigt (Matth. 5–7), fordert von den Menschen den Verzicht auf Besitz und Sicherheit und den Verzicht auf Gewalt und Vergeltung. Diese Forderungen galten in den christlichen Kirchen zwar als sinnvolle private Lebenshilfe, aber auch als politisch unerwünschte und unerfüllbare Forderungen. Mit dieser grundsätzlichen Unerfüllbarkeit der Forderung nach Gewaltlosigkeit wurde dann auch ihre historische Unwirksamkeit begründet. Denn Christen mordeten und führten Ausrottungs- und andere Kriege – genannt »gerechte Kriege« – mit der Bergpredigt im Gepäck. Die Erfahrungen mit gewaltfreien Aufständen vor allem in Indien und Nordamerika, die Positionen von Pazifist/inn/en im Ersten und Zweiten Weltkrieg und gegenwärtig die Antikriegs- und Friedensbewegung haben die Inhalte der Bergpredigt wieder stärker ins Bewußtsein von Christen und Nichtchristen gerückt. Diese Bergpredigt ist eine radikale politische Sache. Sie überschreitet die üblichen humanitären Übereinkünfte der Völker. Sie korrigierte bereits von 2000 Jahren das herrschende Gesetzesverständnis der Pharisäer. Sie überbietet alle gesetzlich festgelegten Regelungen des menschlichen Zusammenlebens. Sie beansprucht die Menschen umfassend. Denn da wird lapidar und ohne jede Einschränkung gefordert, mit dem Gegner, mit jedem Gegner sei Frieden zu schließen, und auf jede Vergeltung sei zu verzichten.

Die Frage ist, ob das auch die Moral von Frauen sein kann. Die Forderung der Bergpredigt nach Friedfertigkeit, verstanden im politischen Sinn, war und ist eine Forderung an die Adresse von Männern. Für Männer und für die Herrschenden der Erde ist sie revolutionär, früher so wie heute. Die Version von Friedfertigkeit, die Frauen praktiziert haben, war es nicht: Eine Friedfertigkeit mit eingeschränktem Blick dient der Friedlosigkeit der Herrschenden. Wir können nicht einfach eine verschüttete und ignorierte Lehre wiederentdecken, auch nicht eine, die von einem von der patriarchalen Mehrheit und Macht mehr oder weniger abweichenden Mann namens Jesus als lebensrettend für seine eigenen Geschlechtsgenossen erkannt wurde. Sie ist schon vor 2000 Jahren nicht für Frauen ausgedacht worden. Offenbar war es gesellschaftlich nicht notwendig, etwas Entsprechendes für Frauen zu finden; sie waren unauffälliger, und in ihren komplementären und subalternen Lebensarrangements mit Männern wurden sie automatisch miterfaßt. Moral ist aber kein absolutes Gesetz des Handelns.

Wir müssen alles neu überdenken. Wir sind zurückgeblieben. Denn im Moment wissen wir eher, was es *nicht* ist, als was es ist. Hier ist momentan nur noch antisystematisch und aphoristisch weiterzumachen, oder lyrisch oder musikalisch ... Es bleiben Anmerkungen, Notizen, das abgebrochene Argument, Denkvorschläge. Aber diese sind nicht beliebig.

Ich habe vor einigen Wochen einen Dokumentarfilm über das Frauen-KZ Ravensbrück gesehen. Die – anwesende – Darstellerin, eine polnische Jüdin, die überlebte, sagte in ihrem Kommentar, sie wisse nicht, ob die nachfolgende Generation (also wir) schuldig zu sprechen oder zu entlasten sei. Über diese Bemerkung waren, wie die anschließende Diskussion zeigte, einige erstaunt, befremdet oder empört: Sie hätten doch nichts damit zu tun gehabt, nicht mal ihre Eltern hätten etwas gewußt, und sie wären noch gar nicht geboren gewesen. Die ehemalige Insassin schwieg diesen Beteuerungen gegenüber hartnäckig.

Ich denke, unsere Mittäterschaft entlarvt sich in dem Maße, wie wir die *gegenwärtige* Zeit *nicht* erfassen. Zur Gegenwart gehört das Wissen um die Vergangenheit. Die distanzierende Erschütterung: Wie konnte das nur passieren? ist verlogen.

Eine junge Frau sagte in der Diskussion: »Wir können das heute gar nicht nachempfinden, was damals geschehen ist, weil es uns nicht direkt, unmittelbar betrifft. Uns fehlt die Erfahrung. Wir können auch gar nicht leiden, man muß aber leiden, um aktiv zu werden. Alle jetzigen Gefahren sind nur potentielle, keine wirklichen ...« Das ständige Reden von der »unmittelbaren Betroffenheit« rechtfertigt eine schonende Einengung von Gefühlen und Vorstellungskräften. Wir können viel mehr denken und empfinden als das, was im jeweiligen mehr oder weniger kümmerlichen Leben stattfindet. Wieso sagst du: »Ich kann das nicht nachempfinden«? Ist es nicht Anlaß genug, wenn diese Erde vor unseren Augen systematisch auf ihre Zerstörung hin zugerichtet wird? Was soll noch passieren? Wenn du meinst, nicht »leiden« zu können: Welche Krankheit hast du?

Hanna Levy-Hass, eine Überlebende des KZ Bergen-Belsen, schreibt: »Ich werde jeden Menschen nach dem Kriterium der gegenwärtigen Realität messen, daran, was er in unseren Verhältnissen war und gewesen wäre. Um mir über jemand eine Meinung zu bilden, um ihn zu schätzen oder nicht zu schätzen, zu lieben oder nicht zu lieben: letzten Endes wird das alles davon abhängen, wie seine Haltung, seine psychische, physische und moralische Reaktion in diesen düsteren Jahren großer Prüfungen war oder gewesen ist ... Ich werde nie mehr imstande sein, die Welt meiner Gedanken und meine Überlegungen von den Ereignissen des Krieges zu trennen ... Vergessen heißt verraten.«[9] Das trifft auch jetzt zu.

Aus der Täuschung in die Ent-Täuschung
Zur Mittäterschaft von Frauen

Seit der erste vollkommene Nihilist Europas und berühmteste Gottesmörder, Friedrich Nietzsche, vor 100 Jahren gesprochen hatte, entstanden geistreiche und bösartige Analysen zum Finale der abendländischen Kultur.[1] Und unter dem Eindruck der Verheerungen der beiden Weltkriege dieses Jahrhunderts, in einer »Epoche voll nihilistischem Fieber«[2] wurde der Zerfallszustand dieser Zivilisation immer drastischer bloßgelegt. Die Autoren des Untergangs redeten natürlich von *den* Menschen, von *der* Menschheit, die am Ende sei, nicht von den Männern.[3] Wir, Feministinnen, nahmen das später mit Beruhigung zur Kenntnis. Wir sagten: Das sind nicht unsere Einsichten. Wenn das Patriarchat seinen jämmerlichen Abschied nimmt, dann ist das aus der bornierten Perspektive von Männern, gleich ob Existentialisten, Nihilisten, Moralisten, Kulturpessimisten, immer identisch mit dem endgültigen Abschluß der Weltgeschichte. Männer können nur denken, mit sich selbst gleich alles zu zerstören und fortzunehmen. Das war nichts als einer der Tausende von Beweisen für die Ausklammerung von Frauen aus der männlichen Sicht der Dinge. Wir waren hier wie immer subsumiert worden. Wir waren hier zum Glück nicht gemeint. Wenn Männer ihren Untergang erkennen, ist ihnen der gleichzeitige Aufbruch von Frauen unvorstellbar.
Mittlerweile haben die zivilisierten Gesellschaften des weißen Mannes es geschafft, die Lebensbedingungen auf der Erde so weitgehend zu verderben, daß es zu einer absolut verrückten Herausforderung geworden ist, überhaupt leben zu wollen und zu können, unsere Sinne zum Leben zu entwickeln, zu behalten und zu gebrauchen und ihre Verkümmerung unentwegt abzuwehren: So haben wir keine unbezweifelte Zukunft, auf die sich unsere Neu-

gierde und unser Rebellieren richten könnte. Sondern wir haben eine einmalige, kurze oder endlose, jedenfalls unwiderrufliche Gegenwart, deren eiserner Fortbestand an das Werk von atomaren und konventionellen Massenmördern gekettet ist.

Der Motor der folgenden Überlegungen ist nicht die lamentierende Feststellung dieser ungeheuerlichen Binsenweisheiten; ebensowenig die Frage nach den gesellschaftlichen und individuellen Kräften, die die patriarchalen Machthaber und Marionetten zu ihren Zerstörungstaten antreiben. Vielmehr ist es die Frage, in welcher Weise *Frauen*, die in ihrer Mehrheit an der Produktion des Wissens um die Mittel der Zerstörung und an deren politischer Durchsetzung nicht beteiligt waren, in diese Prozesse involviert sind.

Die Überzeugung von der *Mittäterschaft* von Frauen an den Entwicklungen, die die schleppende und unheroische Liquidation von Menschen zur Folge haben, hat eine zwingende Konsequenz, und die zu ziehen ist lebensbedrohlich. Sie konfrontiert uns mit unserem Ende und nicht mit unserem Neuanfang.

Die Tatsache, daß die herrschenden Männer die Möglichkeit der vielfachen und restlosen Menschheitsauslöschung erreicht haben, bringt uns mit einer fatalen Verspätung ins Schleudern. Frauen sind gescheitert. Von den Konsequenzen, die ein Eingeständnis des Scheiterns nach sich ziehen muß, können wir uns nicht entlasten, nämlich von dem Risiko der totalen Verunsicherung. Alle Selbstverständlichkeiten haben sich beendet, auch alle vertrauten Kategorien von Widerstand. Wir müssen uns außerhalb der Konventionen begeben, die unser feministisches Denken und Gewissen stabil hielten. Es muß schwere Ausblendungen gegeben haben in unseren Wahrnehmungen. Mit den Fragen, die sich stellen, können wir an unseren geläufigen Sinnstiftungen, an unseren Illusionen und Hoffnungen, unserer Art des Hinsehens und unseren Lebensweisen der letzten zehn Jahre und aller unserer Jahre davor nicht festhalten. Auch dann nicht, wenn die Konsequenzen verwirrend sein sollten. Denn möglicherweise erzeugen alle neuen Überlegungen zuerst weniger Licht als Konfusion. Und vielleicht geht es nur noch darum, klar zu sehen, scharfsinniger zu werden und nicht mehr zu hoffen.

Aus der Täuschung in die Ent-Täuschung

»In dieser Gesellschaft ist immer Krieg. Es gibt nicht Krieg und Frieden. Es gibt nur Krieg.«[4] Der Hinweis auf unseren alltäglichen Krieg bleibt heute unzulänglich. Mißhandlung, Verletzung, Diskriminierung, Unterbezahlung, Vergewaltigung, Sexismus überall, wohin wir sehen, das ist zwar unsere alltägliche Erfahrung oder Beobachtung; der Unfriede ist der stabile kontinuierliche Alltag von Frauen, und er schafft uns oder wir schaffen ihn mit mehr oder weniger Erfolg. Diese Kriegsschauplätze werden zwar von den gleichen Gesetzmäßigkeiten beherrscht wie diejenigen, in denen es um die Produktion von Waffensystemen, Giftstoffen, Abhöranlagen, von unnützen, inhumanen oder todbringenden Waren, von betrügerischen und verdummenden Ideologien geht: Alle sind sie beherrscht von der Logik der Macht und Unterwerfung. Dennoch bleibt der Unterschied zwischen unseren unzähligen exemplarischen Alltagskriegen und der weltweiten Hochrüstung zur atomaren, chemischen, biologischen Vernichtung uns nicht erspart.

Wenn Frauen sich an die Erkenntnis klammern, daß es den Herrschenden immer schon um ihre Machtdemonstration ging und unsere Gegenwart sich deswegen nicht grundsätzlich unterscheide von allen anderen Gegenwarten, in denen gedroht und geherrscht und zerstört wurde – »Warum empören wir uns jetzt so besonders? Die Lage ist keine besondere!« –, dann ist das Augenwischerei.

Die Verdunklung steckt in einer unzulässigen Abstraktion, die viele Frauen mit erlösendem Aha-Erlebnis aufgreifen: Daß nämlich die Geschichte der Patriarchate immer von kontinuierlicher Destruktion geprägt gewesen ist, deren Ziel weniger die Zerstörung selbst war, als vielmehr der Erweis von Omnipotenz und Übermacht: Eine Abstraktion mit lapidarem Inhalt, in der die Einzigartigkeit unserer bereits Jahrzehnte umfassenden Gegenwart wiederum einem Verdrängungsakt zum Opfer fällt. Daß zwischen Pfeil und Bogen und atomarem Overkill, zwischen Curare und chemischer und bakteriologischer Kriegführung mehr als bloß ein graduell-technologischer Unterschied besteht, wird wohl von niemandem zu leugnen sein. Daß aber dieses Patriarchat seit dem 6. August 1945, der Atombombenexplosion in Hiroshima durch die USA (oder seit dem 16. Juli 1945, der ersten Testexplosion in der Wüste von New Mexico), in eine Epoche eingetreten ist, die eine Parallele zu allen anderen uns bekannten Epochen zu ziehen nicht mehr zuläßt, dieses Faktum zu akzeptieren stößt auf hartnäckige Abwehr; ebenso wie schon vor 30 und vor 20 Jahren, als es deutlich beim Namen genannt wurde[5] – und nicht nur bei den »narkotisierten Massen«[6], sondern auch innerhalb der noch so heterogenen Friedens- bzw. Antikriegsbewegung. Offensichtlich gerade auch bei Frauen.

Das Einzigartige der »Zeitzelle«[7], in der wir uns befinden, besteht darin, daß seit der arglosen Entwicklung und tatkräftigen Ausbreitung der atomaren und sog. konventionellen, der chemischen und bakteriologischen Massenvernichtungskapazitäten, der elektronischen Kriegführungsfähigkeit durch militärische Satelliten in der Erdumlaufbahn und weltweite Abhörstationen das patriarchale Interesse an All-Macht und totaler Kontrolle aus dem Stadium der bloßen Phantasie, Fiktion und Erprobung in das Stadium der vollkommenen Realisierbarkeit getreten ist. Sie muß nicht mehr erdacht, vorgestellt, erträumt werden. Es ist *getan*.

Aber so bekannt diese Tatsachen auch sind, sie haben uns immer noch nicht restlos von der frauenhaften Hoffnung befreit: So schlimm *kann* es doch gar nicht sein! Das Langweilige, das Undramatische und Statische dieses Zustands verführt zu solchen Tröstungen. Die langwierige Agonie und das Ausbleiben der rasanten Radikalkatastrophe fördert ihr Gedeihen. Das Warten bringt auf schlechte Ideen und fördert Verdrängung. So werden schon wieder neue Betrügereien kreiert, die die Wirklichkeit vernebeln. Einigen linken Witzbolden ist diese Realität bereits zu abgegriffen. Mit feuilletonistischem Schwung haben sie die »apokalyptische Welle« und die »Untergangsmode« bereits überwunden. Sie meinen, sie auf die allgemeine »Negativität des menschlichen Geistes«, auf die zyklisch wiederkehrenden End- und Katastrophensehnsüchte des Menschen oder einfach auf die Nachfrage nach Tragik in unseren Tagen zurückführen zu müssen.[8] Die Fakten, die ihre spektakuläre Wirkung ziemlich schnell verloren haben und zu Gemeinplätzen wurden, bleiben dennoch bestehen.[9]

Auch die Frage nach der »Mittäterschaft« von Frauen an den von

Männern dirigierten Zerstörungsprozessen und an deren destruktiver Logik stößt zumindest in Kreisen der Frauenbewegung verbreitet auf eisernen Widerstand. Sie ruft Empörung hervor. »Mittäterschaft« ist ein Wort, bei dem viele Frauen zusammenzucken. Es klingt unfeministisch, antifeministisch, so als würden neue Schuldige geschaffen und alte Täter entlastet.

»Mittäterschaft von Frauen« ist zunächst eine Behauptung, die sich auf die Gegenwartsgeschichte bezieht. Es ist trügerisch zu meinen, Frauen führten mehr oder weniger und vielleicht sogar zunehmend ein unabhängiges Eigenleben parallel zu den patriarchalen Taten; sozusagen an einem anderen Ort. Ich meine vielmehr, daß eine differenzierte geschlechtliche *Interessenverquickung* in den zivilisierten Patriarchaten die Mittäterschaft von Frauen hergestellt hat, damit sie Männer nicht verraten, bekämpfen oder in ihren Taten behindern. In der Hauptsache im Ergebnis – trotz aller Kämpfe, Widerstände und Verweigerungen – scheint das gelungen. Dienlich für den Erfolg sind vor allem die Normgefüge der polaren *Ergänzung* und der *Egalität* von Frauen und Männern.

Wir sind zu Mittäterinnen geworden, wenn wir uns den Ergänzungsideen gefügt, nämlich komplementär zum »männlichen« ein »weibliches« beschränktes Verhaltensrepertoire entwickelt und praktiziert haben; ein Gegengewicht; wenn Frauen sich dem Mann hinzuaddieren als das untergeordnete andere Geschlecht; wenn Frauen das männliche Individuum stützen und abschirmen, indem sie ihre Ressorts – speziell die des Hauses, des »sozialen Gedankens« und der Menschlichkeit – so strukturieren, daß der Mann für seine Taten freigesetzt wird.

Wir sind zu Mittäterinnen geworden, wenn wir uns den Gleichheitsangeboten gefügt haben, nämlich so handeln und denken, wie es einer patriarchalen Logik entspricht und diese als menschliche Logik mißverstehen lernen; wenn Frauen sich den Status quo männlicher Errungenschaften mitaneignen und ein »Wir-Gefühl« mit ihren männlichen Mitstreitern, Kollegen oder Liebhabern, schließlich mit »dieser Gesellschaft« entwickeln. So werden Frauen höchstens zu Konkurrentinnen, nicht aber zu Gegnerinnen von Männern; sie sind im männlichen Bündnis aufgenommen, von ihnen droht keine Gefahr. Sie gehören dazu.

Aus der Täuschung in die Ent-Täuschung

An diesem Erfolg materieller und ideologischer Macht des Patriarchats sind Frauen beteiligt, und das nicht einfach als passive Opfer. Wenn Frauen auf einem halbkolonialen Status insistieren, dann nicht allein aus erzwungenem Gehorsam gegenüber männlichen Interessen. Frauen haben zwar als Folge geschlechtlicher Arbeitsteilungen und einer gewissen ideologischen Distanz zu Männern, mit der Männer sie und sie sich selbst von männlichen Geschäften ferngehalten haben, nicht nur Fesseln, sondern auch Freiräume geerntet; diese garantieren der Frau einen berechenbaren Lebensbereich, Haus, Wohnung, Kinder, eine Tageszeit ohne Mann, etwas Unabhängigkeit, etwas Eigenständigkeit, etwas Kompetenz. Aber das Stückchen Eigenwelt, das mit der Ideologie der zivilisierten Patriarchate und mit deren Materialisierung immer stärker schrumpfte[10] und sich höchstens in Kriegszeiten – wenn Frauen ihr Leben und das ihrer Kinder allein organisierten, während Männer sich gegenseitig umbrachten – scheinbar restabilisierte, hat zur Entwicklung weiblicher Gegenmacht und weiblicher Identität nicht geführt. Die besondere Mischung von Distanz und Abhängigkeit im Geschlechterverhältnis scheint immer wieder geeignet gewesen zu sein, Frauen zu befrieden, an Hoffnungen wie an Realitäten zu binden, um die »mörderische Normalität«[11] auch für sich als selbstverständliche hinnehmen zu können.

Die Argumente gegen eine »Mittäterschaft von Frauen« klingen zunächst plausibel: Mittäterschaft sei ein Begriff, der Frauen auf die Anklagebank bringe. Oder sogar einer, der uns als Anklägerinnen gegenüber anderen Frauen entlarve. Er lege uns auf ein Opfer-Täter-Denken fest, ohne die vielen historischen und gegenwärtigen Widerstandsversuche von Frauen zu fassen. Er ignoriere alle Lebensversuche außerhalb des Opfer-Täter-Schemas. Er verteile Schuld und belaste Frauen, anstatt weiterhin diejenigen anzuklagen, die Frauen gewaltsam dazu treiben, auf ihre eigene Entwicklung und ihre Gegenmacht zu verzichten, Stützfunktionen für Männer zu übernehmen und ihnen ihre destruktive Machtentwicklung freiwillig-unfreiwillig zu ermöglichen. Der Begriff Mittäterschaft verleite zu einem Rundumschlag der Schuldzuteilung. Er decke in seiner Grobheit die unzähligen Schattierungen der

Mitbeteiligung von Frauen an der katastrophalen Perversion von Leben zu. Statt dessen unterstelle er einfach, Frauen zögen sozusagen kollektiv mit bei diesem ebenso dümmlichsten wie verhängnisvollsten Fortschritt in den Untergang; Frauen stimmten mit dessen Zielen überein oder bastelten in Kenntnis dieser Ziele mit wie auch immer gearteten Mitteln an deren Realisierung. Richtiger seien differenzierende Bezeichnungen wie »Gehilfentum«, »Mitläufertum«, »Mitwisserschaft« oder »Mitverantwortlichkeit« und »Mitschuld«. Mittäterschaft schließlich sei ein Begriff, der uns die Beweislast und Beweispflicht aufnötige, nämlich die eigenen Taten und Verantwortlichkeiten, das eigene Mitagieren darzulegen und auszubreiten. Damit würden wir uns auf die ewig weibliche Krankengeschichte fixieren und in einem Denken verharren, das uns wieder fessele an unsere Deformationen und Behinderungen, anstatt uns aus den unentwegten Klagen und einem festgenagelten Denken herauszureißen und unseren Kopf freizufegen. Ist die Frage nach unserer Mittäterschaft wie eine Pflichtübung, so als müßten wir unsere Gepäcklasten noch einmal ordnen und überblicken, bevor wir sie rigoros über Bord werfen? Wenn wir jetzt auch noch unsere Mittäterschaft nachweisen müssen, zwingen wir uns dann nicht selbst, uns nochmals mit unserer trüben Vergangenheit zu beschäftigen? Lähmen wir uns, Utopien für die Gegenwart und die Zukunft vorstellbar zu machen? So wirke der Begriff auf uns »demoralisierend« und ebne damit wiederum jeder Politik gegen Frauen die Bahn.

Diese Gegenargumente gehen zum Teil von Voraussetzungen aus, die nach meiner Auffassung keine Geltung mehr haben. Das Wort »Mittäterschaft« evoziert eine Art schwesterlichen Schutzinstinkt gegenüber scheinbar angegriffenen Frauen. Diese Protektionsbereitschaft finde ich unangebracht. Es geht nicht um Schuldzuweisungen. Der Gedanke der Mittäterschaft reiht sich auch nicht ein in die vielen weiblichen Klagen, Selbstanklagen und Selbstvorwürfe, die alle der stehenden Luft depressiver Fesselung von Gedanken und Gefühlen entstammen. Im Gegenteil. Denn jede Trennung von unseren bisherigen Übereinkünften mutet uns etwas zu, führt uns zu neuen Kampfplätzen, voll Trauer zwar, aber ohne Selbstmitleid.

Aus der Täuschung in die Ent-Täuschung

Von weiblicher Mittäterschaft zu reden ist provozierend. Denn die autonome Frauenbewegung hat ihr anfängliches Selbstbewußtsein, ihre Energie und Kreativität auch dadurch gewonnen, daß sie Frauen von der Verantwortung für die Gewalt, die ihnen geschieht, und für die Verdorbenheit dieser Gesellschaft freisprach: Unsere gemeinsame Zurückweisung der Schuldzumutung rechtfertige die Autonomieforderung als politische Konsequenz. Die Verknüpfung von Autonomie und *Opferthese* ist dabei zur Falle geworden. Unsere Autonomie können wir nicht mit unserem Opferstatus begründen. Wir können nicht die heilgebliebenen und die autonomen Opfer sein. Das schließt sich aus. Daß Menschen selbst entscheiden, was sie sind, gilt – grundsätzlich zumindest – auch für Frauen.

Die Frauenbewegung befindet sich nicht einfach in einer ideologischen Krise, zu deren Lösung uns momentan leider noch die guten Ideen oder die Massen fehlen. Unsere Situation ist viel endgültiger. Scheinbar ging es uns immer noch besser als den Liberalen und Linken, die schon längere Zeit in ihrer Identitätskrise stecken. Der intellektuelle und ökonomische Bankrott des Liberalismus decouvrierte ihn als hoffnungslos veraltet. Der Marxismus stellte sich ebenfalls als eine historische Theorie heraus, die weder zum Religionsersatz noch zur zeitlosen Anleitung zum politischen Handeln tauglich war. Wir, Feministinnen, hatten demgegenüber eine gute Position. Wir hatten keine Theorie, aber wir waren im Recht. Die Frauen der ganzen Welt sind unterdrückt, und unsere historische Stunde ist gekommen. Das Patriarchat hat abgewirtschaftet. Die Männer sind am Ende. Die historische Ablösung der Macht der Männer steht an. Frauen werden sich mehr und mehr ihre Rechte nehmen, ihre Unterdrückung abwerfen und sich den Raum erobern, den Männer sich genommen haben. Frauen werden in Besitz nehmen, was Männer in jahrtausendelanger Selbstverständlichkeit für ihren Besitz hielten. Und jeder Krieg ist ein Schritt »zur Selbstzerstörung des Patriarchats«[12].

Nun stellt sich aber heraus, daß die konkrete Erde, die der Boden für alle gesellschaftlichen Machtveränderungen und für jeden Neuanfang bleibt, sich auf dem Weg in ein ausfluchtloses Konzentrationslager befindet. Sie ist mit einem todkranken Erbe versehen, das alles weitere Leben auf ihr zur Hölle machen würde, falls es eins geben sollte. Denn dieses Erbe ist unausrottbar, und wir können auf seine Übernahme durch keinen Fluchtweg verzichten. Es macht alle weiteren Menschengenerationen abhängig, ohnmächtig und unfrei.

Die Erde ist mit atomarem Sprengstoff überhäuft worden, dessen Massenmordwirkung alle Lebewesen der andauernden totalen Gefahr aussetzt. Auch jede Abrüstung, sollte sie entgegen allen Erwartungen irgendwann gelingen, könnte das Wissen um die Produktion der Vernichtungsmittel nicht mehr tilgen. Die Kenntnis ihrer Herstellung und Wiederherstellung wird in absehbarer Zeit zum Besitzstand von ca. 40 Staaten der Erde geworden sein [13] und von wer weiß wie vielen Einzelhirnen. Auch eine »Abrüstung im Kopf« kann das nicht ausrotten.

Die Erde ist mit Atomindustrie ausgestattet worden, deren Wartung allein eines Heeres zuverlässiger Arbeitskräfte bedarf, um Unfälle durch radioaktive Strahlung so klein wie möglich zu halten. Zur Sicherheitsgarantie ist ein militärähnlicher Überwachungsapparat nötig, der längerfristig nur von einem totalitären Staatsapparat produziert werden kann. Eines seiner Hauptprobleme wird es sein, über den »Mißbrauch« der radioaktiven Substanzen zu wachen und die Entwendung von bombenfähigem spaltbarem Material, vor allem Plutonium, aus den Atomkraftwerken, den Wiederaufbereitungsanlagen und auf den Transportwegen zu verhindern. So reichen für eine funktionierende Bombe im Ausmaß der Nagasaki-Bombe 8 bis 10 kg Plutonium, eine relativ geringe Menge im Verhältnis zu der allein in der BRD pro Jahr hergestellten Produktionsmasse. Aber auch schon in kleinsten Mengen von 0,2 bis 3 g besitzt Plutonium in Pulver- oder Tablettenform höchsten Erpressungs- und damit auch Geldwert. Die Sicherung gegen Überfälle von außen und Sabotage von innen, gegen Spionage und nukleare Erpressung erfordert nicht nur kaum vorstellbare Maßnahmen des Objektschutzes sowie der Personenkontrolle, sondern darüber hinaus die sog. Vorverlegung der Sicherheitslinie in die Gesellschaft hinein. Das bedeutet eine Ausweitung der staatlichen Beobachtungs- und Überwachungsmethoden auf die gesamte Bevölkerung, vor allem die präventive Überwachung aller Einwohner/innen im Umkreis atomtechnischer Anlagen und des ideologischen Umfelds aller Atom- und Kriegsgegner/innen, auf die sich der Begriff der Staatsfeindschaft ausdehnen muß. Um eine hinreichend perfekte elektronische Bewegungskontrolle des beruflichen, privaten, sozialen Lebens potentieller »Staatsfeinde« zu erreichen, ist ein zentrales Datensystem notwendig, versorgt mit Informationen über Bürgerinitiativen, Umweltschutzgruppen, Oppositionelle und Abweichler/innen jeder Art, mit der Auswertung von Unterschriftenlisten, Petitionen, Telefon- und Postüberwachungen, Bespitzelungen durch V-Männer, Richtmikrophone etc.; weiterhin die Verschärfung des politischen Strafrechts, die Einschränkung des Demonstrationsrechts, die personelle und materielle Aufrüstung von Polizei, Kriminalämtern und Grenzschutz. Alle diese Maßnahmen sind von jedem Staat legitimierbar durch den »Sachzwang«, nukleare Terroraktionen im Interesse des Schutzes der Bevölkerung verhindern zu müssen.[14]

Die Erde hat unter ihrer Oberfläche unzählige Giftmülldeponien mit ihren noch weitgehend unbekannten flüssigen Rückständen zu verkraften, in die die Industriestaaten täglich ihre tonnenweisen Abfälle aus Kraftwerken, Industriebetrieben und Kläranlagen schütten und die jeweils einen Umfang bis zu zwei Millionen Quadratmetern haben.[15] Außerdem lagern in der Erde an größtenteils geheimgehaltenen Orten chemische und biologische Kampfstoffe und mit Nervenkampfstoffen gefüllte Munition.[16] Die Erde ist in den Metropolen und deren Umkreis mit Beton zugebaut und abgetötet worden, der bisher durch kein chemisches oder mechanisches Verfahren zum Verschwinden gebracht werden kann und durch keinen natürlichen Verrottungsprozeß sich irgendwann selbst auflösen könnte; diese Bebauungen determinieren unausweichlich die Lebensformen aller Lebewesen, die in oder zwischen ihnen existieren.

Der Erde ist ein ständig wachsender Teil ihrer natürlichen Produktivität genommen bzw. beschädigt und verdorben worden. Was sie liefert, Luft, Wasser, Wälder, Boden, wird durch die Verbreitung chemischer Stoffe, die Freisetzung radioaktiver Strahlung, die Ausbreitung von Schwermetallen, die Folgen industrieller Landwirtschaft für alle Lebewesen eingeschränkt oder lebensgefährlich.[17] Wären Tiere und Pflanzen unsere »Geschwister«[18], dann könnte die verunstaltete und ausgeraubte Natur wohl keinen anderen Wunsch haben, als daß die Menschen, diese »Anti-Lebenden«[19], sich so schnell wie möglich davonmachen und ihren endgültigen Abgang von dieser Erde beschleunigen. Nur werden die Menschen das wohl kaum tun, ohne wenigstens einen Teil der Natur mitzunehmen.

Die inschachhaltende Verwaltung der dauerhaften Zerstörungsprodukte, das Meiden krankmachender Regionen, das Wissen um die Nicht-Verlernbarkeit der Kenntnisse, die zur Natur- und Menschenvernichtung ermächtigen, die Endlosigkeit der existentiellen Unsicherheit und unzulänglichen Kontrolle, die Angst vor dem Haß und der Rache der Natur und gleichzeitig die Aufgabe, im Interesse der Selbsterhaltung das Werk Erde als einen ökologisch funktionierenden Lebensraum wiederherzustellen: Das determiniert alles weitere soziale und politische Leben. Das determiniert auch die künftigen Machtverhältnisse. Jede Politik findet unwiderruflich innerhalb einer atomaren Welt statt, und alles weitere Dasein auf der Erde steht unter dem Dauerzeichen ihrer potentiellen Liquidierung. Die »Herren der Apokalypse« können sie selbst herbeiführen, durch Absicht, durch Dummheit, durch Zufall oder durch Überdruß. Sie haben den Gipfel der Omnipotenz und gleichzeitig das vollkommene Verbrechen erreicht, über das Ende aller oder einzelner Regionen zu verfügen. Dieses Eigentum, das die Herrschenden in der Hand haben, macht die Epoche, in der wir leben, zur »endgültig letzten Epoche der Menschheit«[20], auch wenn sie sich noch endlos in einem undramatischen Zerfall hinziehen sollte. Denn das, was hier angerichtet ist, ist nicht rückgängig zu machen.

Die Träume vom Ende des Patriarchats erledigen sich. Niemand wird dies Erbe antreten wollen. Die Entmachtung des weißen Mannes könnte irgendwann sogar in seinem eigenen Interesse liegen, wenn er nämlich selbst die Lust verliert, die Folgen seiner Anmaßung und Perversion unter Kontrolle zu halten, zu bewachen, sich ihnen gewachsen zu zeigen und den eigenen tödlichen

Müll wegschaffen zu sollen. Jedenfalls glaube ich nicht, daß es für uns eine interessante Perspektive ist, auf dieser Erde die Männer abzulösen. Ein schlimmerer Alptraum läßt sich kaum ausdenken. Trotz aller Mittäterschaft: Das hätten wir auch wieder nicht verdient. Wir können diesen verseuchten Planeten nicht retten. Es kann nicht die Mission von Frauen sein, die zielsichere Vergiftung des Lebens wiedergutmachen zu wollen. Die Drecksarbeit übernehmen und über die materiellen und psychischen Trümmer bestimmen zu wollen, entlarvt nichts als eine Variante der Vorstellung weiblicher Selbstaufopferung, eine Variante weiblicher Hausarbeit: Trümmerfrauen des Patriarchats.

Die Herausforderung zum Leben ist nicht mehr vergleichbar mit anderen Zeiten. Die Vergangenheit scheint eine Exotik und Irrelevanz anzunehmen, die jeder Beschäftigung mit ihr eine Art Urlaubscharakter verleiht: Wir können sie betrachten mit Gefühlen von Wehmut oder Bewunderung, uns an ihren Hinterlassenschaften erfreuen und uns von der Gegenwart und Zukunft ablenken oder erholen. Aber wir können aus der Vergangenheit nicht mehr das lernen, was wir bisher meinten lernen zu können. So stellt sich die Erwartung in Frage, unsere Geschichte bewege sich in kontinuierlichen Entwicklungen, in systematischen Lernschritten, die aufeinander folgen. Unsere Zeitgeschichte ist einmalig, erstmalig; sie ist die des atomaren Patriarchats, dessen Logik und Unlogik unsere Identität, unsere Kämpfe und deren Perspektive ganz und gar determiniert – ob wir das wahrhaben wollen oder nicht.

In dem Moment, wo Frauen sich aus einem geschichtslosen Episoden- und bloßen Präsens-Bewußtsein herausarbeiten und ihre Existenz einzureihen suchen in ein widersprüchliches Kontinuum der historischen Entwicklung von Frauenohnmacht und -macht, bricht der Weg. In der vergangenen Geschichte einfach auf Identifikationssuche zu gehen, sich von starken Frauen und unerschrockenen Widerstandskämpferinnen oder von Frauensolidarität in einer zeitweise männerlosen frontfreien Heimat – wie in Kriegszeiten – anstecken oder inspirieren zu lassen, das reicht jedenfalls nicht.[21] Die Art der Übertragbarkeit historischer Erfahrungen ist fragwürdiger geworden als je zuvor. Gewiß eindeutig

verfehlt ist die so beliebt gewordene »mystische Ineinssetzung von Vergangenheit, Gegenwart und Zukunft«[22]: die einfache Vergegenwärtigung mythischer oder historischer Frauenfiguren, so als stünden sie heute neben uns und sprächen uns Trost zu.[23]
Und gleichzeitig entsteht in dieser scheinbar unhistorischen Lage ein grenzenloses Heimweh nach einer Zeit, auf deren Zukunft wir noch hätten Einfluß nehmen können; in der wir noch die Entwicklung von Vernichtungs*absichten* hätten bekämpfen können, anstatt uns mit dem Faktum der totalen Vernichtungs*fähigkeit* in irgendeiner Weise arrangieren zu müssen. Die Sehnsucht nach einer anderen voratomaren Zeit ist die Sehnsucht nach einem Leben, das befreit ist von den moralischen Bleigewichten, mit denen wir uns durch die Zeit schleppen: Nämlich vor der vollendeten Tatsache zu stehen, daß Männer im weißen Patriarchat sich ungehindert apokalyptische Kräfte aneignen konnten und die dümmsten Vertreter ihres Geschlechts über sie verfügen lassen, und Frauen dem zugesehen haben; daß die Erde so zugerichtet wurde und daß Frauen diese Zurichtung entweder nicht aufhalten konnten oder sie nicht bemerkten oder sie freundlich-gläubig billigten oder sie erfindungsreich unterstützten.

Das können wir nun entweder mit der alten gewaltsamen Lüge ertragen, nämlich mit Hilfe der drei Buchstaben, die der »Deutsche Frauenorden«, das Rote Kreuz der NSDAP, auf seinen Broschen trug[24] und bis heute viele Frauen in ihren Herzen; G.L.H. – Glaube, Liebe, Hoffnung. Glaube an das Gute im Menschen; Liebe zum starken Mann und seinen Kindern; Hoffnung auf Sieg. Oder auch, wie heute: Glaube an den Nutzen unseres Leidens, an Gott, Götter, Sterne; Liebe zu Illusionen, Hirngespinsten und Träumen; Hoffnung auf Sinn, Jenseits, Zukunft, Wiedergeburt, auf Frieden oder einfach Hoffnung, daß alles irgendwie weitergehen und halb so schlimm werden wird.
Oder wir fangen endlich an, einzig und allein klar zu sehen, gegen alle Sinnstiftungen zu revoltieren und in unserer Zeit *stolz* und *hoffnungs-los* zu leben. Das Klingt alles demoralisierend. Allerdings. Aber hier geht es nicht darum, Mut zu machen. Es geht nicht um Seelsorge, nicht um Sozialarbeit, nicht um irgendeine

Aufbauarbeit. Es wird Zeit, daß wir uns de-moralisierend, des-illusionierend und ent-täuschend verhalten. Frauen haben eine ihrer wesentlichen historischen Aufgaben, die das zivilisierte Patriarchat an sie deleigert hat, mit Erfolg erledigt, nämlich Sicherheiten und Täuschungen aufrechtzuerhalten. Sie haben – zuständig für den Transport von Kulturwerten und Kulturlügen – den zucht- und mutlosen Tendenzen entgegengewirkt, die sich der Männer und Kinder immer wieder ermächtigten. Sie haben »guter Hoffnung« beständig und diszipliniert durchgehalten und damit den Glauben an den Fortbestand von Leben und Dingen über alle Krisen hinweg vorgelebt. Sie haben allen Mutlosen vorbildlich bewiesen, daß dieses Leben sinnvoll und in Ordnung ist.
Damit ist nicht gesagt, daß das aus bloßer Naivität oder kurzsichtiger Dummheit geschah. Aber die Priorität der Harmonie des Privaten scheint sich zumindest in den weiblichen *Handlungen* durchgesetzt zu haben. Ihr opfert die Frau ihr Wissen – wie in der Kurzgeschichte von Marie Luise Kaschnitz »Der Tag X« aus den sechziger Jahren.[25] Die – namenlose – Frau weiß eines Morgens: Die Bombe wird fallen, heute. Die Menschen ihrer Umgebung, ihr Mann, ihre Söhne, der Schuldirektor, der Pfarrer, die Nachbarn wissen von nichts und gehen sorglos-wichtig ihren Geschäften nach. Die tastenden Orientierungsversuche der Frau, die sie durch den Tag hasten lassen, signalisieren ihr allenfalls, sie sei mit den Nerven runter. Niemand nimmt sie ernst. Sie macht ihr Wissen immer mehr unkenntlich. Sie äußert es nur noch andeutungs- und probeweise; sobald es nicht bestätigt wird, zieht sie es zurück und gibt den anderen recht. Ihre Person spaltet sich in eine, die das sichere, aber schließlich geheimgehaltene Wissen um die nukleare Katastrophe besitzt, und eine andere, die es leugnet und damit emsig-verzweifelt den äußeren familialen Frieden zu retten sucht, um sich noch einmal einen schönen Tag zusammen zu machen. Das Ende ist Betrug: »Ja, so wird es sein, und bei der Kassandra war es gewiß nur deswegen anders, weil sie keinen Mann und keine Kinder hatte, die sie betrügen mußte, wie ich meinen Mann und meine Kinder jetzt betrüge, obwohl es doch folgerichtig wäre zu sagen, da habt ihr es, ihr müßt sterben, warum habt ihr mir nicht geglaubt. Ich sage das aber nicht, und

am Ende dieses langen Tages ist es dann schließlich so weit, ich betrüge mich selbst.«[26] Ingeborg Bachmann[27] schildert Frauen, die Opfer von Männern sind und keine Chance haben, die aber gleichzeitig unentwegt versuchen, ihre verzweifelte Lage vor den Männern zu verbergen, um *sie* vor Belastungen und Schuldgefühlen zu bewahren.[28] Sie schützen sich selbst ebenso wie die Männer vor der unguten Wirklichkeit, durch Sehschwäche oder diskretes Beiseiteschauen.

Auf diesem Hintergrund konnten sich Männer ihren Ritt ins Desaster, ihre moralische Pleite und Verrottung leisten. Frauen hielten die Fiktion aufrecht, daß alles seinen Sinn hat. Sinn als Lebensmittel. Hauptsache, wir glauben an etwas, Glauben an Sinn ist lebensfördernd und leistungsfördernd, er gibt Kraft. Aber die Suche nach diesem Sinn ist auch die Suche nach Dienstbarkeit, nach Wegweisern, die Suche nach einem Auftrag, den wir gerne erfüllen wollen, und damit auch die Suche nach einem Auftraggeber, nach Anweisungen, Vorgaben und Abhängigkeit.
Was heißt also »demoralisierend«? Die Moral, deren Grundsätze Frauen nicht verlassen sollen oder wollen, ist zum Gegenstück und Korrelat brutalster Unmoral und Gemeinheit geworden. Dieser Moral können wir uns nur verweigern. Wenn wir uns verbieten, Tatsachen beim Namen zu nennen, die in diesem Sinne »demoralisierend« wirken, dann machen wir mit. Wir haben lange genug die Wahrheit nicht gesagt, aus Scham oder aus Taktgefühl, um uns das hämische Gelächter derjenigen zu ersparen, die immer schon wußten, daß ihnen von Frauen keine Gefahr droht; oder um nicht verletzt zu werden. Aber die Wahrheit ist zumutbar.[29]

So belügen wir uns selbst, wenn wir an dem Bild der Frau als bloßem *Opfer* patriarchaler Machtausübung festhalten. Und das Aufdecken dieser Lüge erteilt Männern keinen Freispruch. Darum geht es hier gar nicht.[30] Alle Schwächen und Insuffizienzen, alle Gedankenlosigkeiten und Beschränkungen, alle Ohnmacht sind wir gewohnt, als *Resultate* der Verhältnisse zu begreifen, die Frauen zwingen, so zu sein, wie sie sind: Frauen als Objekte der Geschichte, Frauen als Knetmasse, mit der man alles machen konnte, was Männern paßte. So finden wir die Unsichtbarkeit von Frauen in der Geschichte und ihre relative Unwirksamkeit in der Gegenwart immer wieder feministisch begründet: Frauen *wurde* nicht gestattet, Eigenständigkeit, Freiheit, Sicherheit und Kompetenz zu entwickeln; Frauen *wurde* nicht gestattet, ihre eigenen Bedürfnisse zu entdecken und wahrzunehmen; Frauen *wurde* nicht gestattet, kulturelle und politische Prozesse zu beeinflussen; Frauen *werden* Rollen zugewiesen und Verhaltensmuster zugeschrieben; Frauen *werden* die Reproduktionslasten aufgebürdet; Frauen *werden* behindert; Frauen *werden* zugerichtet, vereinnahmt, mißbraucht, ausgeschlossen; Frauen *dürfen* nicht über sich selbst bestimmen. Man hat für sie entschieden.

Dieses immer passivische Begreifen des weiblichen Verhaltens und der weiblichen Existenz diskriminiert uns selbst. So notwendig diese Empörungsrufe waren: Sie sind nicht frei von Ideologie. Sie enthalten Rechtfertigungslehren, die die Realität verfälschen oder oberflächlich erfassen und unrichtig analysieren; sie enthalten unseren eigenen Beitrag zur weiblichen Ohnmacht.

Wenn wir »die patriarchalen Verhältnisse« als die Determinanten unseres Verhaltens anerkennen, fesseln wir in objektivistischer Plattheit und Stupidität des Denkens unsere Fähigkeiten, uns nicht determinieren zu *lassen*. Genau so ist es erwünscht.

Diese Ideologie, daß Männer handeln, Frauen behandelt *werden*, oder daß die Gesellschaft Bedingungen setzt, denen Frauen ausgesetzt *sind*, ist eine der Erscheinungsformen unserer Mittäterschaft. Wir definieren Frauen als Betroffene und Ausgelieferte, welche Frauenbilder uns auch immer vor Augen sind; die ergänzungsbereite, sich plagende Ehefrau und Mutter, die ihre Wünsche dem familialen Überleben und Frieden opfert; die überforderte Doppelbelastete, die ihre Lebenszeit zwischen mehreren unaufschiebbaren Arbeiten verrennt; die Gleichberechtigte, die ihre Identität hingibt, um an männlichen Vorrechten partizipieren zu können: Alle sind Opfer. Alle erdulden Übel und Unrecht, alle sind zu diesem Schicksal gezwungen, alle geben etwas hin, das sie selbst brauchten und deswegen schmerzlich entbehren,

ihre Energien, ihre Arbeit, ihre Identität, weil sie ohne dieses kostbare Geschenk ans Patriarchat nicht überleben könnten.
Diese Opfer sind schmerzhaft, aber überflüssig, und sie bekommen nicht dadurch einen Sinn, daß sie schmerzhaft sind. Das Leiden, das sie verursachen, ist sinnlos. Es mündet nicht in Protest und Lebensbejahung, sondern in die Deformation: Die Welt hinnehmen wie sie ist, das Unglück zwar nicht aktiv vergrößern, jedoch bereit sein, selber an dem Unrecht zu leiden, das uns umgibt. Opfer sind belanglos. Sie haben nicht die ihnen angedichtete Moral. Und sie sind folgenlos. Sie mahnen nicht. Sie legen für nichts Zeugnis ab. Sie sind einfach irgendwann am Ende. »Opfer – ein Lieblingswort der Kriegssprache.«[31]

Die ideologische Rechtfertigung weiblichen Unvermögens, weiblicher Untugenden, Angepaßtheiten und schließlich auch weiblicher Brutalitäten spiegelt ein Entlastungsinteresse, dessen Analyse bisher einem der vielen feministischen Denkverbote zum Opfer fiel.
Mit dieser Entlastungsbereitschaft gingen wir an alles heran, was Frauen taten und dachten. So waren wir auch gewohnt, bestimmte Tendenzen innerhalb der Frauenbewegung, die uns suspekt erschienen, als »notgedrungen« anzusehen: Den Mütterlichkeits- und Weiblichkeitskult z. B., die Vorstellung von weiblicher Selbstverwirklichung durch Gebären und Mutterarbeit, die Rückzugsaktionen ins Privat- und Beziehungsleben und auch die das alles untermauernde Überzeugung, daß die Fähigkeiten der Hüterinnen des Lebens nur noch in die übrige Gesellschaft hineingetragen werden müßten, um eine menschlichere Ordnung zu schaffen. Wir waren gewohnt, solche Entgleisungen als Reflex auf die sich verschärfenden gesellschaftlichen Krisen mit ihren besonderen Auswirkungen auf Frauen zu verstehen, als Reflex auf ökonomische Verschlechterungen, auf die Verengung des Arbeitsmarktes und der Qualifikationsmöglichkeiten für Frauen, auf allgemeine politische Repression, auf den zunehmenden Raumverlust für Ausbrüche, Abweichungen und sog. alternative Lebensversuche. Wir gaben uns mit diesen Erklärungen zufrieden, achselzuckend, gelähmt.

Aus der Täuschung in die Ent-Täuschung

Je bedrohlicher die Außenwelt wird, je unsichtbarer und aussichtsloser die Ergebnisse von Kämpfen um eine politische Heimat und gegen die menschenverachtende Logik der herrschenden Politik zu werden scheinen, desto aufgesetzter kommt vielen Frauen nachträglich ihr eigenes außerhäusliches Engagement vor. Sie entdecken im Privaten die eigenen Befriedigungsfähigkeiten und Beruhigungen wieder, die bei der Exkursion nach draußen angeblich ausgeblieben waren. Widerstand und Verweigerung werden in der Erinnerung gleichbedeutend mit Streß. Und für zu Hause muß nicht viel Neues gelernt werden.

Daß das eigene bekannte und defekte Gehäuse ganz heimelig und warm gemacht werden könne, auch daß die Welt nur als eine Eigenschöpfung existiere, in der jede Realität zur Bedeutungslosigkeit schrumpft, diese Fiktion ist eine Zeitlang sehr gut aufrechtzuerhalten; und daß der eigene Mikrokosmos Interessantes birgt, ist auch nicht zu bezweifeln. Jede kann damit viel Zeit verbringen. Aber der Griff zur scheinbar freien Tätigkeit der Phantasie, die Flucht auf die Insel im Kopf, das sind Symptome des Überlebens von Sklaven.

Zu begründen ist das alles. So wird der Rückzug auch – ohne die Verhältnisse zu bemühen – mit der hoffnungsreichen, so abstrakten wie nichtssagenden »Theorie« gerechtfertigt, daß soziale Entwicklungen notwendig und natürlich in einer Ebbe-Flut-ähnlichen Dynamik verlaufen; so auch die Bewegung von Frauen: Einer Phase der Expansion und des Vorwärtstreibens folgt nun eben die Phase der Beruhigung, Stagnation und Innenwendung.

Aber so ist es wohl nicht. Ich halte diese Sicht der Dinge für ein rücksichtsvolles Beschönigen von Inkompetenz. Die verschwommene Art und Weise z. B., mit spirituellem und mystischem Gedankengut umzugehen; das unkritische Inhalieren von astrologischen Persönlichkeitslehren, die aus dem historischen Kontext losgelöst werden und allesamt männlichen Hirnen ihr Leben verdanken; das wahllose Herumklauen in der Weltgeschichte, bei dem Fetzen von Religionen, Fetzen von Philosophien, Fetzen von Lebensformen eingesteckt werden, die allen anderen Kulturen, nur nicht der eigenen entwuchsen, aber deswegen nicht weniger verschmutzte patriarchale Mythen enthalten und nicht einfach von uns angeeignet werden können – jedenfalls nicht ungestraft –, das sind Rückzüge in nur scheinbar konsequenzlose Gefilde, in denen nichts belegbar und widerlegbar ist und alles diffus und beliebig bleibt. Und dann gleichzeitig der Kult der Selbstbeschäftigung, einer körperbezogenen Egozentrik und das Feiern dessen, wogegen wir ursprünglich angetreten waren, unserer Weiblichkeit[32], die okkupiert wird als »utopische« Alternative des »Gesellschaftlichen« und höchsten Kurswert bekommt[33]: Das kann alles nicht stimmen. Das ergibt nicht nur ein »theoretisches Kuddelmuddel«[34], sondern auch eine unlebbare verquere Lebenspraxis.

Sicher ist es kein Wunder, wenn wir uns in unseren eigenen kulturellen vier Wänden nicht gerade zu Hause fühlen und es uns in der eigenen Haut unerträglich werden kann. Aber die fluchtartigen Anleihen an fremde Kulturen bleiben oberflächlich und leichtgläubig, solange sie von dem irrigen Vorurteil begleitet sind, dort seien wir von der Auseinandersetzung mit den verheerenden Spuren patriarchaler Interessen entlastet und könnten uns die Anstrengung ihrer Entmystifizierung ersparen. Die männlichen Mythen-Hersteller sind aus der Ferne lediglich schwerer zu erkennen und täuschen aus dem Versteck. Wenn wir über uns selbst und unsere Mittäterschaft klarwerden wollen, dann müssen wir uns zumindest auch und gründlich unsere eigene Geschichte und Kultur vornehmen. Die patriarchale Kolonisation hat Frauen nicht freigelassen; sie sitzt »als Eiterherd« in unseren Köpfen.[35] Ihn erkennen, unschädlich machen und sehen, wie es sich ohne ihn lebt, ist eine gute Vorstellung.

Der Glaube an die Gesetzmäßigkeit der Geschichte und an die Bedingungen von Revolutionen gehört zwar in das Reich der Illusion. Das heißt aber nicht, daß mehr Wissen über die Vorgeschichte und Tradition gewisser unausrottbarer weiblicher Verhaltensstereotype, die gegenwärtig eine neue Blütezeit erleben, nicht hilfreich ist. Ich meine damit z. B. ein Verhaltensmuster, das viele Frauen (spätestens seit der bürgerlichen Gesellschaft) besonders schätzen: die Introspektion; und eines, das sie – sicher schon wesentlich länger – besonders beherrschen: das Leiden.

In der Geschichte des 19. Jahrhunderts können wir ablesen, daß das Reich der Innerlichkeit dasjenige war, das Frauen ungestraft betreten durften. Zumal dann, wenn sie sich damit begnügten und keine Ansprüche anmeldeten, ihre Entdeckungslust auf Außenwelten auszudehnen; und dann, wenn sie die empfindsamen Wesen und die »Genies der Seele« zu bleiben oder zu werden bereit waren, die sich mit der Ausbildung sensibelster Antennen für ihre eigene Gefühlswelt und für ihr unmittelbares männer- und kinderzentriertes Umfeld zufriedengaben.[36] Jedenfalls ist es kein besonderer Schritt, wenn Frauen jetzt auf dieser Innerlichkeit beharren und sich ihr verstärkt wie einer Neuentdeckung zuwenden. Sie ist die erwünschte weibliche Selbstbeschränkung, die verordnete Krankheit besonders für Frauen der Mittelschichten. Ihre Funktion ist einfach der Ausschluß von Frauen aus den Geschäften der Macht. Die Versenkung in die Innerlichkeit, der einzige Luxus der Dienenden und Gehorchenden, ist nicht der Weg zur Reife und Ausgewogenheit gewesen, sondern der Weg ins Verstummen und Verschwinden. Neu ist allenfalls, daß viele Frauen jetzt auf diesem Exil bestehen und es *selbst* mit dem Vorzeichen plus versehen, während das zuvor die männlichen Produzenten der Trennung von Innerlichkeit und Handeln übernommen hatten.[37]

Das erlaubte Seelenghetto hat nicht das Glück gebracht. Außerdem hat es die Entwicklung von Kompetenzen systematisch verhindert. Wenn wir das Leiden unter der erzwungenen Kasernierung ansehen, das besonders Frauen der bürgerlichen Schicht im letzten Jahrhundert zerstörte, dann erscheinen gegenwärtige weibliche Rückzüge zynisch. Damals sehnten Frauen sich nach mehr Tätigkeit, nach mehr »Sehkraft« und Erfahrung, um über die Grenzen ihres weiblichen Lebenszusammenhangs hinausblicken zu können. »Millionen (Frauen) sind zu einem noch stilleren Schicksal als meinem verdammt, und Millionen stehen in stiller Revolte gegen ihr Los ... Frauen sind im allgemeinen sehr still ... Sie brauchen Übung für ihre Fähigkeiten und ein Betätigungsfeld für ihre Energie ... Sie leiden unter zu rigider Zurückhaltung, unter totaler Stagnation ... Es ist gedankenlos, sie zu verurteilen und auszulachen, wenn sie bestrebt sind, mehr zu tun oder mehr zu

lernen, als die allgemeine Sitte für ihr Geschlecht nötig erklärt.«[38]
Zum Glück bleiben dieser Autorin des frühen 19. Jahrhunderts die Leidensarien erspart, die ihre Schwestern 150 Jahre später anstimmen. Die Gespenster des Kummers haben sie nicht vertreiben können. Frauen leiden immer noch unter »rigider Zurückhaltung« und »totaler Stagnation«. Der Unterschied scheint nur zu sein, daß viel weibliche Phantasie sich offenbar mit diesem Leiden angefreundet hat oder daß sie zumindest immer noch an das Leiden und die inneren Katastrophen der eigenen Biographie gebunden ist (s. fast ausnahmslos die feministische Romanliteratur der siebziger Jahr bis heute; die Praxis in Frauen-Selbsterfahrungs- und Therapiegruppen etc.).
Es ist immer noch das Leiden am Privaten. Frauen haben unter der geschlechtsspezifischen Arbeitsteilung von Leiden und Tun soviel Energie und emotionale Intensität in die Dauererfahrung Leiden gesteckt, sie haben ihre »Identität« an diese Erfahrung geknüpft und scheinen schließlich an ihr in einer regressiven Selbstinszenierung wie an einer Art Zuhause hängenzubleiben. Die Akkorde der Ohnmacht und Passivität klingen mittlerweile so selbstverständlich, so geläufig, so gekonnt, und oft so sauertöpfisch, beleidigt, so zäh und so haßlos.
Wenn Jutta Heinrich ihr Leiden unter dem Mörder Zeit[39] preisgibt, klingt das anders. Sie hält den »Luxus, nicht hinzusehen« und »nicht zu Ende zu denken« nicht aus.[40] Sie wagt es, dem Horror der Wirklichkeit voll ins Gesicht zu sehen und unter unberechenbaren emotionalen Risiken den Verführungen eines sanften Verdrängungstrostes zu widerstehen. Das Leiden ist leidenschaftlich. Und wenn Christa Wolf[41] fragt, was diese Kultur eigentlich getan habe, um ihr Überleben zu verdienen, und wenn sie meint, »daß uns nur noch helfen und retten kann, was eigentlich nicht geht« und daß es nur noch darum gehen kann, »zu denken, was eigentlich nicht geht«[42], dann ist dieses Leiden wagemutig und begehrend.

Es geht kein Weg daran vorbei, klar zu sehen, ohne Schwindeleien, und auf alle Illusionen zu verzichten. Die Kraft, die aus Illusionen stammt, ist eine elende Krücke, deren Gebrauch nur in der Verzweiflung und Selbstverachtung endet.

Aus der Täuschung in die Ent-Täuschung

Unser einziger Weg ist der aus der Täuschung in die Ent-Täuschung, ist der Mut, den Dingen ins Gesicht zu sehen und nicht nach Perspektiven und Weiterentwicklungen da Ausschau zu halten, wo es sie nicht gibt. Jeden vordergründigen Trost müssen wir radikal zurückweisen. Wenn Frauen endlich zu Nihilistinnen in diesem Sinne würden, es wäre eine revolutionäre Tat.

Wir sind nicht todessüchtig, sondern lebenssüchtig. Streichen wir deswegen die Worte Hoffnung und Sinn aus unserem Wortschatz. Sie sind durchtränkt mit Lügen, mit Gewalttätigkeiten und Betäubungen. Sie sind nicht zu säubern und nach der Reinigung mit neuen Inhalten zu füllen. Denn jeder neue Inhalt in den alten Worthüllen würde unversehens das alte Gift an sich ziehen. Es reicht nicht, das Falsche umzudefinieren, umzutaufen. Das wäre nichts als eine Renovierung, die den alten Bauplan beibehält.
Und so hinterläßt diese Trennung nicht einen Zustand der Verzweiflung. Im Gegenteil. Wir befreien uns von der Sisyphosarbeit, entwirren, entfrachten, entgiften, sortieren zu müssen und am Ende vor dem gleichen Haufen Abfall und mörderischer oder leerer Tricks zu sitzen.
Dennoch ist dieser Abschied offenbar für viele nicht anders vorstellbar als einer mit tödlichem Ausgang: »Wo bleibt das Positive? Ohne Hoffnung kann niemand leben!« Aber unser Leben als hoffnungs-loses, sinn-loses und ent-täuschtes zu begreifen ist nur dann lebensgefährlich, wenn es in erneute Anpassung abstirbt, in Erschlaffung, Bewegungslosigkeit, Beliebigkeit und Selbstvergiftung, diesen Werken fortgesetzter Ohnmacht. Das wäre die Normalität weiblicher Selbstverachtung, die Normalität weiblichen Leidens.
Ohne Hoffnung leben soll jedoch heißen, daß wir uns auf das Leben, das uns bleibt, *konzentrieren*, auf dieses eine gegenwärtige Dasein. Ich bin zwar nicht so borniert zu meinen, unsere fünf Sinne erfassen die Welt, und wir hätten alles verstanden. Aber wir sollten uns jetzt an das halten, was gewiß ist. Wir sollten uns für dieses Leben qualifizieren. Es ist unersetzbar. Und wenn wir gegen den Skandal auf dieser Erde revoltieren, dann nur aus einem Grund: Weil das Leben immer noch unverseuchte Augenblicke

enthält. Solange wir noch in der Lage sind, sie zu empfinden, können wir auch die Kraft aus diesem Leben selbst ziehen und aus der Zustimmung zu uns und zu unserem Protest, in dem sich das Bekenntnis zum Leben ausdrückt. Der verläßlichste Widerstand stammt aus der Fähigkeit zu leben – unversöhnt mit den Zurichtungen an uns und unversöhnt mit unserer Mittäterschaft.

Liebe und Lüge:
»Meine geliebten Kinderchen!«

Ein überzeugter Nationalsozialist, deutscher Offizier und evangelischer Pfarrer schrieb von der Front, vor seinem »Heldentod« 1941, Briefe an seine beiden Töchter. Er war mein Vater. Wenn ich die Briefe jetzt aus dem privaten Besitz entlasse, geht es mir nicht um eine späte Abrechnung. Sie sind historische Dokumente, Ausschnitte politischer Zeitgeschichte und Frauengeschichte und mehr als ein persönliches Vermächtnis.
Ich war vier, meine Schwester acht Jahre alt, als uns die Briefe erreichten. Jeder Brief beginnt mit: »Meinen geliebten Kinderchen!« »Meine liebsten Kinderchen!« und endet mit »Euer liebster Vati«. Die rührenden Teile dieser Briefe trafen mich früher tief, obwohl ich mit der Person meines Vaters kaum konkrete Erinnerungen verbinde. Allerdings blieb er vermittelt durch intensive Bindungen meiner Mutter und meiner Schwester in Form eines Bildes nach seinem Tod gegenwärtig. An diesem Bild ließ sich nichts verändern, nichts korrigieren oder verifizieren. Es war statisch: Mein Vater, der Idealmensch, der gute Mensch schlechthin, der überall und immer zu fehlen schien und der nun nach seinem Tod Tag und Nacht vom Himmel auf uns herabsah und uns bei allem begleitete.
Die Briefe waren in einem selbstbemalten Holzkasten am Bett meiner Schwester aufbewahrt. Seit ich lesen konnte, habe ich sie oft und immer heimlich gelesen, und immer war die Schrift hinter Tränen verschwommen. Gesprochen habe ich darüber mit niemandem. Erst Jahrzehnte später.
Meine Schwester, die sich ebenso wie ich im 50. Jahr nach der sogenannten faschistischen Machtergreifung unseren gemeinsamen Besitz vorgenommen hat[1], trennte die »subjektiven Absichten« der Briefe von ihrem »objektiven Gehalt«[2], teilte ihren Vater in

zwei Personen: den Feind, der eine nationalsozialistische Ideologie im Kopf hatte, und den liebevollen Menschen. Der letztere sollte in der Erinnerung bewahrt bleiben, unverschmutzt von seinen faschistischen Ideen und Taten. Um ihn bewahren zu können, »wurde es mir schwer, *nicht* zu vergessen«[3]. Meine Schwester hat – im Unterschied zu mir, ich war zu klein – glückliche Kinder-Erinnerungen an ihren Vater zu verlieren. Früher habe ich sie darum beneidet. Heute fühle ich mich vielleicht weniger verletzt als sie, wenn ich mich den uns überlassenen Botschaften noch einmal aussetze.

Die Beurteilung von Menschen mit zwei verschiedenen Maßeinheiten, einem politischen und einem persönlichen Maß, die Spaltung einer Person in eine menschliche und eine unmenschliche, die Unterscheidung zwischen »objektivem« und subjektivem« Handeln, schützt vor *Trennungen*, die wir meinen, nicht verkraften oder nicht verantworten zu können. Das betrifft nicht nur Tote. Mit Hilfe solcher Spaltungen können wir Menschen in unserer physischen oder unserer Bewußtseins-Nähe belassen, von denen wir uns sofort entfernen, die wir meiden oder bekämpfen würden, fänden wir sie nicht als Vater in unserem Leben vor oder wären sie nicht in dieses als Freund, Liebhaber, Ehemann eingetreten. Solche Spaltungen sind Hilfskonstruktionen, mit denen Beziehungen *trotz* Ablehnung, Abscheu und Widerspruch zu halten versucht werden. Mit den gleichen Mechanismen des Selbstbetrugs weigern Frauen sich, den Mann, der sie quält, mit dem zu identifizieren, bei dem sie bleiben. »Der Mann, der mich schlägt, ist nicht der Mann, den ich liebe.«[4] Diese Wirklichkeitsverleugnung erspart die Entscheidung zur Trennung.
Die Spaltungskonstrukte subjektiv–objektiv, persönlich–politisch sind schmerzlindernd, kontinuitätssichernd, milde, wohltätig, denn sie helfen, Abbrüche und Einbrüche hinauszuschieben. Sie sind Arznei, Verhütung, Behütung, Linderung von Schmerz also.
Wir können dem Schein, der Täuschung wie hilfreichen Medikamenten zustimmen: Wer lebensklug ist, sieht nicht genau hin, allenfalls aus der Distanz, greift also nach jedem Mittel, das eine

Beschönigung des Wirklichen garantiert. Alle Schleier, Retuschierungen und Illusionsgebilde werden so legitim. Oder wir verschreiben uns dem Bekenntnis zur zynischen Vernunft, leben mit zusammengebissenen Zähnen mit Wirklichkeit und Schmerz zusammen, blicken durch mit dem härtesten Bewußtsein, wissen alles und – bleiben. Im ersten Fall sehen wir nicht hin, im zweiten Fall sehen wir hin ohne Konsequenz. In jedem Fall rechtfertigen wir, daß wir uns nicht trennen müssen.

Meine Schwester beschreibt die Situation, in der uns die Briefe erreichten:

»Als der Krieg begann und mein Vater eingezogen wurde, entstand für uns eine Lücke. Der Mittelpunkt unseres bisherigen Lebensbereichs, der Vater, war fern, er war nur noch durch Briefe erreichbar, er begab sich in Gefahr (um uns zu beschützen. Wir – Frauen und Kinder – hatten uns deshalb an der Heimatfront zu bewähren). Von mir als der Ältesten hieß es oft: ›Du bist nun Vatis Stellvertreterin. Zeige, was du kannst.‹ Die Lebensgemeinschaft unseres Pfarrhauses bestand nun aus meiner Mutter, meiner Schwester und mir, meiner Oma, unserem Dienstmädchen und der Gemeindeschwester. Außerdem zog noch ein Vertreter meines Vaters bei uns ein. Ihn nahmen wir nicht für voll, weil er sich als Mann ›in der Heimat herumdrückte‹, während mein Vater draußen an der Front sein Leben aufs Spiel setzte ... In mir waren bereits Eigenschaften herausgebildet, die für christliche, bildungsbürgerliche, faschistische Kindheit typisch sind: grenzenloses Vertrauen zum Vater, der eigene moralische Anspruch, Verantwortung zu übernehmen und mich bewähren zu müssen, hohe Wortgläubigkeit, Begeisterungs- und Illusionsfähigkeit und Keime für politisches Anpassertum, nämlich ›ja‹ zu sagen, mitzumachen und bedingungslos zu gehorchen und zu glauben. Die Feldpostbriefe meines Vaters konnten auf einen fruchtbaren Boden fallen.«[5]

Alle Briefe zeugen von unserer vollen Berücksichtigung als *Mädchen* im Konzept des *totalen Krieges*. Der zentrale Appell der Briefe richtet sich auf unsere Bewährung an der Heimatfront, auf unsere treue Mithilfe, der einen Seite des totalen Krieges.

(Westfront, 11. 5. 1940)
»Mein geliebtes Kind!
Nun hat hier im Westen gegen die Franzosen und Engländer die große Schlacht begonnen, und Dein Vati kann wahrscheinlich nicht zu Deinem Geburtstag zu Hause bei Dir sein. Darüber darfst Du aber nicht traurig sein, denn das Vaterland ist das Höchste auf dieser Welt, das größte Heiligtum ... Ihm müssen wir alle gern dienen, und wenn der Führer uns von Mutti und den Kindern fortruft, dann gehorchen wir willig ... Du mußt recht froh und stolz sein, daß Dein Vati

ein deutscher Soldat ist, und Du selbst auch schon ein bißchen Soldat, weil Du dem Vaterland und dem Führer ein so großes Opfer bringst und Deinen Vati hergibst, daß er an Deinem Geburtstag nicht bei Dir, sondern an der Front ist. Denn wer seinem Vaterland Opfer bringt, der ist ein Soldat, auch wenn er ein kleines Mädchen ist ...«

Das ist im Extrakt die Kernaussage aller Briefe: Unsere Einübung in eine soldatische Moral für Mädchen. Wir sind integriert, nicht ausgeschlossen aus den großen Aufgaben der Nation. Formal, ihrem Wortlaut nach, gelten auch für Mädchen in unserem Alter die gleichen Ideale wie für die männlichen Krieger. Mädchen realisieren sie lediglich an einem andern Ort, zu Hause, und somit mit anderen Verhaltensinhalten. Das schafft Solidarität, Nähe und das Bewußtsein der Gleichheit und Wichtigkeit. Erst dieses ergänzende heimatliche Soldatentum macht das Volk unüberwindlich stark. »Auch du hilfst dem Führer! Auch du hilfst mit! Du bist unentbehrlich!«

Von allen, die nicht in den Krieg zogen oder ziehen konnten und in der »Heimat« blieben und die nicht verfolgt wurden, verlangten die nationalsozialistischen Führer, daß sie ebenso eisern und pflichtbewußt »stehen« wie Frontkämpfer. Tun sie das, brauchen sich die Frauen und Kinder gegenüber den Fronthelden nicht minderwertig zu fühlen, sie sind gleichwertig, wird ihnen versichert, sie brauchen sich nicht zu schämen. Denn sie haben es in der Hand, den Frontkämpfern, den Männern, entweder das Rückgrat zu stärken oder es ihnen zu brechen. Von ihnen hängt es ab, ob die Soldaten sich als kampffähig bis zum letzten erweisen oder nicht, ob sie »die furchtbare Arbeit vor dem Feinde, vor dem Tode« durchhalten oder nicht. »Ihr seid alle Frontkämpfer. Nur der Platz, wo der Führer euch hinstellt, ist verschieden; die Pflicht und die Verantwortung aber bleiben die gleichen, und jeder muß wissen, daß es auf jeden einzelnen ankommt.«[6]

Frauen und Kinder sind einbezogen in das große Ziel der Erneuerung der Volksgemeinschaft – vor dem Hintergrund der Feindbilder Judentum und Kommunismus –, auch einbezogen in das große Männerereignis des großen Krieges. Der Propagandafeldzug von Rudolf Heß »Frauen helfen siegen« machte den Frauen ab 1941 noch mal ihre Unentbehrlichkeit und Bedeutung an der Front

»Heimat« für die Front »draußen« klar, ihre eigene moralische Macht und Pflicht. Ohne die Frauen könnten die Männer gar nicht zu den Waffen greifen, denn Frauen reichen ihnen die Waffen zu: Sie sind es, die die »private« Legitimation der männlichen Kampfmoral produzieren und die bedingungslose Bereitschaft, »bis zum letzten Sieg« durchzuhalten. Und das bedarf der ideologisch strammen Haltung der Frau und ihrer Töchter und ihres gemeinsamen unermüdlichen und flexiblen Arbeitseinsatzes.

Wenn der Krieg als eine zwar schwere, aber doch so glanzvolle Aktion dargestellt wird, muß ständig daran gearbeitet werden, daß die Heimatfront ihre erzwungene und erlaubte Abstinenz, die Nichtteilnahme am männlichen Krieg, das Zuhausebleiben, *nicht* als Defizit empfindet. Und die noch viel schwierigere psychologische Aktion muß gelingen, nämlich den Verlust der Männer, die ja »die Welt der Frau« und *alles* für sie waren – wohl nicht nur in der Propaganda –, ihr Sterben an der Front so herzurichten und zu beschönigen, daß die betroffenen Frauen/Mütter/Töchter/Schwestern nun nicht ihre ganze Bereitschaft zur NS-Pflichterfüllung über Bord schmeißen. Das Trotzdem, das Dennoch gilt über den Tod hinaus, gilt trotz Tod. Die Verpflichtung zum Verzicht schließt den Tod ein. Hier entscheidet sich überhaupt erst, ob die eigene Leistung echt und verläßlich ist.

Exkurs: Ein Lesebuch für Mädchen

Von einem nationalsozialistischen Lesebuch für Mädchen erwartete ich heute Geschichten über gebärfreudige sittliche Frauen, über Frauen als Mütter, aber als glückliche; Geschichten zum Familienglück; Mädchen im Stadium der Erwartung; Frauen, entrückt jeder historischen Bindung, zugeordnet der Sphäre des scheinbar Elementaren – wie z. B. die NS-Malerei sie präsentiert. Stoff also zum nationalsozialistischen Mädchen- und Frauenbild. Das erwies sich als Irrtum. Ca. 180 Geschichten, Lieder, Gedichte, Märchen, Aphorismen, Anekdoten dieses Mädchen-Lesebuchs [7], das heute noch in meinem Bücherregal steht (ein Beispiel ohne Anspruch auf repräsentative Geltung), handeln auf über 250 engbedruckten Seiten – mit ganz wenigen Ausnahmen (s. u.) – überhaupt nicht von Frauen/Mädchen, sondern von Männern, Vätern, Söhnen, Jungen. Es geht erstrangig um die Vermittlung eines bestimmten *Männerbildes* an die Adresse von Mädchen: Männer/Jungen, die marschieren, die ihr Leben für den Führer geben, die den Führer persönlich haben kennenlernen dürfen, denen der Führer die Hand gedrückt, denen der Führer fest in die Augen geguckt hat, die singen: »Die Welt gehört den Führenden«, die heldenhaft-mutig an Sturmflügen teilnehmen, die von Kommunisten festgehaltene Kameraden befreien, die sich opfern und das Glück »erbluten«, die mit Blut besprengte Fahnen tragen, die auf hoher See sterben und alle verachten, die Ängste oder Zweifel haben. Kleine Jungen, die sich trauen, einen Gänserich zu bekämpfen (im Unterschied zur größeren Schwester), Jungen, die Mitleid verabscheuen, die keine »weibisch plinsende Gebärde« zeigen, auch wenn der gutmeinende Vater sie nachts schlafend in den Schnee wirft oder dem Kleinkind heimlich Steine in den kleinen Leiterwagen packt, damit das Kind sich rechtzeitig anzustrengen lernt. »Der kleinste Mensch kann Wunder tun, wenn er nur den Mut dazu hat.«[8] Geschichten von männlichen Helden aus der deutschen Vergangenheit, von Prinz Eugen dem edlen Ritter, von Friedrich Wilhelm I. von Preußen, von Friedrich dem Großen, der mit der ganzen Welt im Kriege lag, von General Zieten, dem Reitergeneral Friedrichs des Großen, von Fridericus Rex, vom heldenhaften Kampf Andreas Hofers gegen die Franzosen, von deutschen Helden, die nach »Franzosenblut dürsten«, vom Kadetten Hindenburg und von der SA im Kampf, Kriegsberichte gegen Engländer in Südafrika und Russen auf der Krim: tapfere Männer, fröhliche Männer, draufgängerisch und besonnen, kameradschaftlich und hilfsbereit, strahlend und fest, gespannt und gesammelt. Die Abbildungen dieses Mädchen-Lesebuchs zeigen: Marschierende SA, einen Panzer, Lützows wilde Jagd mit Pferd und Schwert, Siegfried mit einem abgeschlagenen Pferdekopf über der Schulter, schließlich noch einen Sämann und einen jungen Hasen.

Liebe und Lüge

Der Weg der Dressur geht hier nicht primär über den Entwurf weiblicher Persönlichkeits- bzw. Wesensmerkmale mit ihren spezifischen nationalsozialistischen Ausprägungen. Viel wichtiger und im Vordergrund ist das Ziel der umfassenden Identifizierung mit dem Krieg, und d. h. mit denen, die ihn betreiben und durchführen, mit Männern. Es geht also zuerst um die Produktion einer *Beziehung*: Frauen/Mädchen sollen ihre Gefühle, Gedanken und Interessen auf *diese* Männer ausrichten. Wenn sie das tun, erübrigt es sich, im einzelnen auszumalen, mit Hilfe welcher Eigenschaften sie sich auf diese Männer »beziehen«, sie verehren, erträumen, begehrenswert finden sollen. Wenn der erste Schritt gelingt, folgt der zweite wie selbstverständlich nach; die emotionale Energie und Phantasie auf die Kombination Mann/Krieg, Mann/Held zu richten und dann natürlich das ganze Glück darin zu sehen, einen solchen Mann zu gewinnen, zu behalten, zu versorgen, zu ihm zu gehören, ihm zu dienen und sich ihm zu unterwerfen, denn sonst kann er nicht das bleiben, weswegen er so angebetet zu werden verdient, ein deutscher Held, im großen und im kleinen.

Vor diesem Hintergrund mag erklärlich werden, warum in meinem Mädchenbuch (1. Klasse Oberstufe, Erscheinungsjahr 1939) das Feindbild Jude/Jüdin so gut wie nicht auftaucht.* Dies zu einem Zeitpunkt, zu dem – schon vor der Reichskristallnacht am 9. 11. 1938 – die Politik der Vertreibung in vollem Gange war, bereits ca. 250000 Juden aus Deutschland zur Emigration und Flucht gezwungen, die ersten Konzentrationslager eingerichtet (Dachau, Buchenwald, Sachsenburg, Sachsenhausen und Esterwegen) und Terrorakte gegen Juden kein Geheimnis waren.[9] Dennoch wird als gegenwärtiger Todfeind des deutschen Mannes die »blutgierige Meute« der Kommunisten[10] ausgemalt, diese »Mordpest«[11], die nichtsahnende friedliche SA-Männer heimtückisch auf der Straße überfällt. Nur einen direkten antisemitischen Hinweis habe ich gefunden: Eine »kommunistische Jüdin«, die Anführerin einer »Verbrecherbande« ist, welche Horst Wessel,

---

* Ich danke Susanne Stern für den Hinweis, dieser Frage nachzugehen.

den Verfasser der NS-Hymne »Die Fahne hoch«, umbringt und ihren Sieg anschließend bei Schnaps und Bier feiert.[12]

Die Intention dieser Textsammlung an die Adresse elfjähriger Mädchen ist durchgängig die Idealisierung und Schönfärbung des *deutschen Mannes*, und für dieses Ziel mag es den Herausgebern ungünstig erschienen sein, dem Mädchengemüt die nationalsozialistischen Taten und Absichten gegenüber Juden nahezubringen. Diese hätten das Männerbild beunruhigen können. Den Mädchen wird erstrangig »Positives« vermittelt. Alles Deutsche ist edel und gut – »Deutsch sei bis ins Mark«[13]: das Deutsche Reich, das deutsche Volk, die deutsche Erde, der deutsche Mensch bis hin zum deutschen Tier – auch »Tiere (im Ausland) sprechen deutsch«[14]. Alles ist harmonisch, und alles geht gut aus – für die Deutschen –, und immer wieder: Der deutsche *Mann* ist unfehlbar und unschlagbar.

Die – wenigen – Geschichten, die von Mädchen/Frauen handeln, sind auf diese Beziehung, diese Kombination aus. Es geht um die weibliche Selbstaufopferung für den Männerkrieg, für die nationale Expansion, um den Haß gegenüber allen Nicht-Deutschen; und das bleibt nie eine abstrakte politische Idee, sondern die Opferung erfolgt *über* diese wundervollen Personen, die die große Kriegsaktion als Lebensform durchführen.
Von Frauen/Mädchen erfordert dies Tag- und Nachtarbeit, unermüdlichen Fleiß und Mut. Die Treue- und Durchhalteparolen an die Adresse der Frauen sollen nicht ihren persönlichen Überlebenskampf motivieren, sondern das nationale Überleben in der Heimat sichern für die materielle und psychische Stärkung der »draußen« kämpfenden Männer: Alte und kranke Frauen geben ihrem Leben durch Selbstaufopferung den einzig verbleibenden Sinn: Eine Oma z. B. steckt beherzt ihr eigenes Haus und damit alle ihre Habe in Brand, um so die auf dem Eise feiernden Dorfbewohner vor einem kommenden Sturm zu warnen. Ohne ihr Opfer wären alle umgekommen. Und ohne ihr Opfer wäre diese Oma wertlos und überflüssig gewesen. Opfern, ohne auf Dank und Lohn zu rechnen, ist die Moral dieser Frauen; Bescheidenheit,

denn es geht um Dienstleistungen für die Rettung der Männer, um deren Sieg. »Für die Tapferen mußte Johanna etwas tun ... Die Untätigkeit, zu der sie verdammt war, schmerzte sie tief. Johanna beneidete jeden Reiter.« Schließlich sammelte sie in ihrer Schürze Patronen und verteilte sie im Kugelhagel ohne Angst um ihr Leben, versteht sich, an die deutschen Helden. »Um sie herum fielen die Kämpfenden, sie wankte nicht. Sie blieb unerschrocken. Der Kugelregen kümmerte sie nicht.« Und jetzt, nachdem die große Tat gelungen war, nämlich die eigenen Männer gesiegt hatten, hatte sie nur einen Wunsch: nicht erkannt zu werden. Und niemand erkannte sie.[15] Frauen sollen sich *aktiv* eine Aufgabe suchen und ihr ebenso furchtlos wie *anonym* dienen.

Eine Aufgabe finden, um mit den eigenen Mitteln einen Beitrag zur gemeinsamen Sache zu leisten, darum geht es auch den zehn- bis vierzehnjährigen Jungmädchen des BDM eines Kölner Stadtbezirks, die selbständig die Idee entwickelt hatten, täglich an den Wohnungstüren Küchenabfälle zu sammeln, um 70 Schweine eines Hofes kostenlos großzuziehen.[16] Würden das alle machen, könnten über zwei Millionen Schweine und dreieinhalb Millionen Zentner Fleisch, Speck etc. pro Jahr nur durch unbezahlte Mädchen-Arbeitskraft produziert werden. Gefordert ist Einfallsreichtum und Zähigkeit. Und auch eine spezifische weibliche Überlegenheit gegenüber denjenigen Jungen, die nur Angeber oder Feiglinge sind.

Das alles setzt eine intensive, persönliche oder auch allgemein-abstrakte Beziehung zum Mann voraus, die Identifikation mit seinen Zielen, die formal auch die weiblichen Ziele sind. Dieses weibliche Soldatentum verlangt nicht nur die Vorbereitung auf die Beteiligung an der späteren Geburtenschlacht. Es erfordert ein psychisches Grundmaterial, auf dessen Basis Frauen zu fröhlichem Verzicht und freiwilligen Opfern lebenslang bereit sind, überall dort, wo sie in Abhängigkeit vom Stand des Kriegsgeschehens jeweils gebraucht oder nicht gebraucht werden. Damit das funktioniert, dürfen Lügen nicht als Lügen durchschaut, müssen

Einschränkungen und Verzicht nicht als Gewaltakte, sondern als Adelsprädikate, als »Ehrenkrone« wahrgenommen werden.

Die appellativen und sorgenden Briefe meines Vaters formulieren, was solches Soldatentum kleiner Mädchen verlangt:

Verpflichtung zum Liebsein und Bravsein

(vorderste Linie, 15. 2. 40)
»... Ich habe mich sehr über Euren lieben Brief gefreut und dem lieben Gott gedankt, daß ich so liebe Kinderchen geschenkt bekommen habe. Wie schön ist das! Dann kann Vati nun viel lieber und freudiger Soldat sein, weil er weiß, daß er für so liebe und gute Kinder kämpft und für sie wacht und aufpaßt, daß kein böser Feind den Kinderchen schadet. Wenn die Kinder ungezogen wären, dann würde Vati nicht so gerne Soldat sein. Denn für böse Kinder mag man ja nicht so viel Schweres erdulden ...«

(im Bunker der vordersten Linie, 27. 2. 40)
»... Ihr lieben guten Kinder, denkt immer daran, daß viele tausend Soldaten für Euch an der Front stehen und es sehr schwer haben. Sie tun es, damit Ihr es gut habt. Wenn das ein Kind weiß, dann kann es wohl gar nicht böse sein.«

(im großen Wald wie bei Hänsel und Gretel, 26. 3. 40)
»... seht Ihr den Bach und die Vögel und den Osterhasen? Die lieben Vögelchen haben mir erzählt, daß Ihr lieb seid. Das hat mich sehr gefreut ...«

»... Denkt an die Soldaten ... und seid lieb und tapfer ...«

Lieb zu sein, ein Appell, der in keinem Brief fehlte, war ein Überbegriff der Skala weiblichen Kriegsregel-Verhaltens. Lieb- und Bravsein war gleichbedeutend mit dem Einhalten der weiblich-soldatischen Verhaltenskodexe. Darüber hinaus aber schaffte das Liebsein für die Durchführung, die Praxis der Regelerfüllung noch ein spezifisches Timbre: Liebsein hieß auch, Ideen haben, *wie* das alles umzusetzen sei: nämlich besonders sorgfältig und liebevoll, besonders friedlich, besonders aufmerksam, erfindungsreich und rührend. Dabei spiele die – verniedlichte – Natur eine wichtige flankierende Hilfsrolle: Die Blümchen, die Tierchen waren Verbündete: Wir machen das zusammen! Und eine hausgebundene Kreativität: Das Malen von Bildchen, das Herstellen von kleinen liebevollen Produkten, das Singen von Liedern, das Überraschen, das Freudemachen. Die Koppelung des Appells, lieb zu sein, mit den Opfern der Frontsoldaten gab diesem Liebsein seinen Ort im totalen Krieg.

Verpflichtung zum Frohsein

(Arnicourt, Frankreich, 23. 2. 41)
»... Hier ist es wieder sehr kalt, und es liegt hoher Schnee. Aber die Blümchen wachsen doch. So soll man sich immer freuen und hoffen, auch wenn es schwer ist und man weinen will. Hier sind alle Häuser zerstört. Menschen und Kinder gibt es auch nicht. Sie sind alle geflohen voriges Jahr, als der Krieg hier tobte. Da ist es besonders schön, daß der liebe Gott die Blumen wachsen läßt zwischen all der Zerstörung und all dem Tod. Aber das Leben, das sich auch in den Blümchen zeigt, siegt doch. Wie soll man deshalb verzweifeln und traurig sein. Das müßt Ihr auch der lieben Mutti sagen.«

»... seid alle recht fröhlich ...«

»... Ihr dürft nicht traurig sein ...«

»... seid Ihr immer fröhlich?«

»... Mutti schrieb, sie wäre oft traurig, weil Vati nicht da ist. Wenn man traurig ist, wird man krank.«

(Auf dem Rückmarsch, St. Aillant sur Tholen, 6. 7. 40)
»... man muß Gott bitten, daß er uns ein mutiges und tapferes Herz gibt, damit wir im Unglück nicht weinen und verzagen. Schon kleine Kinder müssen lernen, tapfer zu sein, nicht zu weinen, und seid immer fröhlich ...«

Wir sollten uns über alles freuen, immer fröhlich sein und allen Freude machen. So wurde mit einem vorsichtigen Unwillen häufig erwähnt, unsere Mutter sei traurig, und wir müßten alles tun, sie froh zu stimmen. Wir sollten durch unsere Rücksicht, Fürsorge und Angepaßtheit ihre Situation erleichtern. Wir wurden genau angewiesen, wie wir ihr helfen könnten, Einsamkeit, Beschränkung, Belastung und Angst zu ertragen. Wir sollten ihr Wiegenlieder vorsingen, ihr Blumen pflücken, ihr Gedichte aufsagen; Bekannte heimlich einladen, damit sie sich freut; den Kaffeetisch decken, um sie zu überraschen. Sie wurde beinahe kleiner und versorgungsbedürftiger als wir selbst dargestellt, so als habe sie sich noch nicht ausreichend die Fähigkeiten angeeignet, die das kommende Frauengeschlecht, wir, erwerben sollten, ein Frauengeschlecht, in dem »die Freude im Herzen lebendig ist, damit es aus dieser Freude heraus die Kraft findet, ein ganzes Leben lang in selbstverständlicher Pflicht Opfer zu bringen«[17]. Einfach Opfer bringen reichte nicht, sie mußten *fröhlich* und überzeugt, mit Leib und Seele erbracht werden. Bittere oder resignierte Opfer waren keine Opfer.

Verpflichtung zum Durchhalten

(Auf dem Rückmarsch, 6. 7. 40)
»... Wir marschieren nach Deutschland zurück. Das freut uns sehr. Aber, liebe Kinder, das Marschieren ist sehr schwer. Wir marschieren Tag und Nacht und Nacht und Tag. Wir müssen schon um 1 Uhr oder um 2 oder 3 Uhr aufstehen. Wir marschieren ohne Pause. Jeden Tag 40 oder 50 km. Viele Soldaten sind wieder krank. Vati ist nicht krank, aber seine Beine tun ihm sehr weh. Vati muß die Kompanie führen, weil der Kompanieführer auch sehr krank geworden ist. Vati muß dafür sorgen, daß alle Soldaten mitkommen und keiner umfällt. Das ist sehr schwer. Frankreich ist ein sehr, sehr schönes Land mit wunderbaren Bergen, Tälern und Wiesen. Es gibt Efeubäume und Lorbeerbäume und Kastanienwälder. Die Dörfer sind meist zerstört durch die Kämpfe. Viele Flüchtlinge irren durch das Land, Frauen und kleine Kinder. Sie hatten Angst vor dem Schießen. Viele Kinder sind krank und weinen. Wir helfen ihnen. Nachts müssen sie draußen schlafen. Wenn sie nach Hause kommen, haben sie kein Bettchen, denn es ist alles zerstört. Wir danken dem lieben Gott, daß unsere Kinder ein Bettchen haben und daß der Führer Adolf Hitler dafür gesorgt hat, daß unsere Kinder und ihre Muttis zu Hause bleiben können ... Ja, es gibt viel Unglück in der Welt ... Denkt immer an die deutschen Soldaten, die so viel kämpfen und marschieren müssen, mit vielen Wunden und mit blutigen Füßen. Sie weinen nicht ... Denkt daran und seid lieb und tapfer ...«

Das große deutsche *Dennoch* realisierte sich im Durchhalten, trotz Schmerzen, Krankheit und Überanstrengung, trotz »Todesfällen«, trotz widerstrebender Gefühle, trotz Mitleid mit den geschädigten Feinden – Frauen und Kindern natürlich nur –, durchhalten trotz Gefühlen von Wehmut (!) gegenüber den angerichteten Schäden: Durchhalten entgegen allen Signalen, die jedem einzelnen sozusagen eindeutig vor Augen führten, daß hier physisch und psychisch Widriges, Widersinniges mit Menschen passierte. Dieses Widrige, eigentlich Unerträgliche, wurde aber dadurch seiner Widrigkeit beraubt, daß man es ertrug. So verkehrte es sich selbst in Lohn, in moralisch Gutes. Wer das Unzumutbare durchhielt, hatte jedenfalls moralisch gewonnen, war der Treue, der Richtige.

Und *alle* konnten solche Helden sein, d. h. eine Sorte Mensch, die sich selbst überwindet, die sich selbst abstreift und den eigenen Erfahrungen nicht traut, die sich selbst lediglich wahrnimmt und ernst nimmt als Instrument. Je schwieriger die Bedingungen seines Funktionierens, desto besser war das Instrument beschaffen.

Verpflichtung zum Gehorsam

(im Bunker, vorderste Linie, 27. 2. 40)
»... Ihr schriebt, daß Ihr Euren Vati so lieb habt und Ihr wollt ihn gern wiedersehen und er soll doch auf Urlaub kommen. Ach ja, wie gerne möchte ich kommen. Aber wir Soldaten müssen ja kämpfen und das Vaterland, Deutschland verteidigen und alle lieben Muttis, Großeltern und Kinderchen schützen. Da können wir nicht so oft auf Urlaub fahren. Unser Führer braucht ja alle Soldaten. Keiner darf fehlen, und nur wenn es der General oder Hauptmann erlaubt, dürfen wir zu Mutti und zu den Kinderchen. Wir dürfen ja nicht fahren, wann wir wollen, wir müssen ja immer gehorchen. Der liebe Gott hat das befohlen, daß die Soldaten immer gehorchen. Auf eigenen Willen darf niemand etwas tun. Das ist unsere Pflicht. So kann ich Euch gar nicht sagen, wann ich wieder zu Euch komme. Aber Ihr dürft ja immer zum lieben Gott beten, daß der Vati auf Urlaub kommt und Euch gesund wiedersieht. Ich bin ganz sicher, daß der liebe Gott Euch erhören wird, weil er ja die Kinder ganz besonders lieb hat...«

Der Held, auch der männliche Held, auch unser Vorbild, auch unsere Orientierung, war nicht ein selbständig Entscheidender. Eigentlich war er auch abhängig wie die Kinder. Seine Größe lag nicht in seiner Selbständigkeit, sondern in der Perfektion seiner Unterordnung und Unterwerfung, in der restfreien Ausschaltung des eigenen Willens. Der Untertanengeist war befreit von der zweifelnden Überlegung, wem und zu was Gehorsam und Pflichterfüllung dienen, welchen Sinn, welchen Inhalt sie haben. Solche Fragen hatten auch den männlichen Helden nichts anzugehen. Sie wurden arbeitsteilig erledigt. Sie waren bereits entschieden. Und wenn wir gehorchten, wurden wir geliebt.

Verpflichtung zu Dankbarkeit und Stolz

»... Wir marschieren immer in der dunklen Nacht. Wenn Du einmal nachts aufwachst, dann mußt Du denken: jetzt marschiert mein Vati und Du mußt stolz darauf sein...«

»… Du mußt recht froh und stolz sein, daß Dein Vater ein deutscher Soldat ist …«

»… Ihr lieben guten Kinder, denkt immer daran, daß viele tausend Soldaten für Euch an der Front stehen und es sehr schwer haben. Sie tun es, damit Ihr es gut habt. Wenn das ein Kind weiß, dann kann es wohl gar nicht böse sein … Die Soldaten haben es schwer, damit die Kinder leben können. Darum betet immer für die Soldaten …«

»… Denkt immer an die deutschen Soldaten, die so viel kämpfen und marschieren müssen, mit vielen Wunden und mit blutigen Füßen. Sie weinen nicht …«

»… Der Vati ist auch gerne Soldat, wenn er weiß, daß er so liebe Kinderchen vor den bösen Feinden verteidigen darf.«

»… Der Führer hat es schwer und tut alles für die deutschen Kinder, damit sie es einmal gut haben im Leben und viel Gutes schaffen können.«

Die Produktion des Gefühls Stolz auf das *männliche* Soldatentum war nur über die Beziehung Mädchen – Mann, Frau – Mann zu erreichen. Ziel war die weibliche Selbstaufwertung durch etwas, was nicht die Mädchen selbst, sondern die Vertreter der männlichen Seite des Krieges taten. Eine Selbstaufwertung durch Zutaten zum (trotz allem etwas kläglichen) weiblichen Selbstwert, durch den Vorzug, sowohl persönlich mit einem der Helden liiert zu sein, als auch allgemein an deren Kampf zu partizipieren, schließlich auch von dem gesamten Krieg zu profitieren, da er ja ausschließlich im Interesse der Kinder geschah und alle Kriegsleiden männliche Opfer für die Kinder waren. Wir wurden aufgewertet dadurch, daß Männer für uns kämpften und starben. Unsere Gegenleistung bestand im Annehmen des Beziehungsangebotes bzw. der Beziehungsforderung: Seid uns dankbar, seid stolz auf uns, denn wir machen das alles für euch! Die Gegenleistung schloß ein, daß wir unsererseits unsere Pflichten erfüllten, zumal diese ungleich einfacher und harmloser waren. Während wir in unserem eigenen Bett schlafen durften, hatten wir nur die Aufgabe, an die für uns marschierenden Soldaten mit den blutenden Füßen zu *denken*. Nach so einer Nacht des schlechten Gewissens morgens aufzustehen und *nicht* zu gehorchen, *nicht* eine neue schöne Idee zu entwickeln, was heute wieder Liebes zu tun wäre – wie abgebrüht müßte ein Kind dafür sein!

Wenn Mädchen dazu gebracht werden sollten, sich auf soldatische Werte in der weiblichen Version einzulassen, bedurfte es keiner kalkulierten pädagogischen Manipulation. Ein effektiver Weg war das *gnadenlos-normale* Zusammenspiel von Sorge und emotionaler Rückmeldung der Versorgten: mann hat das Gefühl, jemanden zu lieben; mann *braucht* das Gefühl, jemanden zu lieben; die, die mann liebt, *wollen* von ihm geliebt werden; mann *braucht* die Gewißheit, daß sie ihn lieben.

Die guten Gefühle zu den Kindern und Frauen wurden funktionalisiert, um den täglichen Ausnahmezustand Krieg psychisch durchzustehen und der täglichen Erfahrung von Mord und Angst etwas »Heiles« und »Sauberes« entgegenzusetzen. Und um das eigene Morden wie die eigenen Strapazen zu legitimieren. Die Kriegsalltagsgefühle, die Liebesbeweise und -zusicherungen mußten kombiniert werden mit Lügen über die Wirklichkeit, denn die, die geliebt wurden, durften keinen Einblick bekommen in die Wirklichkeit des Kriegsgeschehens, lediglich in eine verdrehte Version desselben. Der Einblick in die Wirklichkeit hätte die Gefühle derjenigen, die die Liebe erwidern sollten, ins Wanken bringen können. So wird die Lüge zum Zusatzwert der Liebe. Der Krieger muß liebenswert bleiben, unter allen Umständen. Das, was er tut, muß von denen, die er liebt und die ihn lieben sollen, für gut gehalten werden.

Entscheidendes Mittel war die Intensität der Beziehung, die ständige Zusicherung von Liebe und Schutz und die Zusicherung der Unentbehrlichkeit des Kindes für das gemeinsame Ziel. Nicht nur die Aufforderung: Seid stark, seid gut, seid lieb, seid tapfer, sondern die ständige Versicherung: Ihr *seid* stark, ihr *seid* gut, ihr *seid* mein Halt, ihr *seid* der Grund, die Strapazen durchzustehen und den Tod in Kauf zu nehmen, und nicht nur ich, sondern auch die Rehe, die Vögel haben euch lieb – *sofern* ihr mitmacht.

Die Garantie der Liebe war nicht ohne Bedingungen. Wie ich zu sein und nicht zu sein hatte, war unmißverständlich. Es gab keine Zweifel. Die starken Liebeszusicherungen der Brief-Botschaften wirkten wie ein Wall, der um uns oder vor uns aufgebaut wurde. Wir wurden da, wo wir waren, zugedeckt, um zu bleiben, um an diesem Ort Wurzeln zu schlagen. Die Aufbauarbeit und das riesige politische Gewicht, das an ihr hing, die bedingungslose Hoffnung, die auf uns gesetzt wurde, begünstigte eine Scheinstabilität, die an den Zusichernden und seine Merkmale gebunden war: an einen Mann, eine Autorität, einen Unfehlbaren, einen Unerreichbaren – Gott, Vater, Mann in eins. Sie begünstigte die Abhängigkeit vom Beistand eines »Absoluten«. Sie war geeignet, ein verlogenes oder gebrochenes Verhältnis zur eigenen Person zu schaffen.

Denn was macht ein Kind, dem auf der einen Seite von dem Repräsentanten des »Guten« suggeriert wird, es *sei* stark, lieb, tapfer, froh etc., das aber gleichzeitig täglich die *gegenteilige* Erfahrung mit sich selbst macht: So war ich schüchtern, sperrig und nervös, oft unglücklich und sehr oft unfreundlich, ein sogenanntes schwieriges Kind. Alle Eigenschaften, die gefordert waren, besaß ich nicht so recht. Sie blieben immer fremd, Versuche nur. Ich schien über Attribute anerkannt zu sein, die ich gar nicht hatte, die mir aber als die original meinigen, gekoppelt mit dem unendlichen Liebesangebot des guten Vaters, dargeboten wurden. In Wirklichkeit hatte ich vor tausend Dingen Angst: Vor Mäusen, Fröschen und Gewitter, vor allen fremden Leuten; ich ging nicht allein vor die Tür, wollte nicht in den Kindergarten, kannte jahrelang kein einziges Kind außer meiner Schwester; ich schielte und hatte schon mit drei Jahren eine Brille, ein Gesundheitsmakel. Mein Vater blieb mir unheimlich. Ich bewunderte meine Schwester. Sie war wirklich so, wie wir sein sollten. Sie lebte vorbildlich. Und obwohl *ich* den Bedingungen nicht entsprach, stellte gerade *sie* niemals Bedingungen an ihre geduldigte und unzerbrechliche Zuneigung zu mir: Einer der Widersprüche, die meine Rettung waren.

Meine Mutter schreibt in ihren Lebenserinnerungen, die sie im Alter von 77 Jahren beendete, über jene Zeit, in der ich heimlich die Briefe las: »Es ging mir bei aller Trauer so sehr um die Kinder ... Ich fühlte mich mit ihnen tief verbunden. Ich suchte ständig ihre Nähe. Wir brauchten uns gegenseitig sehr.«[18] Und später: »Wir wurden immer ... ›die drei Schwestern‹ genannt[19] ... Wir lebten, wie die meisten Familien jener Jahre, in einem reinen Frauenhaushalt ... Wir Kriegerwitwen wurden sowieso nicht von

Ehepaaren eingeladen. Man stand völlig außerhalb. Den alleinstehenden Frauen ging man doch mehr oder weniger aus dem Wege. Desto fester schlossen wir Kriegerwitwen uns zusammen ... In unmittelbarer Nachbarschaft hatte ich diese Frauen gefunden. Wir trafen uns oft und regelmäßig, hielten fest zusammen, halfen uns gegenseitig, wo wir konnten. Wir verstanden uns. Diese Freundschaften bedeuteten für uns Frauen ungeheuer viel, und über viele Jahrzehnte hinweg haben sie gehalten.«[20]
Diese Haltung meiner Mutter, ihre selbstverständliche, unaufdringliche und nicht an Bedingungen geknüpfte Zuneigung zu uns, als wir Kinder waren und gleichzeitig Verbündete in einer uns schwer zugänglichen Welt, ihr Interesse und ihre Teilnahme am Leben anderer und das gemeinsame Abseitsstehen von der Normalität der »vollständigen« Familien, zu denen ich mich nie hingezogen fühlte, das alles war wie eine Gegenerfahrung, die für mich in tiefem Kontrast stand zu der gloriosen und widersprüchlichen, der gewalttätigen Welt der Briefe.

Wer die Widersprüche zwischen großen Parolen, Anforderungen, Zusicherungen einerseits und der abweichenden Wirklichkeit andererseits an der eigenen Person nicht erfahren konnte, hatte wohl kaum Chancen, sie überhaupt nur zu spüren. Für Kinder – jedenfalls in einem Lebenszusammenhang wie unserem, in dem der Krieg eine dunkle und nicht besprechbare Erinnerung blieb – gab es fast keine Möglichkeit, die Unendlichkeit der Lügen und Verstellungen *selbst* aufzudecken:

(vorderste Linie, 15. 2. 40)
»... Am vorigen Sonntag abend hat Vati in einem Bunker ganz vorn die Maschinengewehre nachgesehen. Plötzlich geschah ein furchtbarer Knall. Rote und blaue Flammen schossen hervor, Eisen- und Steinsplitter sausten umher. Die Soldaten liefen im ersten Schrecken fort, aber Vati holte sie sofort wieder zurück. Denkt Euch, der Bunker war von fünf Schüssen getroffen worden, innen in den Raum hinein, wo wir standen, waren die Schüsse gegangen. Und ein Soldat lag mit einem Brustschuß schwerverletzt am Boden, ein anderer war in den Arm, ein dritter ins Bein getroffen. Vati hat nur vier Splitter ins Gesicht bekommen ... Ihr lieben Kinder, es ist sehr ernst, wenn man einen guten Kameraden ... blutend am Boden liegen sieht. Wir haben den Soldaten verbunden und nach hinten gebracht ... Daß er nicht tot war, ist eine große Gnade Gottes, sonst

hätte ja seine liebe Mutter weinen müssen. Und es ist auch eine Gnade Gottes, daß Vati fast gar nicht getroffen wurde. Ich weiß, daß es daran liegt, daß Ihr alle für Vati betet, nun ist der liebe Gott bei mir, und seine Engel lenken die Kugeln ab ...«

(vordere Linie, Westwall 25. 11. 39)
»... Die liebe Mutti hat Euch sicher schon erzählt, daß der Vati in der ersten Stellung bei den deutschen Soldaten ist, jeden Tag sieht er Franzosen. Sie haben blaue und grün-braune Röcke an und oft schießen sie. Aber sie treffen nichts ...«

(im Bunker der vordersten Linie, 27. 2. 40)
»... wenn die Franzosen schießen, schießen wir auch. Bald wollen wir sie auch angreifen, damit sie uns endlich in Ruhe lassen und wir dann endlich zu unseren Kindern nach Hause können ...«

(ohne Datum)
»... Heute ist Sonntag und die Franzosen schießen nicht. So kann ich Euch ein Briefchen schreiben. Ich soll Euch nämlich grüßen von den lieben Vögelchen hier. Rotkehlchen und Amseln. Sie haben jetzt in dem tiefen Schnee nichts zu essen draußen. Da kommen sie an unseren Bunker gehüpft und wir füttern sie. Ein Vögelchen brachte einen Gruß von Euch ... Dann soll ich grüßen von zwei schönen weißen Schwänen, die vor einigen Tagen über unsere Stellung flogen, und von vielen grauen Wildgänsen. Sie kamen aus weiter Ferne und haben ihre Brüder und Schwestern bei Euch am N. See. Sie sagten, wir sollen alle nicht traurig sein, daß Vati nicht zu Hause ist. Denn die Engel fliegen immer hin und her und ... schicken die großen und kleinen Vögel zum Trost für B. und S. ... Ich war so froh, daß der liebe Gott uns alles schenkt, damit wir Freude haben ...«

(23. 2. 41)
»... Hier sind alle Häuser zerstört. Menschen und Kinder gibt es auch nicht. Sie sind alle geflohen letztes Jahr, als der Krieg hier tobte. Da ist es besonders schön, daß der liebe Gott die Blumen wachsen läßt zwischen all der Zerstörung und all dem Tod ...«

(3. 6. 41)
»... Was sagt Ihr nun zu dem großen Sieg auf der Insel Kreta? Da sind die deutschen Soldaten aus der Luft von den Flugzeugen abgesprungen und mit Fallschirmen gelandet, wie wir es gespielt haben mit dem kleinen Fallschirm und dem Püppchen. Hoffentlich landen wir auch bald in England, damit der Krieg zu Ende ist und Vati wieder nach Hause kommt ...«

(6. 4. 40)
»... Vati muß die Kompanie führen ... Vati muß dafür sorgen, daß alle Soldaten mitkommen und keiner umfällt ... Frankreich ist ein sehr schönes Land mit wunderbaren Bergen, Tälern und Wiesen. Es gibt Efeubäume und Lorbeer-

bäume und Kastanienwälder. Die Dörfer sind meist zerstört durch Kämpfe. Viele Flüchtlinge irren durch das Land, Frauen und kleine Kinder. Sie hatten Angst vor dem Schießen. Viele Kinder sind krank und weinen. Wir helfen ihnen. Nachts müssen sie draußen schlafen. Wenn sie nach Hause kommen, haben sie kein Bettchen, denn alles ist zerstört. Wir danken dem lieben Gott, daß unsere Kinder ein Bettchen haben ...«

Wir erfuhren: Die deutschen Soldaten tun im Krieg Gutes; sie tun niemandem etwas zuleide; sie helfen verletzten Rehen und legen sie an den warmen Ofen; sie füttern hungernde Tiere.
Statt: Die deutschen Soldaten betreiben Massenmord.

Wir erfuhren: Es ist traurig und ein Unglück, daß das schöne französische Land zerstört ist und daß Kinder und Frauen Angst haben und obdachlos sind.
Statt: Die deutschen Soldaten haben das Land zerstört, und sie sind es, vor denen die französischen Frauen und Kinder Angst haben müssen.

Wir erfuhren: Die deutschen Soldaten helfen der französischen Zivilbevölkerung.
Statt: Deutsche Soldaten vergewaltigen Frauen und plündern Haushalte aus.

Wir erfuhren: Die lieben Tiere gehören alle auf die Seite der deutschen Soldaten.
Statt: Die Tiere erleiden durch den Krieg schwere Schäden. Außerdem sind sie keine Verbündeten der Deutschen.

Wir erfuhren: Die armen französischen Kinder sind geflohen, als der Krieg tobte.
Statt: Sie sind vor den Deutschen geflohen.

Wir erfuhren: Die Blumen wachsen als Entschädigung dafür, daß so viele Menschen im Krieg sterben müssen.
Statt: Die Blumen kennen keinen Zusammenhang zwischen ihrem Wachstum und dem Krieg der Menschen. Diese Versöhnung findet nicht statt.

Wir erfuhren: Ein Sieg (z. B. auf Kreta) wird erreicht wie ein Kinderspiel und macht Spaß wie ein Kinderspiel.

Statt: Er bedeutet Mord an Menschen und Unterwerfung eines Landes.

Wir erfuhren: Deutsche Soldaten erobern ein Land, um wieder bei ihren Kindern sein zu können.
Statt: Deutsche Soldaten erobern ein Land aus Eroberungs- und Unterwerfungswillen, ein Verbrechen, nicht, um Kindern etwas Gutes zu tun.

Wir erfuhren: Der Vater ist unfehlbar und immer überlegen.
Statt: Er hat die Panne mit dem Maschinengewehr fahrlässig ausgelöst.

Wir erfuhren: Der Vater ist tapferer als alle andern. Er wird nie schwach.
Statt: Er ist nicht anders als alle andern auch.

Wir erfuhren: Der Mitsoldat blieb am Leben aus Gnade Gottes.
Statt: Er ist um ein Haar gestorben, weil mit tödlichen Waffen herumhantiert wurde.

Wir erfuhren: Der Tod des Schwerverletzten wäre schlimm gewesen, weil dann dessen Mutter geweint hätte.
Statt: Jeder Kriegstod ist Mord, auch ohne weinende Mutter.

Wir erfuhren: Der Vater ist nicht getroffen worden, weil seine Kinder für ihn gebetet haben. Die Engel haben die Kugeln von ihm abgelenkt.
Statt: Er hat Glück gehabt.

Wir erfuhren: Die Franzosen schießen viel, aber sie treffen nichts.
Statt: Die Franzosen erschossen 27 000 und verwundeten 100 000 Deutsche (Westwall 1940/41).

Wir erfuhren: Die Franzosen haben angefangen: deswegen sind die Deutschen gezwungen, sich um ihrer Kinder willen zu verteidigen.

Statt: Die Deutschen haben Belgien und Frankreich überfallen. Das französische Heer »verlor« 30 Divisionen und fast die gesamten Luftstreitkräfte, außerdem 1,9 Millionen Gefangene.

Wir erfuhren: Rotkehlchen, Amseln und andere Vögel lieben und grüßen uns.
Statt: Sie haben andere Probleme als wir. Wir interessieren sie in keiner Weise.

Wir erfuhren: Die Vögel erzählen, wir sind artig und gesund; sie sagen, wir sollen nicht traurig, sondern tapfer sein.
Statt: Die nichtsahnenden Vögel tun nichts dergleichen. Tiere sind nicht da zum Trost für uns. Sie sind überhaupt nicht für die Menschen da. Sie können sich aber gegenüber der Anmaßung, Bündnispartner von Verbrechen der Menschen zu sein, nicht wehren.

Für Kinder ist »die Wirklichkeit« keine Kategorie, die sich als Erkennbares, Erfahrbares unterscheiden ließe von Geschichten, Phantasien, Träumen, Falschmeldungen und gezielten Lügen. Wenig ist nachprüfbar, fast alles zu glauben. Nachprüfen können sie es oft erst, wenn es zu spät ist. Die Lügen entwerten und entleeren alle Liebeszusicherungen erst im nachhinein.
Das Gefährlich-Normale unserer Briefe ist die *Untrennbarkeit* von Liebe und Lüge. Und so bleibt es verführerisch, aus ihren Inhalten den sogenannten objektiven Gehalt, die sogenannte politische Funktion extrapolieren zu wollen und diese von den »privaten« Gefühlen zu trennen. Aber gerade die Mischung von männlichen Kriegsinteressen und liebevollen Gefühlen machen ihr Wesentliches aus: Das Gebrauchtwerden von dem, der einen liebt, nicht *neben* seinem sonstigen Tun, sondern *für* dieses.

Letzter Liebesanfall

1945 kamen wir in die Krankenanstalt Bethel, aufgenommen aus christlicher Nächstenliebe wie viele andere ehemalige Bewohnerinnen deutscher Ostgebiete, meine Mutter, meine Schwester und ich. Meine kurze Kindheit war bereits angefüllt mit düsteren Eindrücken. Schwarzgekleidete Frauen, die oft weinten, Photos in unserer Wohnung vom Grab meines Vaters in Rußland, seine Soldatenmütze an einem Nagel über dem Bett meiner Mutter, sein Ehering neben ihrem an ihrer rechten Hand, das lastende Gefühl, meiner Mutter erscheine das Leben als kaum zu bewältigender Schmerz, der nie angerührt werden dürfe. Der Rauchgeruch im verdunkelten Berlin, als wir aus einem der letzten Züge aus Pommern Richtung Westen auf dem Bahnhof Friedrichstraße umstiegen. Tiefflieger auf dem Schulweg, umstürzende Gebäude, die wir vom Keller aus am Horizont brennen sahen. Die schwarzverhängte Lampe in der Küche, wenn wir nachts auf die Entwarnung vom Bombenalarm warteten, das dumpfe Geräusch der Bombengeschwader, die an dem blauen Maihimmel in der Sonne glitzerten.
Und nun Bethel, Friede: Bombentrichter, 25 000 sollen es gewesen sein, in denen kleine Birken wuchsen und Gänsefingerkraut. Meine Schwester, die ich immer für so stark hielt und die beim Einkaufen in den langen Warteschlangen umkippte. Die Menschen hier wirkten noch düsterer als alle zuvor. Auf den Straßen, auf den Waldwegen, in der Post, in der Kirche die Kranken, meist Epileptiker, mit ihren Ledersturzhelmen und den vom Brom aufgedunsenen Gesichtern, ihr trüber Ausdruck, ihr schleppender Gang, ihr plötzlicher und immer zu erwartender Aufschrei, ihre zuckenden Bewegungen am Boden, ihre bewußtlose Kraft. Auf dem Schulweg regelmäßig der Mann im grauen Anzug, der jeden Morgen mit dem Bollerwagen die Post für Morija abholte, ein

Haus für nervenkranke Männer. Plötzlich läßt er den Wagen stehen, dreht sich im Kreis, wirft seinen Hut in die Luft, spreizt mit bizarren Schritten mehrmals diagonal über die Straße, setzt dann seinen Weg versunken auf der rechten Straßenseite fort, als sei nichts geschehen. Angst, Entsetzen, Mitleid, alles Gefühle, die mich den Menschen nicht näher bringen konnten.

Die sogenannten Gesunden waren keine Zuflucht. Sie ließen keine Freude und keine Wahrheit aufkommen, obwohl sie diese Worte oft benutzten. Über den Krieg wurde hartnäckig geschwiegen. Unausgesprochen wurden die Verletzungen an den Menschen wie ein Gottesurteil behandelt, als gerechte Strafe oder als gerechte Verschonung. Unausgesprochen wurden die Verschontgebliebenen verachtet von denjenigen, in deren Leben der Krieg hineingewütet hatte. Die Heilgebliebenen separierten sich von den Blessierten, die ihren Stolz auf die geleisteten Opfer insgeheim weitertrugen, ohne daß ihnen diese Opfer noch irgendeine Geltung verschaffen konnten. Die Heldinnen des Alltags gerieten ins Abseits, mannlose Frauen. Die Kluft zwischen den Sanierten und den Dauergeschädigten blieb unüberbrückbar. Und das sonntägliche Sündenbekenntnis – »... ich armer sündiger Mensch ... in Sünden empfangen und geboren ...« – stellte lediglich so etwas wie eine gemeinsame diffuse Bedrücktheit her, und daß alle es sprachen, machte sie mir alle unglaubwürdig. Außerdem verstellte es meine Fragen oder lenkte sie in eine Richtung, die mir vollkommen im dunkeln blieb.

Ich fühlte mich nirgends hingehörig. Ich blieb möglichst zu Hause, am liebsten am Klavier in dem Zimmer, in dem ich immer allein zu sein versuchte, auf dem Drehstuhl, meinem Hauptaufenthaltsort außerhalb der Schule.

Heute suchte ich die Noten, alle sind sie etwas vergilbt und zerfleddert, viel benutzt. Vorn steht mit linksschräger Schülerinnenschrift mein Name. Viele Noten sind handgeschrieben mit meinem alten Konfirmationsfüller, den man mit richtiger Tinte füllen mußte, die Notenlinien mit Bleistift und Lineal gezogen: Deutsche Lieder aus dem 14. bis 17. Jahrhundert. Die Texte kann ich alle noch auswendig, ihre Dichter sind meist unbekannt. »Vergeßt die Welt und ihre Sachen ...«, »... wann sie mit Freuden

/ von hinnen scheiden / aus dieser Erden vergänglichen Schoß ...«, »... wer nur auf diese Zeit / sein Hoffnung weiß zu geben / der führt ein totes Leben / und stirbt in Traurigkeit«.

Ich liebe diese Lieder. Tilman Moser nennt sie und was sie anrichten »Gottesvergiftung«, Sehnsucht nach Führung, Versorgung, Fütterung, Tränkung, Beschenktwerden. Ich nicht. Vielleicht, weil ich sie mir nicht in einer gottestrunkenen frommen Gemeinde und nicht geschmiedet an das kostbare Band eines Wir angeeignet habe, sondern immer allein.

Diese Lieder in ihrer Einsamkeit sind nicht Mittel geworden, um mit dem oft Angesprochenen, mit Gott nämlich, zu kommunizieren. Sie schlagen einen Bogen zurück in eine Zeit, die manchmal auch meine Zeit ist. Ihr Ort ist Deutschland.[1] Das ist nicht zu leugnen. Dennoch bleibt unvereinbar, was diese Lieder ausdrücken, was sie bedeuten und was das Wort »Deutschland« birgt, wie es klingt. Wenn ich die Augen zumache: Deutschland ... Speer – Helm – Jägerhut – Blätter – Kohl – Walter – Helmut – Victor – Sieg – Heil – Pfeil –Stahl – Rittersaal – Prahl – Qual ... Hör auf! Dieses verdorbene Land.

Ich habe mir Deutschland vom Leibe zu halten versucht. Mein Vater, der Nationalsozialist, war es, der dieses Deutschland über alles liebte. Er zog für Deutschland freiwillig in den Krieg. Er wanderte zu Fuß von der deutschen Nordsee bis zu den deutschen Alpen. Er schrieb seinen Töchtern ergreifende Feldpostbriefe über die deutschen Vögel, Rehe und Wälder, die deutschen Landschaften und Kulturstätten, die deutschen Soldaten, die die hungernden Tiere füttern und der Zivilbevölkerung helfen; Lügen, die Massenmord, Plünderung, Vergewaltigung und die eigene Lust daran verheimlichen. Mein Vater, ein mir unbekannt Gebliebener, der vor Stalingrad den Kopfschuß erhielt. Deutschland – sein Land.

Schon als Kind habe ich nachgedacht, wo mein Land ist und was das Wort »Heimat« wohl bedeutet; ob mir etwas fehlt, wenn ich keine habe. Es gab keinen Ort, auf den dieses Wort paßte. Ich kannte kein Heimatgefühl, habe auch nie jenes Gefühl vermißt, das in den Heimatglocken, den Heimatwäldern anklingen soll. Ich habe die Orte, in denen ich gelebt habe, nie wieder besucht,

bin nie wieder vorbeigefahren. Nichts hat sich verwurzelt in *Orte*.
Überhaupt *Wurzel*: Ich will keine, will nicht verwurzelt sein,
mich nicht verwurzeln, keine Wurzeln schlagen. Ich muß auch
nicht Nachbarn kennen, nicht über Gartenzäune hinweg und in
Treppenhäuser reden, muß auch nicht einen Fliederbusch *wieder*-
riechen können.

»Jeder braucht eine Heimat«, hören wir neuerdings oft. Diesem
armen, unschuldigen Wort soll wieder zu seinem Recht verholfen
werden, nachdem die deutsche Geschichte es so schrecklich besu-
delt hat, dieses Tabuwort soll heute entschmutzt werden, darf seinen heilig-metaphysischen Klang zurückfordern. Sagen wir gleich
»Nest«. Bedürfnis nach dem Heimatnest, nach Erschlaffen, nach
Gewöhnen, nach Bleiben und Wiederholung, nach Verschmelzen
und Einbettung. Viele scheinen ihre »Liebe zu Deutschland« zu
entdecken, jetzt, wo die Raketen die Wahrheit an den Tag gebracht haben: die Wahrheit darüber, daß diese Menschen/Männer
Krieg und Zerstörung als Selbstverständlichkeit begreifen und
diese Tatsache nicht mehr vertuschen können mit der Lüge, der
Kriegszustand sei die ebenso bedauerliche wie notwendige Ausnahme, der Nichtkrieg aber die von allen gewollte, gekonnte und
angestrebte Lebensnormalform: Liebe zu diesem Deutschland
entdecken in dem Augenblick, wo die Existenz der Massenmord-
mittel fröhliche Aufmärsche an der Heimatfront nicht opportun
werden lassen, wo jene vielmehr als anwendungsbereite und an-
wendungsfähige endgültige Tötungsmaschinen im sogenannten
öffentlichen Bewußtsein angekommen sind.

Vor einigen Jahren, auf der Rückkehr durch ein unerträglich hei-
ßes Italien in einem alten VW-Käfer, auf dem Hintersitz liegend
und offensichtlich dem Hitzschlag nahe, in diesem halbbewußten
Zustand war die Bahn zu den längst verdrängten Liedern in meinem Kopf auf einmal frei: »... mein Herze geht in Sprünge / und
kann nicht traurig sein / ist voller Freud und singet / sieht lauter
Sonnenschein ...«, »... auf, auf gib deinen Schmerzen / und Sorgen Gute Nacht ...«, »Hinunter ist der Sonnen Schein / die finstre
Nacht bricht stark herein ...«, »Komm süßer Tod / komme sel'ge
Ruh ...«, »Der lieben Sonne Licht und Pracht / hat nun den Tag

vollführet ...«, »... der Weizen wächset mit Gewalt / darüber jauchzet jung und alt ...«, »... das wütend angestaute Meer / läuft an mit Macht und drängt uns sehr ...«, »Auf, auf mein Herz mit Freuden / nimm wahr, was heut geschieht ...«, »... die Herrlichkeit der Erden / muß Rauch und Asche werden ...«
Die anderen im Auto, ein Amerikaner und eine sorgfältig atheistisch erzogene Freundin, versuchten zuerst meine Gesänge zu ignorieren: Es wird sich erledigen, erschöpfen. Dann glaubten sie, ich sei übergeschnappt. Es wurde ihnen unheimlich, weil es kein Ende nahm. Immer neue Texte, immer neue Melodien, keine Wiederholungen. Ich wie in Trance. Jede Strophe eine Kostbarkeit, eine wunderbare Wiederentdeckung nach jahrzehntelanger Vergrabung. »Ob mich der Tod nimmt hin / ist Sterben mein Gewinn ...«, »... weicht, ihr Trauergeister ...«, »... tobe, Welt, und springe / ich steh hier und singe / in gar sich'rer Ruh ...«, »... mach Ende mit aller unsrer Not ...«. Diese Lieder sind meine Heimat. Ich trage sie herum, egal wo ich bin. Es sind meine Lieder. Kaum jemand kennt sie. Und wenn jemand sie gehört haben mag: Ergriffen war nur ich von diesen innigen, traurigen Worten und diesen anrührenden einfachen und überraschenden Akkordwechseln, dieser formgebundenen Musik. Unmöglich, diese Lieder von anderen zu hören, auf Platte gepreßt oder öffentlich aufgeführt, vorgeführt, festgehalten, ausgestellt, professionalisiert. Ich habe sie meist nur für mich selbst gespielt und gesungen. Erst recht die Liebeslieder. »Schön's Lieb, dies Lied sei dir gemacht / wünsch dir viel tausend Gute Nacht ...«, »Ob auch zerronnen / Strahlen und Wonnen / Herz will an beiden / still sich noch sonnen ...«, »Weicht, ihr Gedanken / weicht von mir / wie könnt ihr mich doch nur so quälen? ...« Und dreihundert Jahre früher: »... eine Frau mir schafft / durch Minnekraft / daß ich sie mir begehre / bin ohne Wahl / mich trifft die Qual / in meines Herzen Mitten / ... Des leid' ich not / und irren Tod / statt deiner ich gewinne.« Schubert war dagegen flach mit seinem »Ich-schnitt-es-gern-in-jede-Rinde-ein ...«.

Die Verbindung von Liebe und Tod, das Grundthema, in den Liebesliedern wie in den christlichen Gesängen jener Zeit: Sogar der

Sopranistin in der Bachschen »Matthäuspassion« verzieh ich ihre Jesusbezogenheit; ich überhörte sie, und so blieb: »Aus Liebe ... sterben«. Liebe war die *wirklich* werdende Liebe zum Leben, nicht aber ein weniger leidvolles, weniger verqueres, weniger verzweifeltes Leben. Utopie war nicht ein besseres Leben, jetzt oder später, eine gelungenere Liebe zum Leben, sondern Utopie war Tod, Tod als Ende. Der Tod war nicht verkitscht, nicht bagatellisiert und nie verbannt: »Ja, bittrer Tod / mit deiner Not / und ganzem Rott / dir läßt sich nichts vergleichen.«
Diese Verbindung von Leben und Tod, Liebe und Tod ist in unbeschreibbarer Weise tröstlich. Sie ist nicht bitter, nicht verbittert, nicht enttäuscht, nicht panisch, nicht kümmerlich. Heute wird soviel davon geredet, wir müßten den Tod in unser Denken »einbeziehen«, uns mit dem Tod »auseinandersetzen«. Die »Philosophie der Waffe« liege in der Konfrontation mit unserem Tod. Sie liegt aber in Wirklichkeit in der Konfrontation mit der ganzen nackten Perfidität *normalen* menschlichen/männlichen Denkens und provoziert unseren kalten Haß, das kalte Entsetzen über uns. Nicht den Tod also zeigt uns das Symbol der Mordwaffe. Das ist bloßes Gerede, intellektuelles Stümpern. Ein moderates Leben kann nicht den Tod »hereinholen«. In diesen Liedern wird nicht der Tod in das Leben geholt. Er ist vielmehr präsent, er ist immer schon geschehen, er ist schon *gefühlt*, Tag für Tag, und nicht erst als Folge menschlicher Untaten. Diese Lieder sind tröstlich, weil sie nicht von der Erwartung des Entsetzlichen in Atem gehalten sind, es steht nicht *bevor*, es ist schon da, immer da. Es ist nicht zu übertreffen. Das *Leben* hat immer schon bereits Grenzen überschritten. Die Intensität der Gefühle ist eine so sprengende, daß der Tod seine starr machende Angst verliert.

Die Unvereinbarkeit bleibt. Der klaffende Widerspruch: einen Ort zu haben im »Herzen« – diese Metapher, ebenso verbraucht wie unersetzbar –, einen Ort im Ohr, einen Raum, gefüllt mit namenlosen Gefühlen, die unausrottbar, unabnutzbar, wiederholbar, mit niemandem teilbar, liebevoll und in ihrer Intensität ruhig und sprengend zugleich geblieben sind, aber ganz unbesetzt mit Inhalten. Und die niemals heimatlich gewordenen Gegenwarten

des wirklichen Lebens, in denen eine Ansiedlung nicht stattfand.
Der Widerspruch, daß Gefühle in einer absolut unbekannten Zeit hängen, von der so viel Liebe und Entsetzen zugleich sich vermitteln über die Schöpfung und ihre Vergänglichkeit; Liebe zu den Menschen in ihrer Hinfälligkeit, zur Natur in ihrer Verletzbarkeit, zur Welt, wie sie ist, ob schön oder häßlich; das Gefühl, daß, was geschaffen ist, Leben habe und Leben verliere. Und daneben, davor unsere – deutschen – Gegenwarten, die nicht wohlgemachten, die wir nicht lieben *können*.
Pfingstmontag 1984, 20 Uhr 15: »Liebesgrüße aus Moskau«. Die ARD hat für viele Millionen Deutsche Mark James-Bond-Filme und anderen Schund eingekauft, um sie an besonders teleintensiven Abenden in deutsche Wohn- und Kinderzimmer zu bringen. Nichts Besonderes. Es gibt viel gemeinere Filme. Aber an diesem Abend ergriff mich plötzlich die heulende Verzweiflung nach der ebenso bewußten wie widerwilligen Aufnahme dieses amerikanischen Machwerks, dessen Hauptdarsteller – ich erinnere mich genau – in den sechziger Jahren als Tip für den coolen Männertyp galt, dieser ewig siegreiche, erfolgsgewohnte Waffen- und Frauenfummler. Nicht nur das Bedürfnis, zu duschen und das Zimmer sauberzumachen, folgte, das Bedürfnis, diesen Menschen nebst seinen Freunden und Freundinnen aus der Wohnung zu kehren; so etwas will ich ja oft. Jetzt war es aber auch noch ein ohnmächtiges Entsetzen über die Lappalie, die Trivialität, daß *diese* Menschentypen nun in Millionen deutschen Zimmern und Hirnen sich aufhalten, Spuren hinterlassen, Eindrücke machen, Zeit beanspruchen, Gehirnzeit. »Was ist denn heute mit dir los? Geht's dir nicht gut?« wurde ich gefragt; tröstende Reden und Gesten, ich sei vielleicht überarbeitet. Ein Unsinn, der meine Verzweiflung noch weitertrieb. Eine Art nationales Hygienegefühl ergriff mich: Ich *will* nicht, daß immer mehr Seuchen in dieses Land kommen. Eine Art nationales Mitleid. Ein plötzliches Wir-Gefühl, ohnmächtige Aufhaltversuche.
»... wir sind nicht zum Bleiben gezwungen.
Wir halten. Beenden den Trott.
Sonst ist auch das Ende verdorben ...«[2]

Letzter Liebesanfall

Die Aufrechterhaltung eines »Volkskörpers«, dessen Dummheit wohl unheilbar ist, ist nicht per se ein anstrebenswertes Ziel, seine Fortexistenz kann nicht der Maßstab aller Interessen sein. Es gibt Untergänge, die nicht beklagenswert sind.
So bleibt der Abschied. »Gefühle zur Lage der Nation«, das sind Gefühle des Abschieds. Die Erkenntnis, daß es mit diesem Volk, diesem Land, seinen Menschen zu Ende geht, zu Ende gegangen ist.
Hassenswert und untergangswürdig sind ja nicht nur die Formgebungsakte, mit denen dieses Deutschland zu einer Gestalt gedacht, gemacht, erfunden wurde, nicht nur dieses verseuchte, verdünnte, arme Bild, dieses Produkt des Beiseiteschaffens; nicht nur die Gedanken- und Gefühlstat der herrschenden Männer und ihrer nichtherrschenden Verbündeten an diesem Land; nicht nur das Bild der Deutschlandsprecher, in das sie das malen, was sie bewahrenswert und darbietenswert finden, ein Bild, das alles Lebendige, Chaotische, Unfaßbare, alles Nichtgekannte, Nichtgewußte, Nichtbegriffene, alles Einmalige oder nur Zweimalige, alles Unübersehbare und Unvorhersehbare niederwalzt, glattmacht und verheimlicht. Wie könnten wir diesen Spiegel lieben?
Aber dieses Land ist eben nicht nur ein Bild, eine Formgebungstat von oben, eine Bewußtseinsschöpfung. Sondern dies bösartig und schmal Gemachte bringt ständig die domestizierte und uniformierte Spezies »Deutsche« hervor.
Dieser Mensch vor seinem Untergang ist nicht glücklich, nicht gesund, nicht frei, nicht gut, nicht schöpferisch. Diese Frauen sind nicht kraftvoll, nicht liebevoll, nicht erfindungsstark, nicht großzügig, nicht präsent, nicht fordernd. Sie nagen an sich, sie richten ihr Ungenügen am Leben gegen sich und gegeneinander. Sie wenden ihr geschrumpftes Begehren auf den ärmlichen oder verfetteten, den abgewirtschafteten und sich immer noch wichtig wähnenden Manneskörper und Mannesgeist.
Falls es noch Reste von Liebesgefühlen, von Liebesanfällen zu diesem Land, dieser Nation, ihrer brutalen Geschichte und Gegenwart und widersprüchlichen Kultur geben sollte: Sie äußern sich nicht allein in der Verneinung, sondern in einem wehmütigen Gefühl der Trennung.

Feminismus und Moral

Die achtziger Jahre waren wohl wie kaum eine Gegenwart zuvor dazu angetan, alle Reste von Illusionsbildungen über die Zukunft dieser Erde und dieser Menschen, Männer und Frauen, auffliegen zu lassen. Die herrschende Immoralität, die uns umgibt und an der wir teilhaben, ist kein akademisches Problem, sondern ist ein Überlebensproblem geworden. Und so geht es heute auch nicht um die Frage nach neuen Bildern von einem neuen Idealwesen, nicht um die Intention aller Moral, den empirischen Menschen einem Ideal anzuähneln. Es geht um die Hinderung der Selbstliquidierung der Menschen. Oder zumindest, bescheidener, um die Konsequenzen, die wir aus der Tatsache der möglich gewordenen Selbstliquidierung ziehen wollen, die, wenn nicht verursacht, so doch beschleunigt worden ist durch die Annahme des weißen Mannes, er könne mit der Abschaffung eines ihm übergeordneten Gottessymbols die in diese hineinprojizierte Leihgabe, nämlich einen Teil seines männlichen Wesens, zurückfordern und so ungeahnte Möglichkeiten der Unterwerfung und Beherrschung von Natur, verarmten Ländern und Frauen erhalten. Es hat sich aber wohl erwiesen, daß diese erhofften Eigenschaften dem Mann nicht zur Verfügung stehen.

Wir leben in einer geschichtlich exzeptionellen Situation, in einer außergewöhnlichen, einmaligen und erstmaligen. Diese Einmaligkeit liegt nicht darin, daß die Gegenwart mit ihren bösartigen und monströsen Fakten qualitativ Neues produziert habe, das jetzt mit uns und über uns passiere. Das Erstmalige liegt darin, daß jetzt alle die Möglichkeit haben, die Bösartigkeit der Wirklichkeit – der Menschen, die sie schaffen, mitschaffen, dulden – zu erkennen. Auch alle Minimal-Mythen, die immer wieder als offene oder geheime Hoffnungen aufkeimten, so vor allem der Mythos des Noch-Nicht, sind begraben. Die Fakten, die in jedes

Wohnzimmer, in jedes Gehirn gesendet werden, müssen alle Verdrängungsgewohnheiten im Kern stören und erschüttern. Wir können sehen, auch ohne den Fluch oder den Segen einer besonderen Seherinnengabe. Der abendländische Mensch treibt seine Todkrankheit zielstrebig weiter, breitet sie aus, lebt sie aus, läßt sich in der Erwerbskunde des Tötens und Abtötens mit großem Aufwand einüben und ausbilden und gibt den Regierungsingenieuren für die Organisierung den Freibrief. Mit den gegenwärtigen Fakten liegen die moralischen Grundlagen der patriarchalen Zivilisation in Schutt und Asche; sie haben sich aus den Angeln gehoben.

Die gegenwärtige historische Situation ist gekennzeichnet durch die Entwertung des abendländischen Mannes. Das ist – auch wenn sie zunächst lapidar erscheinen mag – eine dramatische Behauptung. Der Mann als Wertträger und Wertsetzer in der patriarchalischen Kultur wird an seinen schädlichen, fahrlässigen oder dummen Taten durchschaubar als einer, der Lebensgefährliches, Menschengefährliches, Erdengefährliches angerichtet hat und weiter anrichtet. Dem Mann als Kulturträger ist nicht zu trauen, nicht zu glauben, auf ihn richtet sich keine Hoffnung, mit ihm verbindet sich keine Zukunft; was er gedacht und getan hat, was er in die Welt gesetzt und was er hat geschehen lassen, d. h., was er zu Geschichte, zu Realität gemacht hat, ist zur Orientierung im Gestrüpp zwischen »Gut« und »Böse« untauglich, hat seinen Wert eingebüßt. Was als wertvoll, richtig, wichtig, wahr, vernünftig, vertretbar, richtungsweisend galt, gilt nicht. Der Wert dessen, was der Mann zum Wert erhob, entlarvt sich als Täuschung.
Der Mann, das Männliche, ist in dieser Kultur *Wertgänger* und *Wertsetzer* gewesen. Dementsprechend lautet auch die Grundforderung an eine patriarchale Frauenmoral, am Mann werterhöhende Mystifizierungen vorzunehmen, gleichzeitig an der Frau wertmindernde Herabsetzungen. Wenn der Mann als Wertträger nicht mehr zurechnungsfähig ist, nicht glaubhaft, wird er auch als Wertsetzer inkompetent.
Was geschieht nun mit Frauen, wenn sie den Mann als Wertträger und als Wertsetzer nicht mehr akzeptieren wollen, wenn sie er-

stens das, was der patriarchale Mann selber gesellschaftlich als Wert verkörperte, nicht zum Wert zu machen versuchen? Wenn sie zweitens ihren eigenen Wert nicht vom Mann, aus seiner männlichen Sicht, definiert zu sehen bereit sind? Und wenn sie drittens das, was der Mann in der Welt wertschätzt, nicht wertschätzen, jedenfalls nicht ungeprüft?

Frauen geraten in die Leere. Das bedeutet allerdings nicht, daß sie zuvor »im Vollen« waren. Denn der Mann als Wertsetzer setzt Ich-Leerräume der Frau voraus, die sie ihm bereithält zur Füllung. Diese Ich-Leerräume werden von der Frau – einer patriarchalen Frauenmoral gemäß – er-füllt: gefüllt mit Er.[1] Die Werthaftigkeit des Männlichen und die Wertlosigkeit des Weiblichen ist an die weibliche Bereitschaft zur Leere, zur Bereitstellung ihrer »Wohnung« für den Mann gebunden; denn die Füllung mit dem Mann, durch den Mann, bedarf ja eines Raumes, der darauf wartet, von ihm bewohnt und beinhaltet zu werden, von ihm bebildert.

Die Entwertung und Entmystifizierung des Mannes bedeutet also nicht: Der Frau steht jetzt ihr eigener leergefegter Raum zur Verfügung, der neu möbliert werden kann, ein freundliches Neuland. Vielmehr ist dieses erst mal öde und unbestellt, vorbildlos, vorstellungslos, bildlos, mythenlos. Dies wirklich wahrzunehmen und auszuhalten ist nach meiner Auffassung die entscheidende Herausforderung für Feministinnen in der gegenwärtigen Situation.

Wir können nicht einfach sagen: Das Patriarchat hat sich entpuppt als Gesellschaftsform, deren Tonangeber, Männer, etwas für wertvoll hielten, was sich als nicht wertvoll erwiesen hat. Also holen wir, Frauen, endlich unsere andere Moral aus dem Schrank; setzen wir selber die Gewichte, ersetzen und besetzen wir die leergewordenen Räume! Diese schöne Aufforderung halte ich für eine geschichtslose Illusion. Denn wir können nicht in ein unbesetztes Land springen, dieses Land gibt es nicht. Außerdem haben wir nichts in der Hand, nicht genug jedenfalls, um dieses Nirgendwo eigenartig, ganz anders, ganz neu zu besetzen.

Der moralische Bankrott des abendländischen Mannes entzieht auch der angeblich so anderen Frauenmoral ihren Boden: Sie ist

keine eigenständige, sie ist eine abhängige, verquickte. Sie hat sich entwickelt in dieser gleichen verseuchten Geschichte als Dienstleistungsmoral am Mann, als Beziehungsmoral, deren Voraussetzungen stehen und fallen mit der Akzeptierung des Geschlechtermißverhältnisses: des Überlegenheitsanspruches des Mannes, seiner Unterstützungs- und Schutzwürdigkeit und damit seines besonderen sozialen und persönlichen Gewichts. Das weibliche moralische Repertoire entwertet sich mit der Entwertung des Mannes als Moralträger.
Damit stehen Frauen in einem moralischen Vakuum. Das Einrichten in den tatsächlichen oder vorgestellten Beziehungen und Beziehungskombinationen zum Mann oder zur Männlichkeit hat die Substanz verloren. Dieses ganze ideologische Gebäude bricht, wenn diejenigen, die es schufen, hielten und trugen, sich disqualifizieren. Ihre Wertmaßstäbe und Ideen, ihre Argumente werden gegenstandslos. Die ideologische und materielle Bezugsinstanz, die emotionale, sexuelle, intellektuelle Bezugsperson ist ein moralisches Phantom, ist lächerlich geworden, ist in schwerste Verlegenheit geraten. Die Frau ebenfalls, solange sie sich weiterhin von diesem Phantom bestimmen lassen möchte, solange sie sich weiterhin sein Siegel, sein Plazet und seinen Blick aufprägen läßt.
Die historischen Untaten von Frauen sind in der fraglosen Unterstützung oder arglosen Billigung männlicher Taten und Vorentscheidungen zu suchen, in der zuverlässigen Bestätigung und eilfertigen Bemäntelung, in der Verdeckung und Deckung, schließlich der gewaltsamen Ignorierung und Ablenkung des eigenen Blicks, der gewaltsamen Verdrängung der eigenen Bewertung. Die Untat der Frauen war nicht die Abschaffung Gottes, sondern die Bestätigung der männlichen Scheinmutation. Frauen haben die männliche Großtat vervollständigt, indem sie ihre frühere Hingabe an Gott der Hingabe an den Erdenmann hinzuaddierten. Nicht die eigene Selbstüberschätzung macht Frauen schuldig, sondern die direkte oder indirekte Akzeptanz der Selbstüberschätzung. Die Entlarvung des Mannes ergibt sich nun nicht naturwüchsig und von allein, sie kann sich nur als eine aktive Tat von Frauen ereignen. Und diese Entlarvung ist nicht einfach ein

intellektueller oder willentlicher Akt. Zwar liegt einerseits eine vollkommen entkleidete Welt da, laufen entkleidete Menschen herum, und wir brauchen nicht schöne Kulissen wegzuräumen, um die ebenso gewalttätige wie klägliche abendländische Mannesfigur erkennen zu können. Aber die entblößte Realität ist offensichtlich kaum zu ertragen. Die nackte Niedertracht ständig im Blick zu haben, die moralische Insuffizienz bei gleichzeitiger materieller Höchstmacht zu erfahren, das konfrontiert Frauen mit einer Leere, die zeigt, wie wenig Denk- und Lebensräume zur Verfügung stehen, die unabhängig von dem Bezug auf Männer geblieben sind.

Der Mann war und ist die Orientierung der meisten Frauen, ihr Lebensinhalt, ihr Sorgeobjekt, ihr Sinnesobjekt, Maßstab, Richtschnur, nicht nur im Bett, nein, im Kopf, in der Lebensplanung, im Gefühlshaushalt. Dieses Lebenszentrum zu entleeren, den Mann herauszukatapultieren, die widersprüchliche Geborgenheit in der idealisierten Mannesfigur aufzugeben: Da droht Orientierungschaos, das Inferno der Unsicherheit darüber, wie Frauen dann sein und was sie tun könnten.
Die moralische Nichtung des kleinen Gottesablegers muß nun unabsehbare Folgen haben für die Geburt und Probleme, für die Problemgeburt einer *feministischen* Moral.

Der Vergleich mit einem Entwertungsereignis dieser Kultur drängt sich auf, das unter der Formel »Gott ist tot« im Zuge der Aufklärung die Abschaffung des alten göttlichen Über-Ichs durch den Mann und für den Mann einleitete. Der Sinn eines solchen Vergleichs zwischen der *Entwertung Gottes durch den Mann* und der *Entwertung des Mannes durch die Frau* liegt nicht in den historischen Parallelen, sondern in den historischen Unterschieden, nämlich darin, die Unvergleichbarkeit des Prozesses, in dem Frauen sich heute befinden, vor Augen zu führen.
Friedrich Nietzsche beschrieb das Irrelevantwerden der abendländisch-christlichen Moral und die Selbstvergöttlichung des abendländischen Mannes mit einer Parabel.

»Der ›tolle Mensch‹ kommt eines Vormittags mit einer Laterne auf den Marktplatz, um Gottes Tod zu verkünden. ›Wir haben ihn getötet, ihr und ich. Wir sind alle seine Mörder. Aber wie haben wir dies gemacht? Was taten wir, als wir diese Erde von ihrer Sonne losketteten? Wohin bewegt sie sich nun? Wohin bewegen wir uns? (...) Stürzen wir nicht fortwährend? Irren wir nicht wie durch ein unendliches Nichts? (...) Ist nicht die Größe dieser Tat zu groß für uns? Müssen wir nicht selber zu Göttern werden, um nur ihrer würdig zu erscheinen? Es gab nie eine größere Tat – und wer nur immer nach uns geboren wird, gehört um dieser Tat willen in eine höhere Geschichte, als alle Geschichte bisher war.‹«[2]

Die Entwertung Gottes brachte Widersprüchliches hervor: einmal die Selbsterhöhung, die Erwartung der Aufwärtsentwicklung von Menschen und Kultur; und als Gegenstück die Selbstaufgabe, die Erwartung des endgültigen Untergangs und der Abwärtsentwicklung des Kulturmenschen. Auf der einen Seite also eine anfänglich große Vitalisierung, eine Art Schadensersatz für den Gottesverlust; die große Verunsicherung, begriffen als Symptom einer »höheren Kraft«; die Richtung mitten ins Innere des Lebens, bedingungslos ausschweifend und verschwenderisch; die Absicht, einer gesetzlosen und freien Gesellschaft den Weg zu bahnen und die Ausrottung der alten als einen Akt der notwendigen Hygiene gutzuheißen. Auf der anderen Seite aber auch die Selbstüberforderung, nämlich das göttliche Ideal weiterhin zu brauchen und es dennoch leugnen zu müssen; die Vision vom eigenen, männlichen Geschlecht in seiner Todesstunde, vom eigenen, allerdings immer noch abenteuerlich-gefährlichen, reizvollen Untergang, von der ästhetischen Selbstopferung; bei manchen auch der große Ekel und die Einsicht in die Lächerlichkeit der Eitelkeit; der Abschied von der Phantasterei, der Mensch Mann, seine große Zukunft und Veredelung sei Zweck der Weltgeschichte, anstatt zu sehen, daß es vielleicht auch abwärts statt aufwärts mit ihm gehen könnte und daß dieses Sternchen Erde mit seiner Gattung Mensch eben nichts sei als ein nicht-festgestelltes Tier, lediglich ausgestattet mit einer interessanten, aber unkontrollierten Intelligenz.

Zwischen den beiden Entwertungsdramen, dem Ende Gottes als moralische Instanz, entschieden durch den aufgeklärten Mann, und dem Ende des gegenwärtigen Mannes als moralische Instanz, wahrgenommen von der hinsehenden Frau, sind die folgenden Unterschiede unübersehbar:

1. Die Entwertung Gottes durch den Mann war eine Glaubensfrage. Die Entwertung des Mannes heute ist ein historisches Faktum. Weder die Existenz noch der Tod Gottes waren ja zu beweisen. Das moralische Abdanken des Mannes aber kann jede Frau einfach beobachten. Die Fakten legen eindeutig bloß, daß nicht außerirdische Mächte und Naturgewalten die Erde so zugerichtet haben, wie sie jetzt ist. Um die Verheerungen und die Verheerer zu sehen, bedarf es keiner spitzfindigen Interpretationen einiger Männerhasserinnen. Die Tatsachen sind nicht zu retuschieren, sie lassen sich nicht verheimlichen, auf niemanden abwälzen als auf die wirklichen Täter.

2. Die Entwertung Gottes durch den Mann war gleichbedeutend mit der Entmachtung Gottes. Die Entwertung des Mannes durch die Frau ist gleichbedeutend mit seiner Entblößung. Das Abdanken des abendländischen Mannes ist ein Bewußtseins- und Erkenntnisakt auf seiten der Frauen. Er vollzieht sich nicht von selbst und wird auch nicht von allen vollzogen. Denn das physische Überleben des Mannes sowie seine Machtpositionen in den moralischen Slums von Politik, Wirtschaft und gesellschaftlichen Institutionen stehen nicht in Frage, und die systematische Stützung der Männer untereinander sichert sie beständig ab. Deswegen ist es auch weiterhin möglich, die Einbildung von der Qualität des Mannes und der Beziehung zu ihm aufrechtzuerhalten und die eigenen Geschmacksnerven nach dieser Einbildung auszurichten.

3. Die Entwertung Gottes durch den Mann war eine aktive Tat von Männern; den Tod Gottes haben sie besorgt. Die Entwertung des Mannes dagegen ist keine aktive Tat der Frauen, keine aktive Tat des Abschaffens; eher etwas schon Geschehenes, vor dem Frauen jetzt stehen. Frauen haben kein Massaker veranstaltet, sondern der Mann ist einfach geschrumpft, heruntergekommen. Aller-

dings haben Frauen an der langsamen Verwesung mitgewirkt, indem sie Männer in ihrer Selbstüberschätzung unterstützt haben: Eine moralische Selbstmörderei aus geschlechtsgemeinsam verbrochener Überschätzung des Mannes. Frauen hatten unter der letzteren auf der einen Seite schwer zu leiden, auf der anderen Seite suchten sie sich dadurch selbst ein wenig mitzuerhöhen. Über die Pflege und den Ausbau des männlichen Sockels und das Sich-selbst-Einrichten auf der Fußbank darunter war die Überhöhung und Mystifizierung des Mannes immer auch ihr Werk.

4. Die Entwertung Gottes durch den Mann ereignete sich, weil Männer sich einer moralischen Diktatur entledigen wollten, nicht aber, weil Gott sich unmoralisch verhalten hätte. Die Entwertung des Mannes ereignet sich dagegen, weil Männer moralisch versagen. Als Gott abgeschafft wurde, gab es ja keine tatsächlichen Beweise dafür, daß Gott Schlechtes getan hatte. Auch wenn die Welt als Trübsal erfahren wurde und Menschen nicht im reinen Glück ihr Leben zubrachten, so gab es doch keine Sicherheit darüber, daß Gott dafür verantwortlich war. Heute dagegen lassen sich Indizien feststellen. Sie gipfeln in der grenzverletzenden Forschermanie, vor allem in der Zerstörung zweier Kerne, des Atomkerns und des Zellkerns, und darin, daß der Mann diese Zerstörungen nicht stoppte, sondern zu gigantischen ökonomischen und politischen Unternehmungen ausbaute.

5. Die Entwertung Gottes durch den Mann war verbunden mit dem männlichen Willen, sich ausgeliehene göttliche Kräfte einzuverleiben. Die Entwertung des Mannes durch die Frauen dagegen geschieht wohl nicht aus dem Antrieb heraus, sich selbst männliche Kräfte anzueignen, denn diese Kräfte haben nicht die Qualität des Aneignungs- und Erstrebenswerten. Frauen haben die Tat der Selbstverarmung auf sich geladen. Aber der Mann ist nicht die Adresse, von der Reicheres anzufordern wäre. Gott war als Mann gedacht, und Männer versuchten zu sein wie er. Jetzt aber geht es nicht darum, daß Frauen stellvertretend sein möchten wie ein männliches Ich-Ideal, vielmehr geht es um die radikale Ablösung aus den Verhältnissen der Ergänzung, der Bestätigung und Be-

stechlichkeit. Frauen entfernen sich, ohne sich zuvor noch das einzustecken, was sie gerne mitnehmen möchten.

6. Die Entwertung Gottes erfolgte, weil Männer von der Unfehlbarkeit des eigenen Intellekts überzeugt waren und der männliche Erkenntnisdrang sich schwer behindert fühlte durch die Institution Gott. Die Entwertung des Mannes wird dagegen nicht ausgelöst durch einen expansiv werdenden Erkenntnishunger der Frauen, der endlich entfesselt werden möchte. Er treibt Frauen nicht zu dem nochmaligen Versuch zu erkennen, was diese Welt zusammenhält und anders, aber *selbst*, die Erkenntnisakte vollbringen zu wollen, neu und besser. Die durch Anschauung erzwungene Einsicht, die Zwangserkenntnis vom moralischen Tod des Mannes erschreckt Frauen eher, als daß sie sie beflügelt.

7. Die Entwertung Gottes durch den Mann wurde von Männern als ihre Großtat verstanden, als größte Stunde der Menschheit, als der Befreiungsakt schlechthin, der sie erhöhte. Sie sahen neue Horizonte, ohne Zäune und Auflagen. Sie sahen ihre Morgenröte. Die Entwertung des Mannes durch die Frau kann dagegen für sie kein hinreißender Befreiungsakt sein, weil Männer die faktische Macht auch nach ihrem moralischen Verenden in der Hand halten. Ein offenes Meer, ein freier Horizont stehen nicht zur Verfügung. Alles ist vorgefertigt und belegt, gefüllt mit einmillionenmal Hiroshima.

8. Die Entwertung Gottes durch den Mann war verbunden mit der Hoffnung, Männer könnten die vormals göttlichen Ideale, Wahrheiten und Tröstungen selbst als empirische Personen ersetzen. Nicht Moral wurde abgeschafft, sondern die Moralträger wechselten. Die Entwertung des Mannes durch die Frau dagegen ist nicht mit der Erwartung verbunden, Ersatz sei in sich selbst zu finden, sie selbst trüge die wertvollen Kräfte einfach mit sich herum und müßte sie nun lediglich endlich zum Einsatz bringen. Es geht nicht darum, den Mann durch Identifizierung zu verdrängen, sondern darum, sich zu lösen und abzuwenden ohne Ersatz.

9. Die Entwertung Gottes durch den Mann hatte für Männer die Existenzform des Wanderns zur Folge. Die Entwertung des Mannes durch die Frau dagegen führt nicht zu einer von großer Neugier geleiteten Wanderschaft. Das Aufsuchen des Fremden und Fragwürdigen im Dasein hat nicht die Attraktion des Neuen oder des Verbotenen. Die entspannte Form des Wanderns und Schweifens setzt Wege voraus, auf denen Überraschendes zu finden wäre. Aber sie sind schon begangen, erkundet und befestigt, mit Duftmarken und Etiketten versehen. Es gibt nicht die Flucht nach vorn, weil das »Vorn« keine Ausdehnung hat.

10. Die Entwertung Gottes durch den Mann war verbunden mit der Weigerung zur Selbstkritik und Infragestellung des eigenen Tuns. Die Entwertung des Mannes durch die Frau ist weiterhin an eine Arbeitsteilung gebunden: Frauen übernehmen es, die Fassadenhaftigkeiten, Hüllen und Täuschungen zu erkennen und zu benennen. Frauen besorgen die Kritik an sich selbst und die Kritik an den Männern an deren Stelle. Die Arbeitsteilung ist ein Symptom des männlichen moralischen Verfalls; andernfalls würde der Mann diese Arbeit selbst in Angriff genommen haben.

11. Die Entwertung Gottes durch den Mann setzte Männer dem Druck der Angst aus, nun wirklich alles selbst in die Hand nehmen und überblicken zu müssen, um nicht am Ende doch von der entmachteten Macht überwältigt zu werden oder an die eigenen Grenzen zu stoßen. Die Entwertung des Mannes durch die Frau dagegen ist nicht mit der Angst verbunden, sie müsse jetzt das Steuer übernehmen und sich zur Führung qualifizieren. Die Angst von Frauen muß sich weiterhin auf die männlichen Taten und männlichen Täter konzentrieren und auf die eigenen Insuffizienzen. Die Vorstellung, alles zu können, haben Frauen realistischerweise gar nicht erst entwickelt.

12. Die Entwertung Gottes war kein Vergeltungsschlag des Mannes, und ihm folgten keine Vergeltungsabsichten gegen Gott. Denn Gott war gar nicht da und tat ja auch nichts. Nicht mal bestohlen hatte er den Mann tatsächlich. Vielmehr hatten Männer

sich – nach ihrer Ansicht – aufgrund eines Trugs selbst reduziert. Rächen konnten sie sich nun allenfalls an ihresgleichen, die sie zu dem Trug verführt hatten, an Kirche und Obrigkeit. Die Entwertung des Mannes durch die Frau könnte dagegen den Weg der Heimzahlung eröffnen. Frauen umgibt die Gelegenheit zur Rache für das, was der Mann getan hat und tut. Denn er läuft überall herum. Die Täter sind identifiziert. Aber es gibt keine Instanz, die sie zur Rechenschaft zieht. Sie machen weiter, allerdings werden sie dabei beobachtet. Sie haben eine Adresse, eine Telefonnummer. Sie sind erreichbar. Aber sie wissen, daß sie nicht ausgeliefert werden können.

Diese Thesen machen deutlich, daß der moralische Bankrott des Mannes nicht auf einer aktiven Entscheidung, einer schöpferischen Tat von Frauen beruht; daß Frauen jetzt nicht in ihr eigenes Zeitalter eintreten, in dem sie die Maßstäbe setzen könnten; daß Frauen nicht ein freies Feld vor sich und um sich haben, auf dem sie frisch bestellen und neu experimentieren könnten, sondern eine vorgefertigte, verseuchte Erde.
Frauen treten nicht geschichtslos, nicht unverbraucht und unbelastet in das Entwertungsereignis ein. Es trifft uns mit unserer Geschichte, mitten in unsere Geschichte, mit unserem ganzen widersprüchlichen Repertoire an fragwürdigen Wertungen und Wertauflösungen. Diese Geschichte ist widersprüchlich. Es ist die Geschichte von Sklavinnen mit ihrer Sklavenmoral; von Mittäterinnen mit ihrer Mittätermoral; von »Haus«-Frauen mit ihrer Hausfrauenmoral; von Widerständigen mit ihrer Widerstandsmoral; von Leidenden mit ihrer Leidensmoral. Und die Widersprüchlichkeiten dieser Moral erklären einiges über die Schwierigkeiten von Frauen heute, sich entschieden innerhalb der illegalen und legalen, öffentlichen und verschwiegenen Taten der Gegenwart, ihrer zynischen Selbstverständlichkeit und verbrecherischen Normalität zu verhalten.
Die Moralgeschichte von Frauen ist eine zerrissene. So ist die Sklavinnengeschichte eine zwischen Todhaß, Rachsucht und magdseliger Ergebenheit gegenüber dem Herrn; die Mittäterinnengeschichte eine zwischen Verrat an Frauen und eigenem Ler-

nen; die Hausfrauengeschichte eine zwischen Geborgensein und Gebundensein durch Männer; die Emanzipations- und Widerstandsgeschichte eine zwischen Annäherung an Männer und Entfernung von Männern zugleich; die Krankengeschichte eine Geschichte zwischen Leiden und Erkennen, eine, die Stimulanz für Leben, Liebe, Sympathie enthält und auch zur Kapitulation.

Eine solche Geschichte hat Frauen nicht gerade zur Konsequenz erziehen können. Das ständige Sowohl-als-Auch der weiblichen Erfahrungszusammenhänge, die ständig lauernden Zwickmühlen, zwischen denen alle Wege in Niederlagen enden können, die ewige Ambivalenz: Das alles sind Erbschaften. Die Zeiten ihrer Geltung beginnen für jede Frau aufzuhören, die bereit ist, sich zu entfernen, sich von den Unentschiedenheiten ihrer Vorgeschichte radikal zu trennen. Die Konsequenz aus dem Ereignis unserer Gegenwart kann mit keiner großen feministischen Fanfare eingeleitet werden. Sie führt auch nicht zu Rezepten. Sie ist zunächst ganz lapidar: Unsere Zeit ist ohne Vorbild, ohne Vergleich, ohne Vorgänger, außerdem auch ohne Vorgefühl. Wir sind nicht beflügelt von dem großen Wagemut, der Tatenfreude, dem Veränderungsdrang. Dennoch haben sich die Stimmung, die Luft und die Beleuchtung verändert. Wie schon oft Menschen sind Frauen jetzt auf sich allein zurückgeworfen. Zurückgeworfen auf das unsicher zerrissene Wesen, das wir sind, ohne alle Krücken und Korsetts. Das Erwähnenswerte dieser Situation liegt allein darin: Diese Welt wollen wir nicht noch einmal entwerfen als eine gewollte Schöpfertat. Auf keinen Fall.
Nützlich dafür wären einige strenge und schlichte Gedanken, nüchtern und unsentimental, und die Überwindung der Einschüchterung unserer Intelligenz. Frauen hatten nicht so viel Erfahrungen mit der Wahrheit. Jetzt ist unser Wertmesser, wieviel Wahrheit wir ertragen können.

Wendezeit – Wendedenken – Wegdenken

Die Ausmaße der Zerstörungsfähigkeit unserer Spezies zu sehen ist dazu angetan, Fluchtwege im Kopf zu eröffnen, Flucht in irgendein Credo, das entlastet von den bösartigen Fakten der Gegenwart. Beruhigungen, Tröstungen, Ablenkungen und Bagatellisierungen kommen neuerdings daher, verkleidet in scheinbar wissenschaftlich begründete *Prognosen* über unsere Zukunft.
So tauchen in letzter Zeit und in größter Eile Propheten und Prophetinnen der *Wende*, der großen Transformation und Harmonie, der Wendezeit, der Zeitwende auf. Der Blick auf die tatsächliche Misere der Menschen ist offensichtlich nur eine Momentaufnahme lang auszuhalten, bzw. alles wird getan, damit er nicht länger als eine Momentaufnahme ausgehalten werden muß. So treibt es viele schon wieder zum Kreieren von Ausblicken, gedanklichen Ruhestätten und Adventsstimmungen. Oder auf die gläubige Suche nach eindeutigen Erklärungen und Handlungsanweisungen, nach Strategien der Lösung, des Vertrauens, des Ziels, der Perspektive: nach Operationen des Umdenkens, des Wende-Denkens mit dem Zweck des Wegdenkens.
Auch in dieser heil-losen Zeit erscheinen die professionellen Trainer des Vergessens und behindern das Zu-Ende-Denken und Zu-Ende-Fühlen. So ist auf dem Markt der neuen »Weltanschauungen« die Nachfrage nach denjenigen Artikeln besonders stark, die sich um ein Konzept *gegen* die allgemeine Verstörtheit bemühen, damit ja keine Angst, kein Haß, keine Verzweiflung *entfesselt* werde. Rezepte gegen die Todkrankheit des Menschen an sich selbst, Tröster von Todkranken. Sie räumen treffsicher auf mit allem, was aussichtslos, hoffnungslos oder unklar aussieht.[1]
Mich hat die Lektüre der Wendezeitler und -zeitlerinnen in einen höchst unguten körperlichen und psychischen Zustand versetzt: vollkommene Unverträglichkeit dieser Kost, Magenschmerzen,

Völlegefühl, Appetitlosigkeit, schlechte Laune, völliger Überdruß, auch nur noch ein einziges Wort aufzunehmen; Gedankenverstopfung mit jedem gespeicherten Satz, Stillstand von Ideen und Neugierde jeder Art. Besonders ärgerlich, daß dieser Stoff nicht sofort wieder abzugeben war. Er lastete lähmend und träge unverschämt unverdaulich im Kopf und in den Eingeweiden. Gehirnverseuchung. Für Frauen: Gift. Eine widerliche »Versöhnlichkeit«, die Aufforderung zu Konsens und Verschmelzung trabt hier im Gewande von Wissenschaft und wissendem Prophetentum daher mit der großen allakzeptierenden, zulassenden Gebärde.

Die neue Literatur zum Thema »Wende«: Da wird zweifelsfrei vermittelt, die große Veränderung der Wirklichkeit *ist* im Gange, der grundlegende Bewußtseinswandel *hat* die Menschen lawinenartig erfaßt. Haben wir die notwendige Reise nach innen gemacht und das globale planetarische Bewußtsein erst einmal erreicht, »dann ergibt sich der Weg zur Lösung bzw. Bewältigung der Weltkrisen da draußen wie von selbst«[2]. Keine Panik, Ruhe bewahren und sinnvollen Lösungen entgegensehen.
Die amerikanische Journalistin Marilyn Ferguson, deren Buch »Die sanfte Verschwörung – Transformation im Zeitalter des Wassermanns«[3] in den USA innerhalb weniger Monate eine Viertelmillion Auflage erreichte, inzwischen ins Französische, Deutsche, Niederländische, Schwedische, Japanische und ins Esperanto übersetzt ist und seit einem Jahr auch Herzen deutscher Feministinnen erobert hat, strahlt eine geradezu manische, hypermanische, eine ameri-manische Veränderungseuphorie aus. Sie sieht den »Durchbruch«, die soziale Transformation überall aufkommen. Angesteckt seien bereits »die Medizin, die Erziehung, die Sozialwissenschaften und die Regierung«[4]. Die Verschwörung erstrecke sich über alle sozialen und intellektuellen Schichten: Lehrer, Büroangestellte, berühmte Wissenschaftler, Regierungsbeamte, Gesetzgeber, Künstler, Millionäre, Taxifahrer, Berühmtheiten, führende Persönlichkeiten der Medizin, des Bildungswesens, der Rechte, der Psychologie ... Alles ist machbar, man muß nur vorwärts wollen und sich von alten Vorstellungen lösen. Die Betrachtungsweise der »neuen Lichter« wird sich durchsetzen.[5] Ma-

chen wir den »intuitiven Sprung nach vorn«[6] hinein in den kollektiven Paradigmenwechsel. Das Geschenk der Einsicht steht allen offen und: Wir sind durch keine Konditionierungen begrenzt.[7]

Marilyn Ferguson berichtet freimütig, daß das Topmanagement der Wirtschaft sich als aufgeschlossenes Publikum für ihr Buch erwiesen habe: Leute nämlich, die das richtige Gespür für Neues haben, die flexibel, pragmatisch und problemlösungsorientiert zu denken gewohnt sind und sich sofort für alles interessieren, was funktioniert.[8] In einem Interview mit dem amerikanischen »New Age Magazine«[9] erklärt die Autorin den Erfolg ihres Buches: Es sei ein »Spiegel für die Menschen«, die sich in der Sackgasse sehen, da ihre gewohnte Weltdeutung nicht mehr stimme, aber ein neues, wieder Ordnung bringendes Interpretationsmuster nicht zur Hand sei. Ferguson vergleicht diese Situation in ihrer verzweifelten Ratlosigkeit mit Linus (von den Peanuts), dessen Schmusetuch gerade im Wäschetrockner ist. Oder mit einem Detektiv, der bislang ein nur scheinbar stimmiges Bild eines Tatzusammenhangs im Kopf hatte, in diesem Bild aber mehr und mehr Ungereimtheiten entdecken muß, die ihn schließlich zwingen, seine Fallkonstruktion zugunsten einer den neuen Erkenntnissen besser entsprechenden Version fallenzulassen.

Mir erscheinen beide Bilder ebenso irreführend wie fahrlässig. Linus bekommt sein altes Schmusetuch zurück, wenn es gewaschen und trocken ist, und dann ist für ihn alles wieder gut wie zuvor. Außerdem ist die Welt auch nicht in Ordnung gewesen – weder mit noch ohne Schmuselappen –, solange noch die Weltbilder der Menschen übereinstimmten mit dem, was sie wollten. Und für den Detektiv schließlich *gibt* es eine richtige Lösung der verwickelten Vorgänge; er hat sie lediglich zu finden. Jedem und jeder ist einsichtig zu machen, daß eine falsche detektivische Lösung falsch, daß sie durch die richtige zu ersetzen und daß im Sinne der Fallaufklärung so schnell wie möglich der einen korrekten Lösung des Falls auf die Spur zu kommen ist. Aber die Lage der Menschen, der Frauen, der Männer, ist nicht lösbar wie eine Rechenaufgabe oder wie ein Kriminalfall. Und selbst wenn es so wäre, so wäre die eine richtige Lösung niemals im Interesse aller Beteiligten. Der Verbrecher und seine Verbündeten sind wohl nicht gerade daran interessiert, daß ihr Fall aufgeklärt und »richtig« gelöst wird. Und wir sähen sicher manchmal lieber Täter als Fahnder in Freiheit und wünschen dem Fahnder alle Irrtümer der Welt. Jedenfalls ich bin der Meinung, daß jeder Mensch, der verkündet, es gäbe heute eine Lösung für alle, ein Hochstapler ist, ein Abwiegler, ein Lügner oder ganz einfach ein Dummkopf.

Das Beispiel Ferguson zeigt den gegenwärtigen Stand des Unsinns in Sachen Wende. Das Beispiel ist austauschbar, leider. Heute reicht es aus zu versichern: »... es wird gehen! Sieh doch, es geht! Menschen *sind* besser, als es gerade noch aussah, und *du* auch, du bist o. k., ich bin o. k., und außerdem: Stell dir vor: eine leise, aber unaufhaltsame sanfte Revolution ist im Gange, und du gehörst dazu! Und ihr, Frauen, gehört ganz besonders dazu, denn ganz wesentliche Elemente der Veränderung stammen aus feministischem Ideengut! Männer fangen nun endlich an, dieses in ihre Weltanschauung einzubeziehen. Wir können wirklich aufatmen. Wir haben auch gar keinen Grund mehr, Männer als Gegner anzusehen. Wir wollen doch eigentlich alle das gleiche, Frauen und Männer, Feministinnen und Gentlemen! ...« Und so atmen viele auf und stimmen erleichtert zu und sehen die große vereinigende Wende bis hinein in die Familien und Gemächer der Kriegsministerien.

Die Bereitschaft, den Veränderungsverheißungen zum Besseren zu vertrauen, scheint grenzenlos: nicht so die Lust, sie zu analysieren. Denn nur das Ergebnis, die *Weisung* zählt und wird gehört. Es ist einfach klar, daß etwas Positives kommen muß. Alles andere waren vorübergehende verständliche Tiefs. Überall die Bereitschaft, beruhigt und ermuntert zu werden, die Bereitschaft, die anthropologisch-politische Katastrophe handhabbar zu machen durch ihre Transformation in eine psychologische [10]; die Selbsteinschätzung, mit zu den »Verschwörern« zu gehören – und seien sie auch alle noch so unsichtbar und unauffällig –, und dazu gehört natürlich auch, beim Thema Zen, Tao, I Ging und theoretische Physik ein wenig mitreden zu können, einige Embleme des Orients zu kennen und selbstverständlich nach einer Entokzidentalisierung im Ganzen zu streben.[11] Ein fortgesetztes Mitreden ohne eigene Kraft.

In der Literatur der »Wende« stoßen wir auf Listen, auf »Parameter« einer erwünschten Gesellschaft, der durch Transformationsarbeit, durch die Entwicklung von ..., den Abbau von ..., den Aufbau von ... näherzukommen sei.[12] Ein Aufguß von etwas Marx (Stichwort »Gesellschaft«), etwas Freud (Stichwort »Verdrängung«), etwas Reich (Stichwort »befreite Sexualität«), aktualisiert, gedüngt mit etwas Gandhi (Stichwort »Gewaltlosigkeit« mit diskreter Ignorierung des auch möglichen Stichwortes »Asketismus«), etwas Bateson (Stichwort »Ökologie« und Stichwort »Natur und Geist«), etwas Feminismus (Stichwort »biologisches Prinzip der weichen Kraft«), etwas Spiritualität (Stichwort »Ganzheitlichkeit«). Gleitfähig wird das Potpourri durch ein modisches Vokabular: Vernetzung, Verschmelzung, Interdependenz, Komplexität, Pulsation, Schwingung, Energie, Integration und natürlich: Paradigmenwechsel. Eine repressive Moral, so lautet die Analyse des Jetzt, enge die »menschlichen« Triebpotentiale ein, die verdrängte Lebenskraft müsse sich einen Notausgang suchen und so notwendig gewalttätige, zerstörerische Form annehmen. – Als ob auch nur ein Funke von Vertrauen in die Qualität dieser »menschlichen«, »natürlichen« Triebpotentiale gerechtfertigt wäre; in eine »universelle Liebe«, die aus biologischen Quellen ströme![13] Man sehe sich die Kriegsberichte von Männern, wie z. B. Ernst Jünger, an, wo ihre Triebpotentiale entfesselt werden durften in eine sexualisierte Mordlust.[14]

Die Hast beim Finden von Rezepten führt zu weiteren Blüten. Die in den USA lebende britische Wirtschaftsautorin Hazel Henderson, eine der Ghostwriterinnen von Fritjof Capra, dem Starautor der Wende, sieht den Weg darin, daß wir uns in unsere elementaren Programmierungen, die älter sind als die kulturellen, einstimmen und »der Natur vertrauen«[15], unserer zuverlässigsten Lehrmeisterin. Dabei sollten Frauen einfach die ihnen von der Biologie verliehenen Fortpflanzungsrechte zurückholen. »Das einzige, was die Frauen tun müßten, um eine stille Revolution bereits innerhalb einer Generation zu bewirken, wäre, daß sie zu der alten Übung zurückkehrten, die Vaterschaft ihrer Kinder für sich zu behalten.«[16]

Zurück also zu den Praktiken und dem Wissensstand vorpatriarchaler Gesellschaften, in denen Frauen die ihnen entgegengebrachte Verehrung der Tatsache zu verdanken haben, daß sie in ihrem Leib menschliche Lebewesen wachsen lassen konnten, ohne daß zumindest die Männer wußten, daß sie selbst an diesem Vorgang auf ziemlich einfache und angenehme Art beteiligt waren. Zurück also vor die Zeit kausal-wissenschaftlicher Denkversuche, in der Ursache und Wirkung noch nicht wahrgenommen und erforscht werden konnten, zurück zum magisch-animistischen Ahnen der Fruchtbarkeits- und Jahreszyklen-Kulturen.

Dieses neue Denken, die neue »planetarische Tagesordnung«[17], greift nun gefräßig nach Inhalten, denen sich Teile der Frauenbewegung in ihrer Suche nach Identität und Geschichte sozusagen probeweise und fragwürdig genug zugewandt haben. Kaum ein Autor der Neuen Wende verzichtet auf den ihm wichtigen Hinweis, daß das »aus der Frauenbewegung entstandene feministische Bewußtsein«[18] es sei, das das alte System tiefgreifend verändern wird. Solche Hinweise finden sich meist an exponierten Stellen, in den Einleitungen[19] oder im Crescendo der Schlußworte[20]. Das ist genau zu lesen: Nicht die *Frauen* werden es sein, die die Entwicklung zum Besseren tragen werden, sondern das feministische oder feminine Bewußtsein[21], die »Verwirklichung weiblicher Prinzipien«[22], die »Yin-Perspektive«, die die »Begrenzung des alten Yang-Paradigmas hinwegfegen« wird[23] und der Männer sich zunehmend aufschließen werden. »Ökofeminismus«: Resakralisierung der Natur, Magie des Lebens, okkulte Gesetze, magische Kreise, Zyklen, Vibrationen, Rhythmen, Fruchtbarkeit, Mondanbetung, die natürliche Verbundenheit mit dem Geist der Erdgöttin Gaia und das wunderbare Zulassen von ... Schmerzen, von Entropie[24], von Leben und Tod, von Kommen und Gehen, Auf und Ab. Und so wird ganz bald die Vereinigung stattfinden von Ökofeminismus und Ökophilosophie, deren Strom der neuen Erkenntnis momentan noch im Flußbett nebenan fließt. Eine tastende Paarung aber von Erleben (= weiblich, Ökofeminismus)

und Wissen (= männlich, Ökophilosophie), von naturhafter Intuition der mit Gaia verbundenen Frau einerseits und der außerordentlich reichen Summe ökologischen Wissens des Mannes andererseits ereigne sich mit dem Ziel, cartesianische Denk- und Diskursweisen endgültig zu vollenden und zu überwinden.
Bald sind wir alle im gleichen Flußbett! Die Synthese von Ökofeminismus und Ökophilosophie, die Ebnung des Flußbettes für die gemeinsame Bewegung wird von den wissenden Männern bewerkstelligt, die das weibliche Prinzip und die aus ihm fließenden Energien zulassen werden und in sich zur Reife bringen.[25] Die »Wendezeit« also soll eine Umkehr hin zum »femininen oder intuitiven Aspekt« der Natur markieren; Yang zieht sich zurück.[26] Nicht Männer ziehen sich zurück. Ein Naturprinzip verschiebt sich und fluktuiert. Unsere Gegenwart darf Zeuge sein der unvermeidlichen Wieder-Aneignung eines ganzheitlich-ökologisch-femininen Wertsystems seitens der Männer. Und so wird der Frauenbewegung die größte Innovationskraft der achtziger und neunziger Jahre zugebilligt, eine genau begrenzte Zeitspanne, innerhalb derer die Frauen noch mal ihre höhere Sittlichkeit in die patriarchale Welt heilend einbringen dürfen! Das alles geschieht dank der »den Gehirnen von Frauen innewohnenden« Fähigkeit, ein Ganzes zu sehen[27] und eine »nutzbringendere Beziehung zum Universum« herzustellen[28]. Frauen können die falschen Vorstellungen der Männer zu deren Vervollkommnung eliminieren, da sie »neurologisch gesehen« flexibler sind und »mehr Intuition, Sensibilität und Gefühl« besitzen.[29] *Frauen können bleiben, wie sie sind.*

Ich halte das alles für Schundliteratur, jedenfalls im Extrakt, in der Konsequenz. (Auch wenn z. B. Capra zweifellos bestimmte naturwissenschaftliche Entwicklungen, vor allem für Laien, gut zusammengefaßt hat; dennoch bleiben seine Ausführungen additiv und die klaffenden Widersprüche zwischen den revolutionierenden Entdeckungen der theoretischen Physik und deren Realisierung in der atomaren Rüstung, die Widersprüche zwischen der wunderbaren Natur der Frau und ihrer sozialen Lage etc. kommen ihm wie allen anderen nicht in den Blick.) Schundliteratur, für deren Verheißungen und Zusicherungen leider gerade Frauen besonders empfänglich zu sein scheinen.

Unterschiedliche Zeitphänomene werden hier addiert und als sanfte revolutionierende Kraft interpretiert – sanft wohl deswegen, weil sie *im Bewußtsein* angesiedelt ist –, als Götterdämmerung, als Durchbruch einer planetarischen Kultur, als Anbruch des »Solarzeitalters«[30]. Mit dem Zusammenbruch des alten – mechanischen – Weltbilds des Abendlandes und seines reduktionistischen Credos entsteht im Rhythmus natürlicher Bewegung das Neue – so sagt es auch das I Ging, Hexagramm 24: Fiu[31]. Sobald Meinungsführer, die Schamanen der Moderne, das neue Paradigma zu gebrauchen begännen, werde es unmerklich, aber rasch »zum Teppich, auf dem die Mehrheit steht«[32]. Alle Innenwelt-Emigranten, alle Abendlandkapitalisten, alle Freunde des Körpers und der Erde, alle Bioenergeten, Jogger, Yoga-Gymnastiker, Psychoaerobics, Psychonauten und LSD-Therapierte, alle Alternativtouristen, Delphin- und Interspezies-Kommunikanten, alle Friedenskämpfer, Umweltschützer und soften Technologen, *sie* alle, *wir* alle, *die* Frauenbewegung, *die* spirituelle Bewegung, *die* Selbsterfahrungsbewegung, *die* Therapiebewegung, *die* Gesundheitsbewegung: alle sind Teilhaber/innen der verschwörerischen Gegenkultur, und alle sind – jedenfalls tendenziell – durch die gemeinsame ökologische Ethik verbunden.

Immer sind es *Bewußtseinsprozesse*, wissenschaftliche und kulturelle Trends, die das Unheil dahinschmelzen lassen werden.[33] Das Universum als harmonisches unteilbares Ganzes zu *sehen*[34], das ist der »Zunder für den großen Brand«[35]. Wenn wir den Naturzustand des »ökologischen Planetarismus«[36] erreichen wollen, brauchen wir keine Gesellschaftskritik, sondern nur das Ablegen von Scheuklappen, das Abwerfen von nutzlosem Denkballast, das Zulassen einer neuen Realitätswahrnehmung.
Dieses neue Bewußtsein birgt die Garantie des richtigen, des erwünschten Effekts, der rettenden politischen Konsequenz. Ich bezweifle, ob solche Bewußtseinsveränderungen unter den gegebenen Herrschaftsverhältnissen grundsätzlich eine andere Quali-

tät und Chance haben als Veränderungen, wie sie es wohl immer wieder in allen patriarchalen, kapitalistischen, sozialistischen Gesellschaften mehr oder weniger heftig und deutlich gegeben hat: auf seiten der Herrschenden mit dem pragmatischen Ziel, politische Entscheidungen an sich ändernde ökonomische und ideologische Gegebenheiten anzupassen; auf seiten einzelner Menschen oder größerer Gruppen von Menschen, um sich dem Mainstream der herrschenden Anschauungen zu entziehen oder um die Regie über den eigenen Kopf zu behalten. Die Überschätzung der politischen Effektivität solcher Bewußtseinsabweichungen beweist nichts anderes als die völlige Ignoranz gegenüber den tatsächlichen Machtverhältnissen und den gegenwärtigen geschaffenen Fakten, die für uns alle *materiell* existieren, und nicht einfach als falsche Wahrnehmung – auch wenn »die Welt Klang« sein sollte[36] und auch wenn das Atom Schwingung statt Materie ist.

Die angeblich unaufhaltsam und zwingend durchbrechende Weltordnung mit ihren neuen ökologischen Spielregeln gründet nicht etwa auf *moralischen* Einsichten und damit auf bewußten Entscheidungen von Männern und Frauen, Herrschenden und Beherrschten, damit auch nicht auf Brüchen, Abbrüchen, auf Trennungen von Strukturen der Gewalt, Ungerechtigkeit, Unterwerfung und Anpassung. Die neue Weltordnung, der Grundsatz der ökologischen Allverflochtenheit *ergibt* sich naturwissenschaftlich und unzweifelbar einsichtig für alle, beweisbar. Der Wandel sei eingeleitet durch wissenschaftliche Entdeckungen und gewinne an Tempo, so Capra. Und dieses Gedankengebäude stimme mit den Anschauungen östlicher Kulturen, vor allem des Taoismus, *und* den Theorien vor allem der »modernen« Physik überein.[38] Niemandem wird so etwas zuleide getan. Nichts mehr muß auf eigenes moralisches Risiko, auf das Risiko der Ausgrenzung, Diskriminierung, der Einsamkeit hin selber entschieden, bewertet, abgelehnt, übernommen, analysiert werden. *Es ergibt sich.* Welch eine sanfte, welch eine konfliktfreie glatte Lösung!
Nun wäre die Erkenntnis, daß lebendige Systeme sich selbst regulieren können und eben nicht in Chaos und Entropie verfallen, sobald der Mensch Mann nicht steuernd, planend, manipulierend

eingreift, wohl zweifellos *die* Rettungschance für den patriarchalen Mann bzw. für den Mann im Patriarchat. Ein solches Denken verbietet den Vorherrschaftsanspruch gegenüber der Natur, es verbietet den Dünkel, aus besserem »Stoff« beschaffen zu sein, es verbietet damit eine wertende Hierarchie zwischen Menschen einerseits und allen anderen Lebewesen andererseits; es ist eine Notbremse für die gottspielenden Männer, ein Zwang zu Demut und Bescheidenheit und zum Abschied vom historischen Größenwahn, ein Verbot des Zugriffs und Eingriffs, ein Verbot der Zerstörung und aller imperialistischen und touristischen Eroberungen. Abgesehen davon, daß dies alles *moralische* Forderungen sind, die dem Menschen Entscheidungen, Einschränkungen, Selbst-Beherrschung abverlangen, abgesehen davon ist damit noch nicht alles gesagt, jedenfalls nicht für Frauen. In einer wildwüchsigen Politisierung des Ökologiebegriffs entfällt nämlich auch die Unterscheidung *zwischen* Menschen und zwischen Frauen und Männern in den Patriarchaten. Das bedeutet auch unsere Einmischung zu verbieten, unsere Kritik und Empörung an bestehenden »Systemen«, in denen wir zu leben haben, das Verbot, zu bewerten, zu unterscheiden. Das bedeutet, auf eine offenbar nur dem Lebewesen Mensch gegebene Fähigkeit zu verzichten, nämlich moralisch handeln und denken zu *können* bzw. ständig entscheiden zu *müssen* zwischen einer Großzahl von Möglichkeiten. Wir können nicht so tun, als seien wir eigentlich so wie Gänseblümchen oder Schmetterlinge in einem Ökosystem oder wie Würmer in einem Tümpel. Im Ökosystem-Denken ginge unsere »Moral« darin auf, das ganzheitliche ökologische Prinzip zu respektieren und nicht zu verletzen. Selbstregulierende Systeme nach dem Bild der Natur sind nicht zu kritisieren, sondern bestenfalls zu verstehen. Sie besitzen ihren eigenen Geist, ihre eigene Dynamik. Sowohl die Kritik als auch die aktive Störung und Abwertung von Systemen wäre in diesem Konzept zutiefst unökologisch, und das zu sein wäre ein Verstoß gegen die Naturgesetze in ihrer ewigen Weisheit. Das schließt den Kampf gegen Unrecht und Untaten, die wir erkennen können, aus. Das pazifiert das Verhältnis zwischen Männern und Frauen. Das schließt ökologischen Scheinfrieden.

Behalten wir also alle unsere Plätze. Sehen wir ein: Es gibt nicht Gegner und Anhänger, Dazugehörige und Abweichler, denn alle Gegensätze, »gut« und »böse« sind aufgehoben in dem großen Ökosystem, dessen Teil wir sind.[39] Machen wir uns das Motto zu eigen, das ein tibetanischer Mönch beim Tanz der Lamas eines Himalaja-Klosters letztlich dem verhalten applaudierenden Berliner Alternativ-Publikum verkündete: »We like everything! We love everybody!« Ökologisieren wir weiter vor uns hin, eingebettet in den Geist von Gaia, integriert in das geistige System der Planeten, das wiederum an einem universalen kosmischen Geist teilnimmt.

Die Problematik eines zur »Weltanschauung« sich ausdehnenden Ökologiebegriffs spitzt sich also da zu, wo auch Gesellschaftssysteme, von Menschen historisch produzierte Lebensformen, wie Ökosysteme behandelt werden sollen. In der Ordnung der Natur sei das individuelle geistige System des Menschen in den Geist gesellschaftlicher, biologischer, planetarer Systeme eingebettet; sie alle hätten »an irgendeiner Art von universalem oder kosmischem Geist teil«[40]. Dieser Geist könnte Gott genannt werden, der Geist des Universums, die Selbstregulationsdynamik des gesamten Kosmos.
Dieses ehrwürdige Gedankengebäude, das angesichts unserer Zerstörungsgegenwart wohl wie kaum je zuvor gerade die abendländischen Täter und Mittäterinnen fasziniert, klärt nach meiner Auffassung das seit der Schöpfungsgeschichte des Menschen verkorkste, widersprüchliche, feindliche Verhältnis Mensch – Natur – Kosmos, das Verhältnis zwischen den Menschen und zwischen den Geschlechtern *nicht*. Es ist wie alle monomanen, totalen Welterklärungshoffnungen zu entmystifizieren. Es widersteht der Verlockung nicht, aus der politisch anstehenden Neudefinition des Verhältnisses Mensch / Mann – Natur, Mensch – Nicht-Mensch ein der Biologie oder Physik entnommenes allumfassendes Modell des menschlichen Seins zu konstruieren. Kurzsichtig (oder auch allzu weitsichtig) und unbescheiden wie die mechanistischen Vorgänger meinen die Wende-Autoren wieder, nach *dem* Grundbaustein[41], *dem* Grundprinzip, *der* Weltformel suchen zu

müssen, die allem Lebendigen und Unlebendigen innewohne, z. B. von der Beobachtung subatomarer Phänomene auf menschliche Verhältnisse und menschliches Bewußtsein rückschließen zu können. Sie meinen wieder, dem Geheimnis der Schöpfung auf die Schliche gekommen zu sein, *ohne* hinzusehen, was mit den tatsächlichen, lebenden und leidenden Menschen eigentlich los ist.

Systemdenken, angewendet gleichermaßen auf das menschliche Individuum, auf Gesellschaften, auf Ökosysteme etc., dieser Zugriff auf die gesellschaftliche Gegenwart wird ebenso verhängnisvoll wie absurd angesichts zentraler kybernetischer und systemtheoretischer Begriffe wie Selbstregulation, Anpassung, Homöostase: Biologische Organismen oder Systeme haben die Tendenz, sich selbst zu organisieren, zu regenerieren, zu akklimatisieren, um einen Zustand des Fließgleichgewichts zu erreichen. Sie sind konservativ in dem Sinne, daß sie durch flexible Anpassungen an je sich ändernde innere oder äußere Bedingungen Störungen selbsttätig ausgleichen können mit dem Ziel, ihr System, ihre Vernetzung untereinander nicht zu gefährden. Sie sind homöostatisch, insofern die Konstanz irgendeiner Variablen durch die reversible oder dauerhafte Veränderung anderer Variablen aufrechterhalten wird. Im Prinzip geht es immer darum, eine vollkommene Zerstörung des Systems abzuwehren.[42] Diese Anpassungsfähigkeit an ein Grunddesign der Natur wurde in der Evolutionstheorie grundsätzlich als segensreich angesehen im Hinblick auf den Erhalt der Gattung. Heute wissen alle, daß solche Anpassungen und Veränderungen sowohl segensreich als auch katastrophal ausfallen können, nicht nur innerhalb menschengemachter Systeme, sondern auch in der Natur ohne Menscheneingriffe.[43] Die Folge von Anpassung und Flexibilität ist nicht zwangsläufig die Überlebensgarantie oder die Veredelung der Gattung. Wir können nicht auf eine natürliche evolutionäre, wenn auch noch so zickzackreiche Entwicklung unserer Fähigkeiten hin zu ihrem immer kreativeren Gebrauch gleichzeitig für einzelne und alle vertrauen. Die Evolution legt nicht einfach einen wunderbaren Schöpfungsplan dar, sondern sie erweist sich als ebenso schön wie häßlich, klug und krankhaft, schöpferisch und selbstmörderisch.

Die theoretische Gleichsetzung nun von biologischen selbstregulierenden Systemen mit sozialen »Systemen«, wie z. B. der Familie, ist ein wissenschaftlicher und politischer Skandal. Familie und Gesellschaften des Menschen in ihrer ganzen verrotteten unmoralischen Struktur und Geschichte werden – implizit von allen genannten Autor/inn/en – kurzerhand als Natur behandelt, als Systeme, die nach ökologischen Prinzipien funktionieren, würden sie nicht hin und wieder von »Systemkrankheiten« befallen[44], in denen das Netzwerk außer Kontrolle gerät. Die Qualität dieser Systeme erweist sich je nach ihrer Fähigkeit, einen homöostatischen Zustand über Störungen und Irritationen hinweg aufrechtzuerhalten. *Ein Gleichgewicht trotz* ... Genau das ist die historische Leistung und Fehlleistung der Frau. Das ist der häusliche Friede. Wer reguliert in der Familie die Anpassung an schwer verträgliche Bedingungen, wer dämpft »Störungen« wie Gewaltausübungen des Mannes, Überforderungen, Unterforderungen, Fehlforderungen der Frau, deformierende Einflüsse der gesellschaftlichen Umwelt auf die Kinder und alle übrigen Beteiligten, unbezahlte Arbeit, Ungerechtigkeiten, Hierarchien? Wer hält dieses System konstant und soll es weiterhin mit allen Mitteln konstant halten? Die Frau. Nicht »das System« reguliert hier etwas, sondern eine absurde, selbstzerstörerische und der Familiensystemerhaltung dienliche Unterwerfung und Anstrengung der Frau. Für den Mann ist das Gleichgewicht, die Homöostase dieses Systems hergestellt, wenn die Frau die Geschlechterhierarchie passiv oder aktiv akzeptiert, wenn sie an ihr erfindungsreich und unauffällig mitwirkt. Oder wenn sie dem narzißtischen Ideal des Mannes entspricht, indem sie ihm hilft, *seine* Unvollkommenheit zu überwinden; indem sie ihm von ihrer längst hochgeschätzten Femininität abgibt, ihn befruchtet.[45] Die uralte Aufgabe der Frau, ihre »integrierende Macht«[46].

Frauen wird eine versöhnliche, eine vereinigende, wiedervereinigende Weltanschauung aufgeredet, die mit großen Geschick allen ihren Versuchen in den Rücken fällt, sich von der gemeinsamen bzw. ergänzenden Sache mit Männern loszusagen. Es ist eine erneute Inbeschlagnahme, Inbesitznahme, ein erneuter Zugriff und Würgegriff: mit sanfter Energie, nicht mit Gewalt. Und das in einer Situation des Patriarchats, in der Frauen die Demoralisierung des patriarchalen Mannes vielleicht deutlicher als je zuvor vor Augen geführt bekommen und zu sehen beginnen; in der Frauen die Begleitung und Gefährtenschaft mit Männern zumindest nicht mehr als ihre einzige Lebensmöglichkeit anvisieren, ebensowenig das Geschenk eines Kindes, ebensowenig das Opfer am Mann. Die Versöhnung soll stattfinden, gefeiert nach dem Festplan des Mannes, nach seinen Kriterien. Das kann nicht mal eine Scheinversöhnung sein. So einfach und schön wird die Versöhnung nach dem jahrtausendealten Krieg gegen Frauen nicht ausgehen können, auch nicht nach dem von altersher bekannten Grundrezept, die inkriminierten »Eigenschaften« von Frauen zur angeblich menschlich höheren Qualität aufzuwerten mit dem Zweck, Frauen auf ihre alten Plätze zu verweisen und ihnen dabei noch zu vermitteln, dieser Platz sei begehrenswert für beide, Frauen wie Männer.[47]

Das Gefährliche an dieser Entwicklung ist nicht der Diebstahl an der Frauenbewegung – vielmehr das verhängnisvolle, z. T. wohl bewußte Mißverständnis, der Kern der Frauenbewegung sei so etwas wie »feminines Erleben«, ganzheitlich-intuitives Erfassen der Wirklichkeit, Zurück zur Natur. Die kämpferischen Inhalte der Frauenbewegung werden tunlichst verschwiegen und die Frauenbewegung in ihren Abwegen bestohlen, diese wiederum werden zu einer bereichernden Seinsart für Männer umgelogen. Uns wird eine Veränderung schmackhaft gemacht, deren wesentlicher Träger eine Weiblichkeit sein soll, die das Verhängnis von Frauen gewesen ist und gegen die große Teile der Frauenbewegung sich in verschiedener Form zur Wehr gesetzt haben: In Form einer Autonomisierung und eines Unabhängigwerdens von männlichen Weltentwürfen über Frauen, und nicht einfach in Form einer Antithese zum Männlichen.
Woher sollen Frauen eigentlich diese wundervollen Fähigkeiten haben, mitten im Schoß der naturzerstörenden Patriarchate, in diesen Gesellschaften, in denen wohl nicht nur Männer schwerstens geschädigt sind? Wie kann denn dieses naturhingegebene ökologische Leben bei Frauen zustande gekommen sein? Nur auf-

grund des Gebär*aktes*? Der geht schnell vorbei. Und dann folgt sogleich der klaffende Interessengegensatz; Mutter und Kind treten voll ein in die Konfrontation mit dem lebenshemmenden und lebensdeformierenden Kreislauf der gesellschaftlichen Realitäten. Wo zeigt sich das heile Wesen der Frau, durchtränkt von der natürlichen Verbundenheit mit dem »Leben«?
Ich sehe jedenfalls mehr unfaßbare Kritik und Erschütterung, oft sprachlos und ungefähr, viel mehr unbewältigte Trauer, unbewältigtes und ungelebtes Leben der Frauen als ihr Einssein mit sich, dem Kind und der Natur. Die Natur ist kein Ausweg. Wir können nicht Ökosystemen ihren Schöpfungsplan ablauschen wollen, um dann zu wissen, wo wir uns verorten könnten und wie wir zu sein haben. Wir können uns nicht in ihren Schoß fallen lassen und einbetten bzw. den Ort wiederfinden wollen, an dem wir längst nicht mehr eingebettet sind. Die Natur nimmt uns heute keine einzige Entscheidung ab. Sie, die im übrigen keineswegs Inbegriff von Friede, Gerechtigkeit, Gleichheit und Freiheit ist, kann uns nicht helfen, jedenfalls nicht im Sinne eines Zurücks zu ihr. Wir können uns auch nicht absichern, indem wir einer scheinwissenschaftlich prognostizierten Zwangsläufigkeit, der natürlichen Entwicklung zum Besseren, glauben. Wir können uns überhaupt nicht absichern.

In diesem gegenwärtigen Patriarchat, das unser Ort ist, müssen wir uns die scharfsichtige und scharfsinnige Beobachtung dessen, was ist, und dessen, was war, abverlangen. Und dabei muß uns auffallen, daß die freundliche, beschwichtigende, bestätigende, die die-Hand-auf-den-Kopf-legende Zusicherung: »Frauen, ihr könnt bleiben, wie ihr seid!« die moderne Version der Abschaffung von Frauen darstellt, unserer sanften Eliminierung. Wenn wir so bleiben, wie wir waren und sind, wenn wir in unserer insgeheim selbstverliebten Ohnmacht verharren, dann scheint mir unser bißchen Zukunft allerdings geklärt, dann laufen wir unserer Abtötung entgegen und unserer Assimilation mit dem sich selbst auflösenden Mann.

Feminisierung der Gesellschaft –
Weiblichkeit als Putz- und Entseuchungsmittel

Der Biochemiker Erwin Chargaff schlägt vor, daß alle Forscher der Welt sich schriftlich verpflichten müßten, ab sofort *nichts* mehr zu entdecken. Im totalen Forschungsstopp, in der unbegrenzten Hungerkur sieht er die einzige gewaltsame Bremse vor der restlosen Zukunftszerstörung. Und die beabsichtigte Absurdität dieses Vorschlags zeigt, wie wenig dieser mittlerweile über achtzigjährige Naturforscher von der Moral seiner Kollegen hält und von den guten Absichten der Institutionen, die sie bezahlen und brauchen.

Auf eine Veredelung der Lobpreiser des Fortschritts scheint Chargaff jedenfalls nicht zu setzen. Die Entseuchung von den Produkten der Anmaßung, der Ignoranz und des Größenwahns zieht er nicht mehr in Betracht in einer Zeit, in der das Leben bedrohlicher erscheint als der Tod und in der alles Nachdenken über Auswegmöglichkeiten einen rührend-sinnlosen Charakter anzunehmen beginnt.[1]

In seinen scharfsinnigen und bissigen Gedanken zur Lage taucht die Kategorie des »Femininen« als Hoffnungsträger allerdings nicht auf. In dieser Hinsicht ist Chargaff altmodisch. Lediglich die Rettung durch ein Wunder will er nicht ausschließen.

Wer heute modisch ist, kann das Wunder benennen: Es liegt im Femininen, im weiblichen Prinzip, im weiblichen Stil oder in der femininen Frau.

In vielen Ländern Europas sei eine »Verweiblichung der politischen Kultur« zu bemerken.[2] Sie begründe die Hoffnung auf eine humanere Politik. Ohne Feminisierung der Gesellschaft habe »die gesamte Menschheit mit buchstäblich überhaupt keiner Zukunft mehr zu rechnen«[3]. Und aus der Analyse der Außer-

irdischen, die nach dem Atomtod dieses Globusses ihre interessanten Hypothesen über die Ursachen der Erdenkatastrophe darlegen, erfahren wir: Allein die *weiblichen* Erdenbewohner hätten eine politische Kehrtwendung vor der kollektiven Selbstliquidierung bewerkstelligen können, eine Korrektur des verhängnisvollen Weges; die Uninfizierten waren jedoch leider zu schwach.[4]
Eine gewisse Neigung zur Verherrlichung und Mystifizierung des Weiblichen seitens der Männer ist zwar nicht neu. Neu aber ist die Qualifizierung bestimmter weiblich genannter Eigenschaften als geschichtsverändernde Größen und als attraktive Möglichkeiten für den männlichen Erwerb.

In der ersten Kriegsphase dieses Jahrhunderts, während und nach dem Ersten Weltkrieg, wurden Frauen als historisch friedliches Geschlecht von einzelnen Männern zum Widerstand gegen den Krieg aufgerufen. Der proletarische Schriftsteller Ernst Friedrich z. B. appellierte verzweifelt an sie, sie sollten verhindern, daß ihre Männer begeistert oder gehorsam der Einberufung folgten. Frauen sollten die Schienen aufreißen, sich vor die Lokomotive werfen.[5] Etwas später appellierte Romain Rolland geradezu drohend an die Frauen, den Zweiten Weltkrieg zu verhindern, andernfalls würden sie des Mordes mitschuldig: »... Wenn die Frauen nicht mit ihrer letzten Energie gegen diese Vernichtung kämpfen, dann möge das Blut ihrer Söhne über ihr Haupt kommen.«[6]
Heute gelten die männlichen Appelle weniger den Frauen selbst als den *femininen Eigenschaften*, einer historischen Projektion, an der Männer gern selbst wieder teilhätten. Jetzt geht es nicht darum, Frauen zu veranlassen, sich auf Schienen zu werfen, um Männer von einem zerstörerischen Tun wegzuzwingen, sondern darum, daß Frauen, als das im Patriarchat nicht kriegerische Geschlecht, eine neue Werteinfärbung der Zukunftshoffer bewerkstelligen. Dabei sollen Frauen nicht unbedingt *selbst* ihre nichtkriegsversehrte Person einbringen, vor allem sollen sie nicht allein, nicht ohne Männer handeln. Sie sollen vielmehr von ihren heilen Qualitäten, von ihrer Unempfänglichkeit gegenüber Wahneinimpfungen, den Männern *abgeben*, so unauffällig wie möglich.

Kaum ein kritischer Autor, der nicht wenigstens in Einleitungen, Nebensätzen oder Fußnoten die Rettung der abendländischen Kultur und des abendländischen Mannes im Femininen, im Gegenstück zum Männlichen erblickt, die Rettung von seinem zerstückelten ausweglosen Tun. Auch wenn die Hoffnung auf das Weibliche nicht neu ist: Wohl kaum zuvor wurde wie gegenwärtig dem Weiblichen in einem so politisch klingenden Sinne die Kraft zur Zukunft, zur Umorientierung und zum Auffangen der weltweiten Misere und existentiellen Verelendung zugesprochen.
Die der Weiblichkeit zugedachten Eigenschaften, die Wunschbilder von der Frau, sind über einen Zeitraum von 150 Jahren von erstaunlicher Konstanz, und diese entbehrt nicht der Komik, sofern man überhaupt noch in der Lage ist, irgend etwas komisch zu finden. Die »Außerordentlichkeit« des Weiblichen, das jenseits der männlichen Ordnung von Fortschritt, Raubbau und Expansion in einem entwicklungslogisch ordnungslosen Raum siedelt, wird immer noch gepriesen in seinen »kreativ-befreienden« Eigenschaften[7]: Emotionalität, Sinnlichkeit, Hingabe, Phantasie, Sensibilität, Rezeptivität, Mitgefühl, Harmonie, Geduld, Sanftmut, Verstehen und vor allem Liebesfähigkeit, Opferbereitschaft und Selbstlosigkeit.
Mit den Geschlechtertypisierungen der bürgerlichen Gesellschaft, die die Lebensbereiche der Geschlechter spaltete, begann die ideologische Verherrlichung des Weiblichen besondes üppig zu blühen. Der Mann sah sich mit der Entwicklung der kapitalistischen Produktionsweise zwar auf der Seite des Fortschritts, der Aktion, der Öffentlichkeit, der Ausbreitung, der Wichtigkeit, des Effekts, der Definitionsmacht: der verwertbaren Herstellung von Realität. Gleichzeitig aber sah er sich abgetrennt von den Tätigkeiten der Frauen, die zwar unspektakulär blieben, aber den Lebensvorgängen unmittelbar verbunden erschienen. Die weibliche Praxis im Haus, die sich in keinem Warenwert realisierte, die keiner Fortschrittslogik sichtbar folgte, und so ebenso unverschmutzt wie unerhöht blieb von Ruhm und öffentlichen Taten, sie war auch zum Verlust des Mannes geworden, aus seinem Wirkungs- und Strebenshorizont verschwunden.
Weibliche Tätigkeit wurde interpretiert als der Niederschlag eines

Wesens, das im Einkang mit der Natur in ständigen harmonischen Wiederholungsabläufen außerhalb jeder Geschichtsträchtigkeit agiert. In der zum »Wesen« herunter- und heraufgespielten Arbeit wurde ein geschichts- und gesellschaftsloses Tun gesehen. Dieses blieb im wörtlichen Sinne »nichtssagend« und unentbehrlich zugleich, und in seinen Impulsen, seinem Motor dem Mann vollkommen geheimnisvoll.[8] Die Tätigkeiten im Haus erschienen dem Mann als ganzheitliche und in sich geschlossene; sie umfaßten scheinbar die ganze Person der Frau, sie verwoben Körperliches und Geistiges, Gefühlsmäßiges und Vernünftiges, Spontanes und Planendes, Kommunikatives und Handwerkliches, jenseits der großen Entwicklungslogik der gesellschaftlichen Arbeit des Mannes, außerhalb des ihm allein verständlichen Fortschrittsmotivs. Was die Frau tat, ließ Männer fortschreiten, ohne daß sie selbst fortschritt.

Die heute wieder aufflackernde Hochschätzung von »Weiblichkeit« speist sich wohl aus der alten Erwartung, daß die historisch weibliche Lebensform und Praxis doch etwas berge, was die patriarchale Strukturgewalt aus den Handlungen und Denknormalitäten der zivilisierten Männergesellschaften ausgeblendet hat: Ein unbeschadetes Kleinod könnte da zu entdecken sein, dessen Kraft noch nicht genügend genutzt und erkundet ist; da könnte etwas verlorengehen, was der Mann noch nicht ausgeschöpft, noch nicht durchdrungen hat, ein Schatz, den er in sich nicht vorfindet.
Das neue Zauberwort »Feminisierung der Gesellschaft« birgt in sich eine Ansammlung von Irreführungen und Verführungen. Es birgt den Bilderbrei männlicher Wunschvorstellungen, die alle mehr über die Intentionen von Männern aussagen als über das Vermögen von Frauen.
Es wirkt *besänftigend*, indem es mit scheinwissenschaftlicher Argumentation nachweisen will, die Geschlechterversöhnung sei bereits erreicht, der Protest der Frauen sei nichts als ein Relikt aus vergangenen Zeiten und beruhe auf reiner Einbildung.
Es wirkt *verunsichernd*, indem es Frauen nahelegen will, von Zielen wie Autonomie und Unabhängigkeit abzurücken; diese wer-

den zum »Isolationismus« und zum persönlichen Luxus verdreht und damit zum politisch-moralischen Vorwurf gemacht.

Es wirkt *anbiedernd*, indem Frauen mit devoter Geste gestanden wird, wie einflußreich und inspirierend sie und die Frauenbewegung sich für das gegenwärtige große Umdenken erwiesen hätten.

Es wirkt *wertsteigernd*, indem Frauen die Kompetenz und Verantwortung zur Weltverbesserung zugesprochen bekommen.

Es wirkt *fesselnd*, indem Frauen zwar ihre Güter verbreiten und verteilen dürfen, selbst aber bleiben sollen, wie sie sind.

Es wirkt *entlastend*, indem Männer den eigenen Bestand an Männlichkeit weitertragen können und sich zusätzlich mit einigen femininen Partikeln bekleiden sollen.

Es wirkt *verdummend*, indem das Gut, um das es hier geht, das Feminine, in seinem Rettungswert für alle geklärt zu sein scheint, indem eine vernebelte Meinung als Analyse, als Erkenntnis verkleidet auftaucht, versehen mit den versöhnlichsten Handlungsperspektiven: Die Frau besitze einen Schatz, sie sollte ihn teilen, und der Mann sollte ihn annehmen.

Ein aktuelles Beispiel – stellvertretend für viele andere – ist Roger Garaudy, französischer Philosoph, ehemaliges Mitglied des Zentralkomitees der Kommunistischen Partei Frankreichs und 1981 Kandidat der französischen Alternativen. Nachdem die Arbeiterklasse nicht hielt, was ihr versprochen ward, sieht Garaudy nun in der femininen Frau das revolutionäre Subjekt, das zur Rettung der in unüberwindliche Miseren geratenen Menschheit fähig sei. Hoffnung und Prophezeiung sind allerdings an Bedingungen geknüpft: Garaudy gibt der Frauenbewegung den Rat auf den Weg, sie möge doch von der Forderung nach Gleichberechtigung zu der Forderung des Rechts auf ihr *Anderssein* übergehen.[9] Nur so könnten die Schätze der Frauen in Gebrauch kommen und die gefährlich gewordene Verkümmerung und Verarmung des Mannes – Folge seiner rationalistischen Ablösung von der »Fülle des Seins« – gewendet werden. Dabei vergißt Garaudy nie zu betonen, daß diese Schätze endlich zum Geschenk an den Mann, an die Menschheit werden müßten, damit die Zukunft kein Fluch werde.

Das erwünschte und notwendige Anderssein der Frau macht sie zur Spezialistin derjenigen Seite der Gefühlsskala, die gereinigt ist von allen ablehnenden, widerständigen und verneinenden Impulsen: der Seite des Gefühlsspektrums, auf der die reine Liebe gelagert ist. Auch bei Garaudy gerät diese Liebe zum Kitsch. Sie entspricht Sehnsüchten, die verraten, was Männer von Frauen gern hätten und *was sie selbst nicht erbringen wollen*. Die Frau, die »im Rhythmus der Welt atmen« und eine »vitale Beziehung zum Boden, zur lebendigen fleischlichen Erde« herstellen könne, soll wieder die große Liebende und Ja-Sagerin werden, die sich »nur in bezug zum anderen« definiere, die sich erfülle in der vorbehaltlosen Teilnahme am Leben und Leiden anderer und »im Verzicht, über sich selbst zu verfügen«[10]. So seien auch Frauen die einzigen, die einem Vorbild der abendländischen Kultur entsprechen könnten, das Männer nicht annahmen und nicht erfüllen konnten und das deswegen in zwei Jahrtausenden nicht in der Lage war, die patriarchale Tradition zu brechen: *Jesus* mit seinen femininen Eigenschaften. Garaudy hat sich sein Leben lang gewundert, daß Jesus keine Frau war.[11] Wäre er eine Frau gewesen, dann würde verständlicher, warum sich Männer für dessen Nachahmung nicht zuständig fühlten. Die nachträgliche Geschlechtsumwandlung des Gottesmannes macht es nun leicht, Frauen großmütig ein Vorbild zu überlassen, das die großen Ideale der Menschenliebe, der Mitmenschlichkeit und Selbstlosigkeit auf sich vereinigte; Ideale, die Männern zu realisieren nicht behagte, auf deren rettende und heilende Wirkung sie dennoch nicht verzichten möchten und die in der Welt bleiben sollen, gelebt und verkörpert durch Frauen.

Mit dieser Abtretung des Ideals Jesus an Frauen entlasten Männer sich von allem, was sie in ihrer verheerenden Geschichte angerichtet und *nicht* zuwege gebracht haben. Sie rufen nach der »Befreiung der Frau« und nach ihrer eigenen Befreiung durch die Frau, indem sie Frauen die edelsten Eigenschaften andichten, mit denen Frauen die Verkümmerung des abendländischen Mannes ausgleichen und füllen sollen. Männer beklagen ihr eigenes gesellschaftliches und persönliches Defizit, das sie erst in dem Moment zu erfahren scheinen, wo Frauen sich als nicht ganz deckungsgleich mit den an sie delegierten Liebesideen erweisen, wo ihr Beitrag vielmehr auch in der Negation des Bestehenden liegen könnte; wo der Besitz der Frau gefährdet und ihre Verfügbarkeit nicht gesichert ist; wo es dem Mann in seinem Männlichkeitsgehäuse nicht wohl ergeht; wo ihn die Spiegelungen des männlichen Tuns nicht ausreichend befriedigen, sie ihn gar erschrecken mögen. Dann wird das Weibliche zur Hoffnungsvorlage.

Eine andere Version der Feminisierung des Bewußtseins ist die Anbiederung. Eine solche unternimmt Wilfried Gottschalch in einem so dümmlich-impertinenten Versuch der Frauenversöhnung und des Ausgleichs des Geschlechtermißverhältnisses, daß seine Schrift [12] ungekauft und ungelesen bleiben sollte, wäre sie nicht exemplarisch geeignet, modische Servilitäten gegenüber Frauenbewegtem und die schmierigen Zugriffe auf eine Weiblichkeit vorzuführen, wie sie vielen Männern genehm ist. Gottschalchs Beitrag zur Geschlechterversöhnung operiert mit den psychoanalytischen Kategorien Neid und Haß. Psychoanalytische Auffassungen zum Geschlechterneid und ihr Beitrag zur Haßtheorie erfahren hier eine neue Argumentationsrichtung, insofern sie deutlich an die Adresse von Frauen gerichtet sind. Der ideologische Gehalt ist unverkennbar. Die Argumentation verfolgt explizit das Ziel, eine Geschlechtergleichheit herbeizupsychologisieren und der Frau zu signalisieren, ihr Protest gegen die Männergesellschaft und deren Träger sei nichts als reiner Anachronismus.
Die Pazifizierung soll erfolgen über eine politische Wendung der neoanalytischen Theorie der »Geschlechtersymmetrie«. Diese kritisierte bereits in den dreißiger und vierziger Jahren (Karen Horney, Ernest Jones) die phallozentrische Sichtweise von Freud und führte die »Allmacht« der Mutter für Kinder beiderlei Geschlechts sowie den Neid der Jungen auf Attribute und Vermögen der Frau ins Feld gegen die Einseitigkeit des angeblich geschlechtsübergreifenden Interesses am Besitz männlicher Genitalien. Dieser Ansatz ist, sobald die Argumentation von der anatomischen auf eine gesellschaftliche Ebene transportiert und damit die reale Asymmetrie wegtheoretisiert wird, noch wesentlich verschleiernder als die immerhin klare androzentrische Sicht Freuds.

Die letztere spiegelt – unfreiwillig eindeutig – den tatsächlichen Machtunterschied zwischen den Geschlechtern; Freuds Ignoranz spiegelt immerhin die tatsächliche Asymmetrie der Plätze, die die Geschlechter einnehmen und in ihrer Selbsteinschätzung zum Ausdruck bringen. In dieser realen Asymmetrie der Bewertung und libidinösen Besetzung der unterschiedlichen anatomischen Besitztümer kann der Penis »tatsächlich« als ein Symbol für den Platz verstanden werden, an den jeder/jede, Jungen und Mädchen, Männer und Frauen, gern wären, nämlich in der Machtposition des Mannes in der Männergesellschaft.[13]

Der spätere Versuch, die psychodynamischen Startbedingungen der Geschlechter zu egalisieren und ins Spiegelbildliche zu verkehren, führt zu der Konsequenz, dem Geschlechterhaß beider Geschlechter die gleichen psychodynamischen Wurzeln zu verleihen. Mehr noch: Frauen hätten viel weniger Grund zum Männerhaß, als Männer Grund zum Frauenhaß hätten. Denn die Erfahrung der Allmacht der Mutter und der existentiellen Unwichtigkeit des Vaters für das Kleinkind führe beim Jungen zu der bitteren Erkenntnis, niemals werden zu können wie sie. Dieser Neid-Haß bleibe dem Mädchen erspart, denn es kann die Macht der Mutter in seinem eigenen Leben gradlinig selbst verkörpern, es muß nur ein wenig warten. Der männliche Frauenhaß beruht demnach letztlich auf der ganz besonderen Hochschätzung der Frau; der Haß des Mannes liefert den Beweis dafür, wie bewunderns- und begehrenswert die Frau für den Mann ist und wie schmerzhaft seine narzißtische Kränkung, von ihren Fähigkeiten ausgeschlossen zu sein.

Gottschalchs Neuauflage der neoanalytischen Geschlechtersymmetrie besteht in dem an Frauen gerichteten Angebot, Neid und Haß endlich auf die Geschlechter wenigstens so gerecht zu verteilen, daß beide die gleiche Menge dieser häßlichen Bürde zu tragen hätten: Wir haben doch beide, Frauen und Männer, die gleichen Probleme damit, daß unsere Körper die Merkmale nur eines Geschlechts aufweisen. Die Frau leidet unter Penisneid, der Mann unter Gebärneid. Der Penis symbolisiert die Macht des Mannes, die Gebärfähigkeit die Macht der Frau. Aber nur, wer die Unabhängigkeit der Geschlechter voneinander suche, wie es momentan Frauen meinen tun zu müssen, entwickle Neid auf das, was sie/er nicht habe. Und weil Neid zu Haß führe, ist der Männerhaß der Frauen die unnötige Folge. Also sollte erkannt und anerkannt werden, daß Männer auf Frauen und Frauen auf Männer angewiesen seien: Wer das verstehe, für den sei jeder Haß auf das andere Geschlecht entbehrlich, werde jeder Haß durchschaubar als irrationaler Wunsch nach Besitz dessen, was man allein nicht, gemeinsam aber doch haben kann.[14]

Die Selbstverständlichkeit einer solchen falschen Gefühlslogik, das Festhalten an einem absurd gewordenen Automatismus der Neid- und Haßentstehung zeigt nichts als das vitale Interesse von Männern, die sich inhaltlich und historisch verändernde Bewertung des angeblichen Neidgegenstandes zu ignorieren. Es zeigt weiterhin die ungebrochene Selbstüberschätzung des Mannes, der offenbar immer noch nichts anderes denken kann, als daß ihm das, was er besitze, sein körperliches, materielles und geistiges Gut, von Frauen geneidet werde. Es zeigt die ungebrochene Okkupationslogik, daß natürlich das, was andere besitzen, man auch selber besitzen und besetzen will. Solche von Männern aufrechterhaltenen Unterstellungen sind frappierend. Denn angesichts des großen von Männern errichteten Misthaufens bedürfte es einer heftigen Gefühlsakrobatik, würden Frauen die Intentionen entwickeln, jenen auch besitzen zu wollen und ihn den Männern zu neiden. Diese Scheinlogik, Nichtbesitz führe zu Neid, Neid führe zu Haß, als gleich geltend für Männer und Frauen neu etabliert, wird nun als Geschenk an die Frauen verteilt. Sie dürfen stolz darauf sein, daß sich ihr Wert so erhöht hat, daß nun auch in ihnen Beneidenswertes erblickt werden kann. Solche integrierenden Anstrengungen, ein solches Egalisierungsangebot dient der Ablenkung von den wirklichen Gründen, die den wirklichen Haß von Frauen hervorrufen sollten und der wohl am wenigsten mit dem Neid auf männliche Besitztümer zu erklären ist. Falls für den Mann die Neid-Haß-Logik gelten sollte, dann sollte er seine Kraft auf deren Aufdeckung und Beerdigung verwenden. Statt dessen manipuliert er mit Schlußfolgerungen herum, mit denen er Frauen auf die gleichen Mechanismen verpflichten möchte. Als handele es sich um sozusagen allgemein menschliche liebenswürdige Unzulänglichkeiten, deren Erkennen die Frauen den Männern näher bringen und aus dem Anachronismus der Geschlechterfeindlichkeit befreien könnte. Die Interessen, aus denen solche Parallelisierungsanstrengungen geboren sind, sind nur allzu offensichtlich: Eine real nicht existierende Strukturgleichheit der Psychen wird herbeigesprochen, um beide Geschlechter gleichermaßen zu sedieren. Angesichts der weiter bestehenden Machtverhältnisse und historischen Erfahrung sind solche Bemühungen politisch uud wissenschaftlich ebenso töricht wie gefährlich.

Eine nicht weniger unangenehme Version der »Feminisierung« findet sich in dem jüngsten Bestseller des Musikjournalisten, jetzt »Welt-Wissenschaftlers«, Joachim-Ernst Berendt[15], eine Version, die besonders sein großes Frauenpublikum zu begeistern scheint. Ein zentrales Kapitel des Œuvres heißt: »Das Hören ist weiblich.« Der Autor legt beflissen und mit anhaltendem Pathos dar, daß alle Sprachen der Welt auf eine Ur-Sprache zurückgehen, auf sechs Ur-Worte, von denen vier weiblich sind. Die Ur-Silbe aller Sprache, die »kraftvollste und kreativste«, gleichzeitig die Ur-Musik, ist weiblich.[16] Der Schöpfergott ist weiblich, was gehört wird und hörbar ist, durch unser Ohr aufgenommen wird, in uns hineinkriecht und hineingleitet, ist weiblich, aller Anfang ist im weiblichen Uterus, weiblich heißt: Höhle, Loch, Mund und Vertiefung, ist Ursprung aller Dinge, aller Sprache, aller Musik.[17]
Feminisierung bedeutet hier, die Frau wieder auf das Ur-Loch zu reduzieren, sie als Ur-Loch zu definieren, sich ehrerbietig auf sie als Ur-Loch zu beziehen, antatt sich mit ihren neuzeitlichen Emanzipationsgelüsten herumschlagen zu müssen: Die Frau als Ur-Loch scheint heute eine selten gewordene begehrenswerte männliche Partie zu sein, denn dieses Ur-Loch ist nicht mehr das, was es war: nicht mehr matriarchalisch-mächtig, nicht mehr magisch-geheimnisvoll. Vielmehr ein Körperteil mit bestimmten bekannten physiologischen Funktionen. Und die Frau auf diese wieder zu verpflichten und sie gleichzeitig als Ur-, Ur-, Ursprung aller Dinge hochzujubeln, das löst kein einziges der Probleme und Skandale, die Frauen gegenwärtig zu ertragen haben. Das würde

aber viele Probleme der Männer lösen. Denn erstens könnten sie so die Frau wieder erhöhen und von sich fernhalten, die Frau als die große andere verehren und gleichzeitig von ihr unbehelligt bleiben. Zweitens wäre die Bedrohung durch Ansprüche anmeldende und einklagende Frauen gemildert oder gar gebannt. Denn ein Ur-Loch will nichts anderes als genutzt werden als Empfangendes und Gebärendes.

Um sich im Knäuel der schönen Vorurteile zurechtzufinden, geht es im folgenden nicht mehr um das Feminine als Wunschproduktion des Mannes, das gemessen an der Wirklichkeit ein Phantom ist, sondern um die von Frauen *selbst* realisierten Anteile dieses Femininen.
Diese finden sich zum einen in ihren Versuchen, den Weiblichkeitswünschen des Mannes zu entsprechen. Die typisch femininen Eigenschaften der Frau entstehen in ihrem Bemühen um Bildnachahmung, in dem Versuch, das Verhalten dem Phantom anzugleichen und ein Echo der männlichen Phantasie zu sein. Hier geht es um den Schein, den die Frau selbst in die Welt setzt, den sie selbst ausführt, selbst lebt; um den oft lebenslänglichen und lebensfüllenden Versuch, so zu tun, als ob sie sei wie die Bildvorlage. Diese »normale« Form der Weiblichkeit ist ein Ausdruck des historischen Lebensortes der Frau im Beziehungssystem der Geschlechter und damit auch Ausdruck einer Frauenmoral, die ihr Dasein zum Dasein *für* andere macht, einem Dasein nach Vorgaben, die männergerecht sind. Diese Ordnung verlangt von Frauen das Nichtverletzen der Männer und damit eine Lebenshaltung des *So-tun-als-ob*.
In diesem So-tun-als-ob wird das Dasein für andere zur Verformung für andere. Frauen sollen so tun, als ob sie den anderen, den Männern, gern dienstbar und verfügbar sind; so tun, als ob sie Gefallen an ihnen und ihrer Behandlung haben; so tun, als ob sie in der Liebe zu ihnen aufgehen; so tun, als ob sie deren Treiben gutheißen und bewundern; so tun, als ob sie ausgefüllt und beglückt sind von den Aufgaben und Grenzen, die ihnen zugewiesen sind; so tun, als ob sie keinen Widerspruch, keine Verneinung kennen, keinen Haß auf ihr raum- und geistsparendes Leben und dessen

Verursacher. Ihr Dasein für andere steht unter Bedingungen, zuallererst der Bedingung der Schonung und Stützung der Männerwelt. Unter dieser Bedingung werden Frauen »für ihre Lügen belohnt«[18].

Das So-tun-als-ob verlangt Frauen eine ständige Kontrolle ihres sichtbaren Verhaltens ab, denn niemand darf merken, daß dieses eine Ablenkungshandlung ist, ein Entwurf, in dem die Person nicht ganz im Spiel ist. Frauen ernten ihre Unentbehrlichkeit für Männer und sorgen für ihren eigenen Schutz, indem sie nicht, jedenfalls nicht direkt, allenfalls vorsichtig, taktisch verpackt und zwischen den Zeilen, äußern, was sie wirklich über das Tun der Männer denken. Damit verstellen sie gleichzeitig den Zugang zu ihrer eigenen Sicht.

Die historischen Lügenentwürfe von Frauen hatten Erfolg, einmal weil der Mann sich in seinem eigenen Interesse nicht besonders um deren Aufdeckung bemüht hat. Im Gegenteil, er nahm sie gern als Wahrheit hin, die Fassade als ein Geschenk. Er stilisierte sie zur natürlichen Undurchschaubarkeit der Frau, machte aus ihr sogar eine allgemeine Philosophie der »ontologischen Dualität von Ich und Fremd-Ich«[19], die mit der Existenz der Lüge bestätige, daß das Bewußtsein von Natur aus den anderen verborgen existiere.

Das Nichtantasten des Als-ob der Frau geschieht also weder aus männlicher Diskretion noch aus Dummheit. Es geschieht zum Vorteil des Mannes, zu seinem Schutz, denn was er bei der Enttarnung entdecken würde, wäre für ihn kaum schmeichelhaft. Vielleicht ahnt dies jeder Unterdrücker und bremst seine Neugierde.

Das Gegenüber, der Mann, gewinnt also den Eindruck, das ihm Dargebotene sei in Übereinstimmung mit der ganzen Person der Frau, mit der Innenstruktur ihres Bewußtseins; das in Erscheinung Tretende sei identisch mit dem, was die Frau wirklich meine. Das Echo, das die Lügnerin auf ihre Erscheinungsform, ihren Anschein bekommt, antwortet auf einen Schein, belohnt und liebt den Schein. Die Lügnerin läßt das So-tun-als-ob als Wirklichkeit ihrer Person stehen und profitiert oberflächlich –

ebenso wie der Mann – von der Gewohnheit des falschen Echos, von der Wirkung des Anscheins, nicht von der Person, die den Anschein veranstaltet.

Der Erfolg der Lügenentwürfe beruht weiterhin darauf, daß das inszenierte Als-ob täglich dem Leben, dem Training, der Bestätigung ausgesetzt ist, während die verbleibende Person mit ihren Ahnungen, wie es »wirklich« ist, *nicht* ist; sie verschwimmt ohne Formgebung im Hintergrund. Lügen als Produkt einer habituellen Orientierung des eigenen Denkens und Fühlens am Maßstab der Erwartungen, der Gefallensvorstellungen anderer, münden in die Selbstversperrung. Das eigene Wissen wird ja nicht parallel zur Als-ob-Inszenierung sozusagen als Geheimnis behandelt, die eigene Sicht wird nicht einfach zurückgehalten, hinter der Bühne aber ausgebreitet. Sondern sie kommt nicht wirklich in den Griff. Sie bleibt diffus, formlos, weil unformuliert. Sie erhält keinen Ausdruck. Sie wird nicht gegenwärtig. Sie gerät nicht in die Welt, auch nicht wirklich in die eigene Welt.

So setzt die Lebenslügnerin sich selbst außerstande, mit allen ihren Möglichkeiten und potentiellen Fähigkeiten leben zu können. Sie breitet sich nicht aus. Sie zwingt sich und erlaubt denjenigen, die sie durch hintergehende Zurückhaltung schont, vor ihrer Person haltzumachen, sie verhindert, daß diese zum Vorschein kommt, auch in ihrer ganzen Unstimmigkeit. Sie zeigt sich als Passende, zeigt das, was sie immer wieder einpaßt. Präsent wird sie als Assimilierte, als Fassade, als Beschnittene. Das Verhältnis von Frauen zur Lüge entlarvt also exemplarisch eine Haltung, mit der Frauen ihr kulturelles und persönliches Nichtvorhandensein, ihre Selbstausklammerung betreiben. Sie werden Opfer ihrer eigenen Lüge.

Frauen haben sich in unserer Kultur also auch mittels ihres Sotun-als-ob um den Verstand und ums Gefühl gebracht, vielleicht bringen lassen müssen. Die eigene Erfahrung und Sicht wurde aus der Welt geschafft, oder sie wurde erst gar nicht in die Welt geschafft, oder sie wurde von der Wurzel an verfälscht. Frauen sind in diesem Sinne »Menschen ohne Welt«[20], Menschen, die an ihrer Welt, an dem Realitätswert ihrer zaghaften und unsichtbaren Sicht zu zweifeln Grund hatten und diese immer wieder zurückgezogen und assimiliert haben; eine Welt, von der jede Frau spüren kann, daß es nicht wirklich ihre ist, auch wenn es allenthalben Platzzuweisungen für sie gibt. Frauen stellen diese Welt mit her und erhalten sie, aber sie sind in ihr nicht wirklich zu Hause. Sie sind nur mitgenommen worden, zugelassen unter Bedingungen. Sie leben für eine Welt, in der andere sich zu Hause fühlen sollen. Viele halten sicher diese Welt dennoch für ihre, können sich keine andere vorstellen, wollen sie, wie sie ist, auf keinen Fall verlieren. Viele vertreten sie mit dem endlosen Bemühen dazuzugehören.

Die Lüge, die Als-ob-Tat, ist der Weg, *dazuzugehören* und gleichzeitig zu *verschwinden*. Sie ist ein wirksames und gekonntes Mittel, die eigene Weltsicht, die Gegensicht, gar nicht erst entstehen zu lassen, oder sie im unklaren zu belassen und sie weder sich selbst noch anderen greifbar und faßbar zu machen. Denn: »Ich sage, was du hören willst.« Die Lüge verschweigt, verbiegt, leugnet, verwässert, verstellt, nimmt zurück, schafft beiseite, vergräbt, beschönigt, was als Gedanke und Gefühl, als Gedankentat und Gefühlstat wirklich war oder in jedem Augenblick wirklich werden könnte. Die Lügenden entziehen sich selbst den Boden, um die eigenen Personen zu erhalten, die eigene Sicht zu entwickeln und in die Welt zu stellen, unübersehbar zu machen. Die Lügenden schaffen sich selbst aus der Welt. Sie bereiten ihr eigenes Verschwinden vor, sie arbeiten an ihrem eigenen Verschwinden.
Gleichzeitig birgt diese Lüge jederzeit die Garantie, mit ihrer Hilfe in der Welt der Frauen-und-Männer-Normalität Aufnahme zu finden und die Zulassung zu den Plätzen zu bekommen, auf denen Frauen gern gesehen sind. Sie bietet sicheres Heimatrecht in der Männerwelt. Der Preis ist eine Anwesenheit, die sich nach der vermuteten Zumutbarkeit für andere zurichtet, ist eine vorweggenommene Korrektur eigener Erfahrung und Einsicht am Maßstab des Erwarteten.
Der Preis ist die Überzeugung, die eigene Person sei so, wie sie ist, nicht präsentabel. Präsentabel sei nur die Version, die den anderen paßt. Ich muß mich verdrehen und tarnen, damit die anderen

mich akzeptieren. Wenn ich das nicht tue, gewinne ich keine Sympathien, werde ich abgelehnt, verliere ich Liebe, kommt man mir auf die Spur. Mich so vorzuzeigen, wie ich bin, wäre gefährlich. Ich führe lieber ein Bild von mir vor, mit dem ich für die anderen in ein günstigeres Licht gerate. Präsent wird die Fälschung. Schließlich verbirgt das Als-ob nicht mehr ein Nein, das hinter der assimilierten Oberfläche lauerte, sondern die Leere und die Angst, daß vielleicht gar nichts mehr dahintersteckt.

Über das So-tun-als-ob hinaus ist alles Verhalten von Frauen, sind alle »Eigenschaften« – ob sie nun zum Strauß des von Männern inszenierten Weiblichkeitsbildes gehören oder nicht – entstanden auf dem Boden der existentiellen Kränkung aller Frauen. Frauen tragen die Male ihrer jahrtausendealten Aus- und Eingrenzung und die Male der spezifischen Aus- und Eingrenzung seit Beginn der bürgerlichen Gesellschaft. Keine Eigenschaft kann von den Bedingungen abgetrennt werden, unter denen sie erworben wurde und unter denen sie eingesetzt, gelebt und gebraucht wird. Und diese Bedingungen sind immer wieder: Sklaverei und Abhängigkeit, Ohnmacht und Resignation, Einsperrung und Schmerz, Auflehnung und Ausgrenzung, Absonderung und Fremdheit, Komplizenschaft und Arrangierung. Kein Verhaltensanteil ist unabhängig von diesen Bedingungen überhaupt zu denken.
Die Isolierung dieser Eigenschaften aus ihrer Geschichte zu einem »Wert an sich«, wie es heute ständig geschieht, zeigt, daß das »Weibliche« weiterhin – auch von »fortschrittlichen«, linken, aufgeklärten Autoren – als geschichtslose Konstante angesehen wird. Die Naturprojektion, für die die Frauen schon vor 150 Jahren herhalten mußten, besteht fort. Allerdings erhält sie heute noch mal einen neuen Glanz. Denn die Parallelisierung von Frau und Natur ist heute scheinbar frei von jeder Diskriminierung, und zwar in dem Moment, wo die Natur Rachesignale gegen ihre Ausbeutung abgibt, wo die große Technologie sich als Riesenflop erweist und zur Brüstung und Aufrichtung des männlichen Stolzes nicht mehr recht tauglich ist. Wo die Natur nicht mehr als uferlos auszubeutende Ressource angesehen werden kann, sondern – erzwungen unter der Erschütterung über ihre Zerstörtheit – als ein

zu schützendes Gut, kann das Mißverständnis sich widerspruchslos ausbreiten, die Rede von der Naturnähe der Frau sei die höchste Aufwertung, die der Frau entgegengebracht werden könne oder die sie selbst an sich vorzunehmen in der Lage sei.

Immer wieder taucht in Diskussionen zur Kritik und zum Wert des Eigenschaftsbündels »Weiblichkeit« die Frage auf: Welche Eigenschaften sollen wir denn behalten, welche sollen wir über Bord werfen? Und: Sind Verstehen, Sensibilität, Liebesfähigkeit etc. nicht bewahrenswerte, gute Eigenschaften? Diese Fragen sind falsch gestellt; so gestellt sind sie müßig. Die gewaltsame Subtraktion der Voraussetzungen, unter denen »weibliche« Eigenschaften entstanden sind und im jeweiligen konkreten Leben gelebt wurden und werden, verfälscht den Blick auf sie, läßt vergessen, daß sie eben nicht transportabel sind. Einfach nur schön sind alle diese Eigenschaften nur als Abstrakta. Das schöne Mitgefühl z. B., die Sensibilität, die Aufmerksamkeit, die Liebes- und Opferfähigkeit sind keine beziehungsunabhängigen Konstanten. An welchem sozialen Ort werden sie präsent? Wem dienen sie, wem nützen sie, wer mobilisiert sie? Wem gegenüber versagen sie, brechen sie? Wem gegenüher kehren sie sich in ihr Gegenteil?

Zunächst folgen all die weiblichen Qualitäten dem frauenmoralischen Postulat, andere nicht zu verletzen. »Andere«, das sind diejenigen, für die die Frau in der bürgerlich-weiblichen Domäne verantwortlich ist, im Privatbereich, und das bedeutet vor allem: im Privatbereich des Mannes und der Kinder: zu Hause. Das an Frauen gerichtete Postulat des Nichtverletzens dient damit erstrangig dem Schutz des Mannes vor dem Zugriff, der Kritik, der Infragestellung, der Negation durch die Frau. Es dient weiterhin dem eigenen Schutz der Frau, insofern sie Grund hat zu befürchten, daß das Übertreten oder Ignorieren dieses Gebots ihr Sympathieverlust, Ablehnung, Abschiebung oder lebensgefährliche Gewalt einbringen würde und ihr die materielle Existenz entziehen könnte. Das Postulat dient ausschließlich dem Zusammenhalt des sozialen Gewebes, besonders der Familie, denn das Nichtverletzen seitens der Frau, das Nichteingreifen, das Nichtpräsentieren der eigenen Sicht bis hin zum Verlust derselben sichert zumindest eine soziale Scheinharmonie. Das Ausrichten der psy-

chischen Antennen nach dem, was Männern zumutbar zu sein scheint, verhindert Kommunikationsabbrüche, schiebt sie zumindest hinaus, verhindert das Sichtbarwerden des Trennenden. Das frauenmoralische Training als Nichtverletzende dient damit in erster Linie dem Schutz der Männergesellschaft vor der *real* werdenden Kritik, vor der Verneinung durch die Frau.
Wir sind geneigt, das Nichtverletzen als heilende Kraft, zumindest als Rest von Menschlichkeit, als Respekt vor der Integrität des/der anderen anzusehen. Dem ist nicht zu widersprechen, solange wir diese Qualität zu einer abstrakten machen, d. h. sie aus dem konkreten Zusammenhang der Praxis des Verhaltens, aus dem sozialen Zusammenhang der Funktion des Verhaltens, herauslösen. Tun wir das nicht, dann kommen wir nicht darum herum zu fragen, *wen* die Frau durch ihre Verhaltensweisen schont und nicht schont, *wen* sie verletzt und nicht verletzt. Die geschätzten Verhaltensweisen haben ihren Ursprung in einem Beziehungsgefüge, sind Bestandteile einer Beziehungsmoral, die in ihrem Kern immer in der Dienstleistung am Mann, am Geschlechtermißverhältnis besteht. Alles resultierende Verhalten entstammt der Verwiesenheit der Frau auf ihre beschränkten, ihre vordefinierten Orte in der Männergesellschaft.

Alle sind sie geboren aus einem existentiellen Mangel und aus der Intention, den personalen und sozialen Mangel zu beseitigen, zu kaschieren, ihn nicht immerzu wahrnehmen zu müssen oder ihn umzuwerten in sein vermeintliches Gegenteil. So sind alle schönen Eigenschaften wie Mitgefühl, Verstehen, Zuwendung, Geduld nicht nur einfach schön. Sie sind immer auch ein Mittel, um in der abhängigen Position zu überleben, um sich die Akzeptanz und Zuneigung der Männer zu sichern, um ihre Wertschätzung zu gewinnen und zu halten, um die eigene existentielle Entwertung auszugleichen; alles in allem: um das Heimatrecht in der Männergesellschaft zu bekommen. Die Ich-Leerräume der Frau[21] erscheinen nicht durch den eigenen Zugriff zur Welt füllbar, sondern immer wieder – tatsächlich oder vermeintlich – nur füllbar durch die gesellschaftlichen Wertträger, die Männer, durch ihre Tat der Wertsetzung an der Frau. Die Verhaltensweisen sind entstanden im tragischen Spiel der Geschlechter. Und dessen Spielregel heißt auf allen Ebenen: Die Wertsetzung des subalternen Geschlechts geschieht durch den Mann. Er ist der Wertsetzer und Wertdefinierer. Die resultierende »weibliche« Bereitschaft, erst durch ihn in die Welt zu geraten, erst durch ihn lebendig zu werden, hat Eigenschaften zur Folge, die Männer angenehm, wohltuend und erhaltenswert finden mögen. Aber mit einem geliehenen Blick können wir ihren »Wert« nicht einschätzen.

»Männlichkeit« und »Weiblichkeit« sind historische Geschlechtskrankheiten. Die Addition der einen Krankheit mit der anderen ergibt keine Genesung, sondern die Ausbreitung der Krankheit mit immer neuen überraschenden Symptomen. Die Krankheiten sind nicht erträglicher zu machen oder gar zu heilen durch gegenseitige Ergänzung. Denn nicht die Teilung, die Hälftung, die Nicht-Ganzheit macht das Wesentliche dieser Krankheit aus, sondern die Unmoral des Ausbeutens und Sich-ausbeuten-Lassens. Die Geschlechtscharaktere sind nichts als ihr Ergebnis.
Männer versuchen, sich aus dieser Geschichte herauszustehlen. Sie wollen den Einblick in ihre eigene Tätergeschichte, diese lange Arbeit, überspringen, indem sie sich mit dem – von ihnen selbst ausgegrenzten – »Andersartigen« zu ergänzen trachten bzw. sich aus diesem Andersartigen diejenigen Partikel heraussuchen wollen, die ihnen günstig und angenehm erscheinen, um ihre gefährlichen Defekte zu übertünchen. So blähen sie sich auf zu einem Eineinhalb-Wesen: einmal männlich plus einhalbmal weiblich oder: einmal männlich plus einmal weiblich minus Sklaventum und minus Schmerz: eine neue Frankenstein-Variante. Die Verhaltenszutat »feminin« für Männer, diese fragwürdige Erweiterung ihres Verhaltensrepertoires, könnte allenfalls zum kurzfristigen Anschein einer schäfchenweichen Schmusegesellschaft mit hartem Kern führen.[22] In ihr würde nichts stimmen, der Mann würde allerdings auf den ersten Blick unkenntlicher, so als sei seine Geschichte Vergangenheit geworden.

Feminisierung der Gesellschaft

Der Chor der Opfer ist verstummt
Eine Kritik an Ansprüchen der Frauenforschung

Mitte der siebziger Jahre drang die Frauenbewegung in eine Universität ein, die sich bis dahin – auch in diesem Jahrhundert – entweder als ehrwürdige Anstalt andächtig-fleißiger Männerarbeit oder als Schauplatz vehementer Kämpfe unter Männern präsentiert hatte. Auch wenn Frauen an den beiden Versionen der Wissensaneignung oder Wissenskritik teilgenommen haben, blieb das jeweilige Geschehen inhaltlich von Frauen unbeeinflußt.
Veränderungen entstanden nicht dadurch, daß einige universitäre Einzelkämpferinnen beschlossen, die »Frau« müsse nun Subjekt der Forschung und Objekt von Frauenforschung werden. Vielmehr hatte sich ein gesellschaftliches Bewußtsein, ein Vorwissen, eine Empörung unter vielen Frauen – vereinzelt oder damals noch meist gesammelt in den Frauenzentren – entwickelt, das vor der Tür der Wissenschaftsinstitutionen unmöglich abgelegt werden konnte, im Gegenteil hier einen eigenen Kampfort suchte.
Die erste Berliner Sommer-Universität für Frauen 1976 unter dem Thema »Frauen und Wissenschaft« war getragen von dem Selbstverständnis, Teil eines umfassenden Kampfes gegen Frauenausbeutung und -unterdrückung zu sein. Es war die Erwartung einer politischen Stärke, die aus dem Wissen um die *gemeinsame* Entrechtung aller Frauen und um die *gemeinsame* Zugehörigkeit zu der diskriminierten und ausgebeuteten Sexualklasse Frau resultieren würde. Dieser allgemeine und vereinigende Ausgangsort war Basis aller Forderungen für eine feministische Arbeit innerhalb der Universität, der Forderung nach Zurückweisung jeder Kontrolle über die Aktivitäten von Frauen durch männliche/staatliche/bürokratische Machtmittel und nach einer antihierarchischen Struktur des Wissenserwerbs und der Wissensvermittlung durch Frauen.[1]

Frauenforschung war gleichbedeutend mit Widerstand. Sie barg Zündstoff in ihren Inhalten und in ihrer Form. Sie bedeutete Verweigerung der Anpassung an die erwünschte Frauenrolle, an die erwartete Berufsrolle und an die herrschenden Lehrmeinungen und Forschungsmethoden. Sie wollte an die Kämpfe von Frauen außerhalb der Universität anknüpfen, wollte sie ausfindig machen, wo sie unsichtbar waren.

Sie wollte grundlegende Veränderungen des Wissens und der persönlichen und politischen Identität dadurch erreichen, daß Frauen selbst ihre Sache in die Hand nehmen, die ihnen aus den Händen genommen worden ist oder die nie in ihren Händen lag. Das war nur denkbar in offenem Protest gegen die Lügen und Verdrehungen, die aus der von Männern beherrschten Forschungspraxis stammten und die es, was Frauen betraf, mit der Wahrheit nicht gerade ernst genommen hatte. Ziel war es, zu einem Wissen zu kommen, das *allen* Frauen prinzipiell verfügbar sei. Grundlage war die Überzeugung, daß ein Wissen über die Realität von Frauen *überall* erarbeitet werden könne, wo auch immer Frauen sich befinden – nicht nur innerhalb der Mauern von Hochschulen –, daß Frauenforschung überall da stattfinde, wo Frauen sich mit ihrer Situation in dieser Gesellschaft aktiv auseinandersetzen, und daß jede Frau ein Repertoire an Wissen besitze, das realitätsnäher und damit »wissenschaftlicher« sei als alles, was Männer bisher über Frauen herauszufinden gemeint hatten. Das war der Inhalt des Satzes: Das Persönliche ist politisch *und* wissenschaftlich.[2]

Die »methodischen Postulate zur Frauenforschung«, von Maria Mies 1978 veröffentlicht, waren Ausdruck einer optimistischen Phase der Frauenforschung. Die Postulate formulierten, fundierten, strukturierten, was viele Frauen wollten und versuchten. Sie wirkten gegen immer wieder auftretende Verunsicherungen. Sie enthielten Zusicherungen und Absicherungen. Sie sprachen vielen Frauen aus dem Herzen. Sie stärkten ihre Argumentation gegenüber denjenigen, die bestimmten Ideen einer feministischen Wissenschaft ignorant oder feindselig gegenüberstanden.

Es gab bereits vorher erbitterte Auseinandersetzungen, die mit dem Erscheinen der Postulate nochmals Boden erhielten: Zwischen »Staatsfeminismus« und Frauenbewegung[3], aber auch zwischen denjenigen, die Frauenforschung zu betreiben begannen, ohne ihre Orientierung an Zielen der Frauenbewegung und ihren Zusammenhang mit politischen Aktionen und praktischer Arbeit in Frauenprojekten ernst zu nehmen, statt dessen erstrangig das Ziel der Institutionalisierung und der curricularen Strukturierung »frauenspezifischer« Lehre verfolgten; und denjenigen, die die Impulse ihres wissenschaftlichen Interesses und Engagements primär aus einer außeruniversitären feministischen Praxis bekamen: Nur scheinbar ein Gegensatz zwischen Theoretikerinnen und Praktikerinnen. Vielmehr war es ein in den Sozialwissenschaften schon unter Linken alter erkenntnistheoretischer Streit über die Wege und die Quelle der Erkenntnis.[4] Dieser bekam in der Frauenforschung eine neue Dimension. Denn »Praxis« war jetzt nicht mehr ein von der weiblichen Lebensrealität und den persönlichen Erfahrungen abgetrennter gesellschaftlicher Bereich, in den Frauen sich – sozialarbeiterisch oder stellvertretend politisch agierend – visitenartig hineinbegaben. Vielmehr umfaßte der Praxisbegriff die Tatsache, daß unsere Widersprüche zur gesellschaftlichen Wirklichkeit sich *auch* als Widersprüche in der eigenen Existenz, am eigenen Leibe realisierten ebenso wie in der Existenz aller anderen Frauen. Die Kluft zwischen eigener Erfahrung und fremder Theorie, eigener Erfahrung und fremder Praxis schob sich zusammen in der Lebenspraxis von Frauen, jeder einzelnen Frau, und führte zu dem Anspruch, diese zur politischen Praxis, zur Praxis des Angriffs auf patriarchale Machtstrukturen, grundsätzlich gemeinsam mit allen anderen Frauen, werden zu lassen.

In der Kontroverse um diesen Praxisbegriff waren die von Maria Mies formulierten Postulate hilfreich, weil sie diejenigen Frauen stärkten, die unkonventionell und ungeschützt zu arbeiten sich trauten, die sich den »Betroffenen« näher fühlten als einer akademischen Pflichterfüllung, die sich außerdem selbst als Betroffene vorfanden und die sich und ihre Arbeitsweise tatsächlich verändern wollten. Die Postulate wirkten aktivierend als das, was sie waren, als *politisch-moralische*. Einbrüche in der feministischen

Forschungspraxis passierten, sobald die Gleichsetzung der politischen Ziele mit wissenschaftlich-*methodischem* Vorgehen befolgt wurde, eine Gleichsetzung, zu der nicht einfach unaufmerksame Leserinnen verleitet werden konnten, die vielmehr die explizite und zentrale Position der Thesen von Maria Mies ausmacht. Die »wissenschaftliche« und die »ethisch-politische« Seite feministischer Forschung wird im Sinne eines Sowohl-als-auch behandelt und wurde als inhaltsgleich rezipiert.

Die Postulate suggerieren der forschenden und sich auf Forschung vorbereitenden Leserin, sie seien im Untersuchungsprozeß tatsächlich einzulösen, das Geforderte sei machbar. Parteilichkeit wird »erreicht«[5], wenn die Forscherin ihre feministische Integrität unter Beweis stellt; es »wird ihr nicht schwerfallen«[6], den »Blick von unten« wirklich zu haben, wenn die »menschlichen Gefühle«[7] für die Frauen, die und mit denen zusammen sie untersucht, sie nicht verlassen: Die Aufhebung des wissenschaftlichen Herrschaftsverhältnisses[8], die Bewußtwerdungsprozesse und die Korrektur der Wahrnehmungsverzerrungen auf beiden Seiten[9], die Entwicklung des theoretischen Potentials der Untersuchten und eines kollektiven Frauenbewußtseins[10], die Vergesellschaftung der Ergebnisse[11] ..., das sei alles möglich, das stelle sich her, gemeinsam.

Die Vermischung der moralischen und methodischen Seite des Problems führte zu Mißverständnissen und Fehlleistungen, die ungeklärten Unmut auslösten, kaum aber den Versuch systematischer Weiterverarbeitung. Die folgende Kritik ist nicht als eine individuelle, an die Verfasserin der Postulate gerichtete, zu verstehen. Die Postulate repräsentieren vielmehr allgemeine Ansprüche empirisch-feministischer Untersuchungsarbeit, die in ihrer Grundtendenz auch in anderen Bereichen der feministischen Arbeit in ähnlicher Weise verbreitet waren und verbreitet sind.

Mir geht es um den Versuch einer allgemeinen Kritik am Umgang mit der Kategorie *Gemeinsamkeit*; einer Kritik am »Frauenleben« und den aus ihm fließenden gemeinsamen Besitz an identifikatorischen Prozessen, die scheinbar die persönlichen wie politischen Verbindungen unter Frauen herstellen. Die Zeit ist zwar vorbei, in der das »Wir – sind – alle ... Hausfrauen, Mütter, Mißhandelte, Behinderte, Prostituierte, Lesben, Schwarze ...« etc. noch Geltung hatte: Das waren Beschwörungsformeln, um *zusammenzufinden* und die offensichtlichen Grenzen und Hierarchien unter Frauen zu überwinden, zu überspringen, auch zu übersehen. Da, wo sie nicht auf der Hand lagen, wurden – vorrangig auf seiten der Untersucherin – enge Verbindungen im Bewußtsein herzustellen versucht; es war das Bemühen um eine Identifizierung mit der Lebenspraxis der Untersuchten, eine Art Ehrfurcht vor dem Leben der »fremden« Frauen: Meist ein Angleichungsversuch der Untersucherin, dem die Vorstellung zugrunde lag, nur wer die gleiche Wegstrecke gegangen sei oder beinahe gegangen wäre oder potentiell gehen könnte, könne sich verständigen oder sich vertrauen. Im »Frauenleben« wurde der gemeinsame Nenner, die gemeinsame Kompetenz und schließlich die Basis von Frauensolidarität gesucht.

Daß alle Frauen unterdrückt und ausgebeutet sind, ist aber eine so allgemeine Erkenntnis, daß sie sich nicht als tauglich erweist, um als Klammer, als Brücke in der Interaktion von Frauen, auch nicht der wissenschaftlichen Interaktion, zu dienen. Und daß »das Frauenleben« an sich so viele gemeinsame Erfahrungen berge, das läßt sich bei genauem Hinsehen selten halten. Je intensiver und persönlicher, je individueller und konkreter diese Interaktion wird – z. B. in biographischen Interviews, auf die ich mich im folgenden erstrangig beziehe [12] –, desto deutlicher wird, daß eine allgemeine politisch-moralische Position sich nicht einfach in die persönliche wissenschaftliche Interaktion zwischen spezifischen untersuchenden und spezifischen untersuchten Frauen hineinverlängern läßt.

Untersucherinnen, die sich um die Umsetzung der Postulate bemüht haben, sind, je ernster sie sie nahmen, mehr oder weniger jämmerlich gescheitert oder zumindest bitter enttäuscht worden. Dieses Scheitern ist nicht mit dem Argument zu erklären, diese Frauen hätten alle die Postulate nicht richtig begriffen, hätten Fehler bei ihrer Anwendung gemacht oder seien zu starr, zu unflexibel und zu autoritätsgläubig mit ihnen umgegangen.

Wenn eine Untersucherin den Anspruch der Ehrlichkeit an sich stellt, wenn sie der Asymmetrie des Untersuchungsverhältnisses entgegenwirken will, indem sie sich nicht nur als fragendes und zuhörendes Neutrum verhält, sondern ihre eigene Situation, ihre eigenen Reaktionen mitteilt, ihre Betroffenheit »einbringt«, dann wird sie kaum umhinkommen, um einige überraschende oder schockierende Erfahrungen reicher zu werden: Die eine Gesprächspartnerin wird wortkarg, ist beim nächsten Gesprächstermin unpäßlich und läßt sich für den übernächsten am Telefon verleugnen; die andere Gesprächspartnerin fängt an, ihre Lebensgeschichte unübersehbar so zu frisieren, Fakten und Erinnerungen so zu selektieren und zu akzentuieren, daß sie dem vermuteten Konzept der Untersucherin entsprechen und ihr gefallen sollen; oder eine dritte wird offen widerspenstig und überrascht die parteiliche Untersucherin mit der Nachricht, in der nächsten Woche gedenke sie, ihren Mißhandler, den dritten in ihrer Geschichte, zu heiraten.

Die »Soziologinnen ohne Diplom« interessieren sich häufig nur schwerfällig und nur höflich für die eigene und kollektive Frauengeschichte. Ihre bedrängende Gegenwart und ihre unsichere Zukunft, die Regelung der Sozialhilfe, die Wohnungssuche, die Krankheit, der neue Freund oder das neue Alleinleben sind mit viel intensiveren Interessen besetzt. Auch wenn sie ihr Einverständnis zu lebensgeschichtlichen Gesprächen wohlüberlegt und glaubwürdig gegeben haben, ist es für sie oft mühsam, sich an Details ihrer Kindheit, Jugend, Ehekrisen etc. erinnern zu sollen, rückwärts zu denken und sich rückwärts anzustrengen. Und selbst wenn die Untersucherin, um die angedeuteten Probleme minimal zu halten, auf eine bewährte Beziehung zurückgreift, z. B. ihre eigene Mutter zum Gegenstand einer biographischen Untersuchung macht, wenn also die Tochter als eine zwanzigjährige Zeugin des Alltagslebens einer Frau zu deren Untersucherin wird, mit ihrer eigenen Geschichte in deren Lebensbedingungen involviert, und beide sich von den intensiven Gesprächen Veränderungen, Aufschlüsse, neue allgemeine Erkenntnis versprechen[13]: Auch in diesem Untersuchungsverhältnis bleiben die inhaltlichen Interessen an der Untersuchung verschieden. Während die Autorin und Tochter nach Gesetzmäßigkeiten, nach Begrün-

dungen und logischen Zusammenhängen sucht, freut sich die Mutter, daß ihre Tochter endlich wieder soviel Zeit für sie hat und daß sie ihr beim Fertigstellen einer wissenschaftlichen Arbeit behilflich sein kann.[14]
Die Untersuchten fangen auch an, orientiert an ihnen bekannten gesellschaftlichen Beziehungsmustern, von der Untersucherin eine professionelle oder eine persönliche »Rolle« zu erwarten, die die Untersucherin nicht erfüllen kann oder will. Sie wird konfrontiert mit sozialarbeiterischen, therapeutischen oder mit Ansprüchen auf persönliche Freundschaft, die sich aus der jeweiligen Konstellation ergeben könnten, die die Untersucherin überfordern, ob sie nun ein termingebundenes wissenschaftliches Produkt zu erstellen hat oder nicht.
Werbeaktionen werden in Gang gesetzt, um die Untersuchte wiederzugewinnen und gesprächsbereit zu halten. Das verlangt oft eine Überanpassung der Untersucherin, übermäßige Zurückhaltung oder ein gespieltes Interesse an alltäglichen situativen Details, das Mitkreisen um Probleme, die jenseits der – häufig gemeinsam erarbeiteten – Untersuchungsfragen liegen, Übervorsicht und Rücksicht: nicht zu häufig, aber auch nicht zu selten um den nächsten Gesprächstermin nachsuchen, weder Aufdringlichkeit noch Desinteresse signalisieren.[15] Oder die Untersucherin meint, den Anspruch auf Betroffenheit und auf Abbau von Hierarchie und Abkehr von wissenschaftlicher Ausbeutung zu realisieren, indem sie ihre eigenen Fragestellungen an die Untersuchte so behandelt, als seien sie eigentlich illegitim.
Sie gibt sie bereitwillig aus der Hand. Oder sie verliert sie einfach aus dem Auge. Nachdem sie sie anfangs klar formuliert und begründet hat, entgleiten sie ihr, oder sie läßt sie sich entgleiten in dem Moment, wenn sie sich auf ihre Gesprächspartnerin einläßt. Sie taucht jetzt gleichsam in deren Leben ein; sie identifiziert sich bis hin zur eigenen vorübergehenden Unkenntlichkeit. Sie geht selbst auf in der anderen Geschichte, sie verliert sich selbst in ihr, sie kann nicht mehr unterscheiden. Sie verschwindet mit ihren eigenen Interessen, sie macht die Interessen der anderen Frau vorübergehend zu den ihrigen. Ihre eigenen Fragen werden irrelevant in dem Moment, wenn die andere nicht auch diese Fragen

an sich selbst stellt. Die Untersucherin fragt nicht mehr, sondern schließt sich an. Sie bestätigt. Wenn sie sich nun an die Darstellung, an das Ordnen und Sortieren einer so erkundeten Geschichte macht, stellt sie fest, daß nicht nur ihre Fragen ihr entglitten sind, sondern auch ihre eigenen Bewertungen. Sie versteht, aber sie wertet nicht mehr. Sie unterschätzt sich selbst als bewertendes Subjekt, das sie ja geblieben ist. Sie ordnet sich der Dramatik oder dem Elend der anderen Realität unter, läßt sich von ihr erschlagen, erlebt sich selbst einerseits als inkompetent, um so etwas wie eine Analyse dieses Lebensausschnittes zu versuchen. Andererseits neigt sie gleichzeitig dazu, ihre Abstinenz gegenüber einer Analyse, die immer auch Bewertungen enthält und enthalten muß, »irgendwie« als eigenen moralischen Vorzug, als besondere Qualität des Sichzurückstellens zu rechtfertigen. Sie fürchtet, durch eigene Beurteilungen und Entscheidungen »Gewalt« auszuüben, und bleibt so passiv.

Oder die Untersucherin, die betroffen und parteilich mit dem »Blick von unten« das Schicksal der untersuchten Frauen aufzunehmen beginnt und zu erkunden bereit ist, stellt fest, daß ihre Betroffenheit kein verläßlicher und konstanter Zustand ist, keine »methodische« Basis ihres Vorgehens. Sie beobachtet vielmehr bei sich höchst widersprüchliche und schwer kontrollierbare Gefühle. Diese reichen von der totalen Identifikation, von Mitleid und spontaner Sympathie, von plötzlicher Wut und unterschwelligem Ärger – z.B. über die ständig wiederkehrende Unterwerfungsbereitschaft der Untersuchten – bis hin zu Desinteresse und Überdruß. Die Art der Betroffenheit oder Nichtbetroffenheit ändert sich in subtiler Abhängigkeit von der Situation, in der die Untersucherin sich selbst befindet, von ihren eigenen politischen Ansprüchen, die sich weiterentwickeln, präzisieren und verändern, von der Menge an Elendsgeschichten, die sie schon in Erfahrung gebracht hat, von ihren eigenen Kompensationsmöglichkeiten. Wenn die Untersucherin vor oder während der Arbeit einschneidende Veränderungen ihres eigenen Lebens vornimmt, sich z.B. endgültig von ihrem Freund trennt und intensiv existentielle Erwartungen an sich und an andere Frauen zu stellen beginnt, oder wenn sie sich in einer ganz neuen heilen Ehe befindet, die sie keinesfalls angetastet sehen möchte, oder wenn sie in einer Beziehung lebt, in der sie friert, kümmert und bleibt, dann wird die Biographie einer depressiven oder einer mißhandelten Frau sie in höchst unterschiedlicher Art und Stärke treffen und betreffen, berühren oder behindern, aufregen oder kaltlassen.

Betroffenheit stellt sich ein über das Entdecken von Parallelen, über Aha-Erlebnisse, die Nähe zu Situationen, in denen die eine ist und die andere war, denen sie knapp entkommen ist oder in die sie demnächst auch geraten könnte. Betroffenheit ist kein Dauerzustand. Als Dauerzustand ist er einer, der offenbar überwunden werden will durch aktivere Gegenerfahrungen. Wenn »Betroffenheit« zur Kardinalmotivation der Arbeit gemacht wird, und sie klingt ab, dann bleibt nur noch das pflichtmäßige Absolvieren einer Aufgabe übrig oder auch das einfache Abschlaffen, der Verlust des engagierten Interesses. Meist wird dieses Abebben der emotionalen Beteiligung als eine persönliche Insuffizienz erlebt, als Beweis der nun doch entlarvten eigenen Frauenfeindlichkeit und als Unfähigkeit, überhaupt parteiliche Arbeit mit Frauen leisten zu können.[16]

Hier handelt es sich nicht einfach um Pannen. Es waren »menschliche Gefühle«, die von der Untersucherin gefordert waren. Solche Gefühle sollen *methodische* Voraussetzungen wissenschaftlicher Arbeit sein. Ohne diese Gefühle verändert sich deutlich deren Qualität: Interviews werden oberflächlicher, die Gesprächspartnerin verliert Interesse, fühlt sich nicht mehr richtig akzeptiert, vielmehr indirekt kritisiert und unter feministischer Kontrolle.[17] Was findet hier statt? Fehler der Untersucherin? Untersucherinnen, die sich einfach unsensibel oder indiskret in der Gesprächsführung benehmen? Untersucherinnen, die sich statusgleich verhalten wollen, die vorsichtig zu verstehen geben, daß sie gewisse Entscheidungen der anderen Frau ungut finden, sie aber nicht verwerfen und kritisieren wollen, weil sie die andere in ihrer Eigenständigkeit zu akzeptieren versuchen, und dennoch oft bereits durch ihr bloßes Erscheinungsbild, durch nonverbale Reaktionen – nicht umhinkommen, ihr zu vermitteln, daß ihnen an *Veränderungen* gelegen ist. Damit üben sie einen Veränderungsdruck aus, den sie gar nicht zu kontrollieren in der Hand haben und dem die Untersuchte sich verbal unterwirft oder dem sie sich entzieht.

Die Untersuchungsarbeit steht erst mal gar nicht sichtbar »im Dienst der Aufhebung von Unterdrückung und Ausbeutung«[18], sondern ist zumindest im Stadium der Materialerhebung bestimmt von Aufgaben höchst weiblicher *Beziehungsarbeit*. Diese hat erstrangig den Beziehungsansprüchen der untersuchten Frau zu entsprechen, es sei denn, die Beziehung = Untersuchung bricht ab.

Feministische empirische Forschungsarbeit im Sinne von weiblicher Beziehungsarbeit zu bestimmen, ist aber sicherlich nicht das, was gemeint war. Es war der Versuch, das asymmetrische Forschungsverhältnis abzubauen und Gleichheit nicht nur abstrakt zu wollen, sondern auch in der konkreten Untersuchungsform herzustellen, die politische Seite der Gemeinsamkeit aller Frauen im und über einen sozialwissenschaftlichen Forschungsprozeß für alle Beteiligten erfahrbar zu realisieren: Das führt zu der Illusion, daß nun unter *Frauen* auf einmal alle Barrieren fallen könnten, daß das große Vertrauen und die schöne Schwesterlichkeit sich einstelle, die sich zumindest seit der Geschichte der bürgerlichen Gesellschaft kaum einstellte. Alle Abgrenzung, Konkurrenz, alle Frauenverachtung durch Frauen und alle Selbstverachtung, alle Idealisierungen, alle Hilflosigkeiten schlagen sich aber in konkreter Weise im Forschungsprozeß nieder. Abwehrmechanismen, Ängste, Projektionen, das gesamte Arsenal von Verdrängung, Verbarrikadierung, Verteidigung, Nicht-hinsehen-Wollen/Können werden aktiviert. Sicher nicht nur auf seiten der Untersuchten und gerade dann, wenn zwischen den Frauen Gemeinsamkeiten kenntlich werden, wenn die kulturellen, gesellschaftlichen und sozialisatorischen Bedingungen ihres Lebens Nähe und Ähnlichkeit ans Licht bringen, *zu* viel Ähnlichkeit, als daß sie ertragen werden könnte von denjenigen, denen es um bewußte Brüche mit der historischen Kontinuität weiblicher Anpassung geht. So können manche entdeckte Ähnlichkeiten an Strecken der eigenen Vergangenheit erinnern, von der die Untersucherin sich aktiv distanzieren will; und dafür sucht und will sie die Orientierung an Frauen, die etwas von »Widerständigkeit«, »Selbstbewußtsein«, »Stärke« verkörpern.[19]

Mir geht es nicht um eine Psychologisierung des Problems, vielmehr um die Unterscheidung zwischen Gemeinsamkeit/Betroffenheit/Parteilichkeit als *politische* Kategorien auf der einen Seite und dem *Erlebnis* von Übereinstimmung, Verbundenheit, Nähe, Sympathie auf der anderen Seite. Wir lebten in einer anderen Welt, wenn diese Unterscheidung entfallen könnte.

Die tatsächliche Divergenz zwischen politischen Zielen, feministischer Forschungsmoral und wissenschaftlich-praktischem Vorgehen ist in kaum einem Forschungsprozeß zu überwinden, und nicht nur mit dem Hinweis auf die bekannten institutionellen Zwänge. Auch ohne diese Zwänge besteht sie, nämlich in den Frauen und zwischen den Frauen, die sich innerhalb oder außerhalb einer Forschungsbeziehung begegnen. Die Ziele und Utopien über die Identität, die Integrität, die Ganzheit von Frauen und die Aufhebung von Unterdrückung sind nicht gesellschaftliche Wirklichkeit. Sie liegen entfernt von der Wirklichkeit der Untersuchung, denn die politisch-moralischen Forderungen sind Forderungen und nicht Realität. Dennoch bestimmen diese Ziele in unterschiedlicher, oft unterscheidender und trennender Weise, das konkrete Leben der einzelnen Frau. Und so sind sie offenbar nicht der Boden, auf dem gegangen, vorgegangen werden kann.

Die Forscherin soll sich nicht spalten in Untersuchende und Untersuchte, aber sie *ist* gespalten. Sie soll das gespaltene Sein zusammenfügen, aber sie *kann* das nicht. Sie soll den Blick von unten haben, aber sie *hat* ihn nicht bedingungslos und ständig. Die Forscherin soll sich mit der eigenen unterdrückten Gruppe identifizieren, aber sie *will* und *kann* sich mit bestimmten Individuen dieser Gruppe nicht identifizieren, oder sie identifiziert sich bis zum eigenen Verschwinden. Sie soll selbst »an den Kämpfen und Aktionen zur Frauenbefreiung teilnehmen«[20], aber *die* Kämpfe gibt es wohl nicht, und wo es Kämpfe gibt, kommen die unterschiedlichen Auffassungen über Ziele, Wege, Bündnisse etc. sehr schnell an die Oberfläche, Auffassungen, die nicht einfach austauschbare Meinungen sind, sondern ihren festen Boden in der

Geschichte, der persönlichen und sozialen Perspektive der einzelnen Frauen haben. Die Forscherin soll mit ihrer Arbeit »Praxisprozesse in die Richtung fortschreitender Emanzipation und Humanisierung vorantreiben«[21], aber heute kann niemand wissen, was in unseren verkommenen Gesellschaften »fortschreitende Emanzipation« heißen kann, und wir haben Grund, an unserem fortschreitenden Aufstieg zu zweifeln. Die Betroffenen sollen die unterdrückerischen Verhältnisse selbst untersuchen, die Forschungsinstrumente und -ergebnisse sollen an sie weitergegeben werden – wie wir es aus der Aktionsforschung der frühen siebziger Jahre gelernt haben. Aber die »Betroffenen« teilen nur zu häufig das Interesse an den Forschungsinstrumenten nicht, sie versprechen sich wenig Vorteile von ihrer Beteiligung und nehmen die unterdrückerischen Verhältnisse in Übereinstimmung mit der herrschenden Logik oft als nicht unterdrückerische wahr oder richten sich in ihnen so gut wie möglich ein, um sich ein paar Vorteile der Anpassung zu sichern.

Solche Diskrepanzen sind zwar keine grundsätzlichen Argumente gegen die feministischen Ziele – auch wenn die alten Gewißheiten über diese Ziele abhanden gekommen und die Ziele selbst wissenschaftlicher Untersuchung würdig sind. Das ist aber nicht Gegenstand dieses Beitrags. Vielmehr werfen diese Diskrepanzen ein Licht auf das Verhältnis von politischen Zielen und politischer Realität, von politischen Zielen und Forschungszielen, von Forschungsziel und Forschungsmethode und von feministischer Grundhaltung und empirischen Personen. Das *ist* nicht aus einem Guß.
Wenn ich da und da hinwill, muß ich so und so gehen. Ich kann mich aber unterwegs noch so verhalten, als sei ich bereits in meinem Zielland. Um meine Richtung im Auge zu behalten, muß ich zwischen verschiedenen Wegen selektieren. Aber ich laufe tatsächlich durch ganz anders aussehende Gegenden, als es mein Zielland zu sein verspricht, und ich muß *hier* genau hinsehen, denn sonst verlaufe ich mich, oder ich unterliege den Täuschungen einer Fata Morgana oder anderen illusionären Verkennungen. Und wenn ich genau hinsehe, bleibt mir nicht verborgen, daß hier

viele herumlaufen, in verschiedenste Richtungen, in großen und kleinen Entfernungen voneinander, und daß viele herumstehen an verschiedensten Orten.

Wenn die politische und die methodische Ebene vermengt werden, ist der Gefahr des Scheiterns oder der Verfälschung kaum zu entgehen. Wenn eine Untersucherin meint, die allgemeinen feministischen Forderungen in einer konkreten Untersuchung zu *erfüllen*, wird diese Untersuchung selbstgerecht und verlogen, ob der Untersucherin das selbst bewußt ist oder nicht. Sie muß, sie wird zu einem ideologischen Gerüst greifen und Rechtfertigungen und Fehlinterpretationen für das Nicht-Erreichte produzieren, die mit der Wirklichkeit nicht mehr viel zu tun haben können. Oder sie gibt auf.

Eine feministische Grundhaltung, eine feministische Moral ist zwar die Basis, um die patriarchale Sozialwissenschaft zu kritisieren und sich von ihr abzusetzen; sie ist der Ort, von dem allein aus wir die patriarchale Lebensrealität analysieren und durchschauen können und auch von dem aus wir empirisches Wissen über die Situation von Frauen in Erfahrung bringen, darstellen, erklären, begründen, verbreiten. Aber feministische Wissenschaft kann keine politischen *Ziele* erfüllen. Ihre Aufgabe und ihre Möglichkeit besteht darin, sich um eine möglichst sorgfältige, differenzierte und systematische Wiedergabe der Situation von Frauen – in ihrer ganzen Unterschiedlichkeit – und um die Analyse und Erkenntnis allgemeiner Gesetzmäßigkeiten der patriarchalen Realität aus der Sicht von Frauen – in ihrer ganzen Unterschiedlichkeit – zu bemühen. Sie kann damit ein Beitrag sein, patriarchale Realität aufzudecken, Kompetenzen der Analyse zu erwerben und zu verbreiten, Veränderungen im Bewußtsein und Verhalten bestimmter Frauen zu spiegeln und zu unterstützen. Mehr kann sie nicht sein.

Und so sind die Konsequenzen für eine *Methode* eher bescheiden. Der einzige Weg aus dem Dilemma scheint mir Ehrlichkeit zu sein. Die Untersucherin sollte sich entscheiden: Eine Untersuchung kann das Ziel haben, die befragte Frau, und allein *sie*, zu Wort kommen zu lassen. Die Untersuchung ist dann im Stadium der Bestandsaufnahme, der Materialerhebung nicht viel mehr als ein relativ begrenztes und wissenschaftsmethodisch keineswegs neues oder spezifisches Mittel, Frauen das Wort zu geben, die lange gar keine eigene Stimme in wissenschaftlichen und anderen Kontexten hatten: Nicht feministische Forschung, sondern Forschung durch Feministinnen: Um das zu tun, bedarf es *auch* relativ konventioneller professioneller Fähigkeiten und Kenntnisse – unter anderem zum Beispiel Kenntnisse der nichtdirektiven Gesprächsführung –, nicht aber eines Rückgriffs auf eine weibliche Mitgift, in der häufig die besondere identifikatorische Qualität weiblicher Kommunikation begründet wird. Es geht um eine Entmystifizierung bestimmter angeblicher Qualitäten von Weiblichkeit – hier des weiblichen Gesprächsverhaltens, des weiblichen Zuhörens – auf der Basis eines angeblich spezifischen *Identifizierungs*vermögens. So ist das Zum-sprechen-Bringen und Zuhören-Können eine zu *erlernende*, häufig neu zu erlernende Qualifikation, die im allgemeinen gerade nicht zum Repertoire weiblicher Tugenden gehört. Sie ist nicht ein Stück mitgebrachter Weiblichkeit. Denn gerade die weibliche Neigung zu einer sich ständig identifizieren wollenden Gesprächsbeteiligung bedingt eine höchst selektive Aufmerksamkeit und dient nicht unbedingt der Erkundung der anderen Lebensrealität. Sie ist egozentrisch in dem Sinne, daß sie immerzu nach Parallelen und Fäden sucht, nach dem Bei-mir-war/ist-das-auch-so ... Eine solche Egozentrizität aber ist der Erweis von Selbstbeschränkung, auch eines Zurückschreckens vor dem ganz anderen und der Suche nach Bestätigung des eigenen, vor allem auch der eigenen Grenzen. Alles, was nicht unmittelbar selbst angefühlt, selbst geschmeckt, selbst inhaliert, selbst betreten ist, ist das leicht zu übergehende und zu übersehende Fremde. So bleiben Frauen wieder häuslich, bei sich zu Hause, auf ihrem eigenen vertrauten Terrain. Der Erfahrungsbegriff bleibt eng. Unter solchen Voraussetzungen werden von der Untersucherin unwillkürliche Akzente gesetzt, die nicht primär die Situation der anderen Frau, sondern ihre eigene charakterisieren.

Dieses Identifizierungsvermögen selbst ist eine höchst fragwürdige Qualität. Zunächst ist sie eine Zuschreibung, eine Fähigkeit, die Frauen besitzen *sollen*, die zweifellos der Kommunikation mit Männern dienlich ist, und die Frauen wohl auch erstrangig in der Kommunikation mit Männern anzuwenden gewohnt sind; aber sie ist gleichzeitig eine, die Frauen nicht unbedingt *haben* – vor allem nicht in der Kommunikation mit Frauen – oder die sie nicht unbedingt haben *wollen*, da sie der Norm weiblicher Einpassung entspricht. So tritt sie auch in dem Moment zumindest sehr gebrochen in Erscheinung, wenn Frauen sich von solchen weiblichen Zuschreibungen entfernen wollen und entfernt haben. Sie ist, wenn überhaupt, eine »weibliche« Fähigkeit, die wir längst nicht mehr so ohne weiteres als einen uns selbst dienlichen Vorzug bezeichnen können. Hinterrücks erfolgt bei ihrer unhinterfragten Hochschätzung eine Gleichsetzung von »weiblich« oder »frauenspezifisch« und feministisch, die wir gezwungen sind abzulegen. Unsere Identifizierungsfähigkeit ist eine Falle. Sie legt uns fest, schreibt uns fest auf ein Verhalten, das in anderen Arbeitszusammenhängen, z. B. in der feministischen Sozialarbeit, längst und ausführlich kritisiert worden ist.[22]

Sofern es in der Untersuchung also primär darum geht, einen Ausschnitt aus fremder Realität aufzunehmen und zu begreifen, bedarf es einer mißtrauischen Auseinandersetzung mit den eigenen identifikatorischen Bereitschaften. Denn diese sind nicht einfach methodische Spezifika bzw. methodische Hilfen, sondern sie können die notwendige konzentrierte Aufmerksamkeit durchkreuzen und außerdem verhindern, daß im Ergebnis noch zu sortieren ist, wo die eine und wo die andere Frau sich befindet.

Die feministische Grundhaltung der Untersucherin kann also im Rahmen einer biographischen Erhebung nach meiner Auffassung nur auf eine sehr vermittelte und komplexe Weise zum Ausdruck kommen: in dem selbstbewußten aktiven Bemühen, Wege zu einer möglichst wahrheitsgemäßen Erkundung der anderen Realität zu finden; das bedeutet Aneignung von methodischen Fähigkeiten, z. B. auch des Zuhörens und des Nachfragens, eine Art Dienstleistung auf seiten der Untersucherin, in der sie einen Teil ihres Interesses, ihrer Neugierde am Lebenszusammenhang der anderen Frau realisiert, und zwar ohne die lediglich trennende oder vereinigende Dauerfrage an sich selbst: Was hat das mit *mir* zu tun; was bedeutet das für *mich*? Weiterhin heißt das, an die Untersuchung Fragen zu haben, Fragen nachzugehen, auf Fragen zu bestehen, sich selbst zuzutrauen, daß diese Fragen berechtigt sind, auch dann, wenn sie nicht identisch sind mit den spontanen Gesprächsäußerungen der Untersuchten. Die Untersucherin ist in einer solchen Untersuchung nicht eine andere Person als außerhalb der Untersuchung; sie kann sich aber nicht breitseitig einbringen, sie kann nicht breitspurig auftauchen. Sie kann sich allenfalls dosiert ins Spiel bringen, vorsichtig, bescheiden und abwägend. Denn sie muß das Beziehungsverhältnis aufrechterhalten und sich eventuell mit normentsprechenden Erwartungen konfrontieren, die möglicherweise stark abweichen von ihren eigenen Ansprüchen an sich selbst und die andere Frau. Diesen Widerspruch kann sie nicht aus der Welt schaffen. Und das bedeutet eventuell auch, Beziehungsregeln für die Untersuchung durchzuhalten, derer sie sich in anderen Lebenszusammenhängen entledigt hat. Aber die Untersucherin ist mit abhängig von den Erwartungen der Untersuchten an sie und kann diese Erwartungen grundsätzlich nicht im Untersuchungsprozeß einschneidend verändern.

Die Untersuchung bleibt zentriert auf die Untersuchte. Das ist auch deren Recht und ist schon relativ viel. Die Untersuchung bleibt damit aber abstinent gegenüber Differenz, d. h., sie thematisiert sie nicht in der Gesprächssituation selbst. Wenn die Untersucherin allerdings das Erkundete sortiert und interpretiert, kann sie das nicht tun, ohne die eigenen feministischen Positionen ins Spiel zu bringen; das heißt nach meiner Auffassung, sich nicht auf das Aufsuchen und Verstehen gemeinsamer, fast gemeinsamer etc. Erfahrungen zu beschränken und sich auf diese Prioritäten zu konzentrieren, vielmehr heißt das auch, Differenzen zu benennen. Weil es *die* feministische Position nicht gibt und *die* Feministin auch nicht, kann die Untersucherin nur versuchen, ihre eigene Position klarzumachen, den Ort, von dem aus sie die andere Geschichte sehen kann. Sie muß die Orte trennen. Sie muß sich trennen und selbst in Aktion treten. Das ist oft deswegen nicht einfach, weil die eigenen Positionen nicht selten während der Untersuchung durcheinandergeraten. Sie beginnen sich zu mischen mit denjenigen der Untersuchten. Die Untersucherin ist oft geneigt, Interpretationsmuster der Untersuchten zu übernehmen, ihre eigenen unterzuordnen, zu verstecken, zu vergessen oder verschwimmen zu lassen. Sie wird also jetzt wiederum konfrontiert mit ihrer eigenen Identifizierungsneigung und mit der Frage, wem diese nützlich ist.

In einer so angelegten Untersuchung wäre im Untersuchungsprozeß selbst die Hierarchie des Untersuchungsverhältnisses nicht aufgehoben. Untersuchende und Untersuchte wären weder Freundinnen noch Schwestern, noch Verbündete, sondern das, was sie sind: Untersuchende und Untersuchte.

Ein anderer Weg könnte sein, in die biographische Untersuchung von vornherein die politisch-methodischen Probleme der Interaktion zwischen untersuchender und untersuchter Frau in ihrer ganzen Widersprüchlichkeit einzubeziehen. Das würde bedeuten, daß die Untersucherin zwei Untersuchungsobjekte hätte: Ihr Gegenüber und sich selbst. Sie selbst wäre von vornherein, d. h. bereits während der Gesprächsphasen, nicht nur als Fragende und Zuhörende zugegen, sondern auch als Reagierende: Das ist sie in dem zuvor dargestellten Fall natürlich auch, aber dort *thematisiert* sie ihre eigenen Reaktionen nicht, vielmehr bemüht sie sich, sie zugunsten der Konzentration auf die Gesprächspartnerin soweit wie möglich im Hintergrund ihres Bewußtseins stehen zu lassen. Die zuvor beschriebene Abstinenz gegenüber den eigenen expliziten Äußerungen bliebe zwar auch jetzt bestehen: Die Untersucherin nimmt die Geschichte der anderen Frauen auf, ohne ihre eigene oder ihre eigenen Assoziationen zu parallelen Erfahrungen darzubieten. Sie hält sich auch hier zurück. Aber sie konzentriert ihre Aufmerksamkeit auf die Inhalte, die sie von der anderen erfährt und aufnimmt, *und* zugleich auf ihr eigenes Aufnahmesystem. Es ginge hier darum, genau hinzusehen, was sich unter welchen Voraussetzungen in dem Untersuchungsverhältnis ereignet; den Übereinstimmungen und Differenzen und deren

persönlich-emotionalen Äquivalenten, den Betroffenheiten, Abgrenzungen, Gleichgültigkeiten entlang den Gesprächsinhalten, die von der anderen Frau bestimmt sind, nachzugehen. Bei einem solchen Vorgehen könnte vielleicht etwas mehr Licht in das komplizierte Funktionieren der identifikatorischen Tendenzen in der Interaktion zwischen Frauen, verschiedenen Frauen, gebracht werden; könnte etwas mehr Wissen entstehen über die Täuschungen und Selbsttäuschungen der »Sympathie« wie der Abgrenzung und Ausgrenzung, der inhaltlichen Seite der Betroffenheiten, des Ärgers oder des emotionalen Unberührtbleibens. Ein solches Unternehmen stößt allerdings vermutlich einmal auf Grenzen, die das politische Erkenntnisinteresse zum Verschwinden bringen könnten. Es könnte nämlich, wenn es nicht oberflächlich bleiben will, in psychische Details und Mikrokosmen hineingeraten, die der Intention der Fragestellung eigentlich gar nicht entsprechen. Weiterhin würde auch dieses Vorgehen als gemeinsame Arbeit von untersuchender und untersuchter Frau kaum realisierbar sein. Jedenfalls dann nicht, wenn sich hier Frauen mit verschiedenen politischen und sozialen Realitäten miteinander konfrontieren, anstatt solche, die sich eh einig zu sein meinen. Im ersten Fall aber ist ein gemeinsames Erkenntnisinteresse kaum vorstellbar. Denn eine alleinlebende Sozialhilfeempfängerin und Analphabetin mit fünf Kindern z. B. wird sich kaum für ihre eigenen Betroffenheiten der Untersucherin gegenüber interessieren können, vielmehr ihr ihre Geschichte anvertrauen einzig in der Hoffnung, von ihr praktische Hilfestellungen für ihre Lebensbewältigung zu bekommen.
So wäre auch hier die Hierarchie des Untersuchungsverhältnisses nicht zu überwinden. Das Untersuchungsinteresse richtet sich primär auf die Prozesse der untersuchenden Frau mit ihren ganzen weiblichen und feministischen und sonstigen Bewertungs- und Reaktionsgewohnheiten, auf die sinnliche Seite der monolithischen »Gemeinsamkeit« und »Betroffenheit«, dieser ganzen ungeklärten Mixtur von politischen Ansprüchen, persönlichen Wünschen und Ängsten. Die andere Frau wäre mit ihrer Geschichte lediglich der Anlaß, sich diesem ganzen Wust etwas zu nähern. Entschädigt würde sie werden können durch den Versuch,

ihr in ihrem Alltag punktuell zu helfen, mit den Kindern Schularbeiten zu machen oder ihr einen Brief aufzusetzen.

Die Identität von Untersucherin und Untersuchter auf beiden Seiten, beide ausgestattet mit dem gleichen Erkenntnisinteresse, dieser politische und methodische Idealfall, wäre praktisch wohl nur vorstellbar zwischen Frauen, die sich von ihrer Profession, ihrer sozialen Realität und ihrer Bewußtseinslage her in ähnlicher Situation befinden: Zwei feministische Untersucherinnen, die sich für die Basis und die Auswirkungen ihrer Ansprüche auf den Umgang mit politischen und persönlichen Differenzen interessieren: Nicht besonders interessant, denn übrig bliebe vermutlich ein Psychospiel zwischen Feministinnen. Das können wir uns aber ersparen.

Trotz der angedeuteten Hürden und unsinnig werdenden Abwege allerdings meine ich, daß grundsätzlich über einen solchen Ansatz nachgedacht werden könnte, einen Ansatz, der die *Bedingungen* von »Betroffenheit«, von Identifikation wie von Abgrenzung im Rahmen biographischer Gespräche direkt ins Auge nimmt, ohne dabei in den Bereich der Psychoanalyse zu geraten, bzw. ohne die Erfahrungen als »Untersuchende und Betroffene« nur psychologisierend zu behandeln, vielmehr als Ausdruck eines politischen Verhältnisses zwischen verschiedenen Frauen.

Mir geht es nicht darum, daß wir die Differenzen und Distanzen unter Frauen hinnehmen und uns auf die alten herablassenden und voyeuristischen Untersuchungsmodelle wiederbesinnen. Auch nicht darum, selbstgerechten und selbstgefälligen Bewertungen das Wort zu reden. Ich will nicht Spaltungen zurückfordern und den auseinanderdividierenden kompetitiven Blick, die Kampfstimmung der Fernsehduelle oder das pluralistische Aufzeigen des großen Positionsspektrums in die Frauenforschung hineinholen. Aber wir sollten uns nicht die Legitimation in die Hand geben, reale Differenzen *nicht* thematisieren zu dürfen. Das Starren auf unsere Gemeinsamkeiten heißt allzuoft, uns an der Normalität des Frauenlebens zu orientieren und uns zu behindern. Wir sind nicht dazu da, die Widersprüche zwischen uns zu begradigen, sondern sie aufzuzeigen, wo sie uns auf verschiedene

Wege führen, und sie zum Anlaß zu nehmen, uns selbst immer klarer zu entscheiden.
Wie wir es *nicht* zu tun vorhaben, exerziert uns eine aufgeklärte Männer-Sozialwissenschaft in ihrem resignierten Zynismus vor. So ist an dem folgenden Beispiel in ebenso faszinierender Klarheit wie trauriger Banalität abzulesen, was passiert, wenn in einer Untersuchungssituation nicht nur emotional-kommunikative Nähe sich nicht einstellt, sondern zugleich die *politische Gemeinsamkeit*, nämlich die von Männern in dieser Gesellschaft, einfach *geleugnet* wird: Es passiert nichts, außer ideologischen Rechtfertigungen und die Präsentation eines bezahlten Forschungsprodukts:
Die Forscher – ich beziehe mich exemplarisch auf die Veröffentlichung von J. Kersten und C. Wolffersdorff-Ehlert: »Jugendstrafe – Innenansichten aus dem Knast«[23] – lamentieren offenherzig über die unendliche Kluft zwischen ihnen und den »Betroffenen«. Die Autoren gestehen in einer nur scheinbar selbstkritischen und ehrlichen Weise und gleichzeitig kokettierend die unüberbrückbare Distanz ein zwischen ihnen, den Wissenschaftlern, und ihren Untersuchungsobjekten, jugendlichen männlichen Strafgefangenen. Ihr eigenes Verhalten in den dokumentierten Gesprächssituationen persiflieren sie liebevoll. Sie beschreiben die Atmosphäre zwischen ihnen und den Jugendlichen als künstlich; ein gegenseitiges persönliches Interesse sei nicht herstellbar. Sie selbst seien unfähig, sich in den Gesprächen wiederzufinden, sich einzubringen, sie empfinden sie als quälend und höchst unbefriedigend. Ihre Fragen an die Gefangenen sind häufig ziel- und perspektivlos, und ihr gesamtes sprachliches Verhalten ist von panischen Ausweichmanövern durchzogen vor zu viel Nähe. Sie haben Angst, die Gefühle der Gefangenen und ihre eigenen anzugehen, und es gelingt perfekt, die Gefühle der Jugendlichen systematisch *nicht* wahrzunehmen und nicht aufzugreifen. Sie kommentieren das alles mit dem zynischen Satz: »Nicht das Bestehen der Distanz muß beklagt werden, sondern unser Versuch, sie zu leugnen.«[24]
Mit diesem Geständnis holen die Autoren sich das Prädikat der Illusionslosigkeit, gleichzeitig schreiben sie die Distanz zwischen

Untersuchenden und Untersuchten (sie sagen: zwischen Wissenschaft und Praxis) fest. Je mehr sie die Hürden zwischen sich und den Jugendlichen beklagen, um so deutlicher wird, daß die Autoren sich *selbst* nicht als »Betroffene« definieren – es sei denn als Betroffene von den Unangenehmlichkeiten und Peinlichkeiten der artifiziellen Forschungssituation. Vielmehr definieren sie sich als Wissenschaftler, als Angehörige einer »Zunft«, die ihnen »praxisferne« und irrelevante Arbeit aufzwingt; als die ganz anderen, deren Lebenserfahrungen mit denen der Jugendlichen überhaupt nicht vergleichbar sind, deren Sprache, Verhalten, Denken mit ihnen in keiner Hinsicht etwas zu tun hat; als Angehörige eben einer anderen Klasse: Hier die Wissenschaftler, die bürgerlichen Intellektuellen mitsamt ihrem ganzen Selbstmitleid, dort die Deklassierten, Benachteiligten, Diskriminierten, Randgruppen. Mit dieser »Theorie« einer klassenmäßigen Trennung zwischen ihnen und den Jugendlichen geben sie sich selbst die Absolution für jede wirkliche Auseinandersetzung. Sie können die politische Täuschung unbeirrt aufrechterhalten, daß zwischen ihnen als *Männern* keinerlei Gemeinsamkeiten existieren. So brauchen sie sich auch nicht zu äußern zu den Gewalttätigkeiten der Jugendlichen oder zu deren Vergewaltigungsphantasien gegenüber Frauen. Auch hier können sie nur verlegen und hilflos ausweichen. Sie können die Probleme nicht angreifen, weil sie ihre gemeinsame Situation als *Männer* an keiner Stelle – ob nun innerhalb oder außerhalb der Untersuchung – angreifen. Sie zeigen kein Interesse, die eigene Situation in irgendeiner noch so mittelbaren Verbindung mit anderen Männern zu verändern. In dieser perspektivlosen Lage kommen sie dann folgerichtig zu dem Schluß, daß der Versuch einer Zusammenführung von »Theorie« und »Praxis« der allgemeinen Einsicht weichen müsse, bei der eigenen Arbeit handele es sich weder um Theorie noch um Praxis[25], und sie seien entweder »Theoretiker ohne Theorie« in der Praxis oder »Praktiker ohne Praxis« in der Theorie.[26] Die Identitätslosigkeit und Unsinnigkeit, die politische Irrelevanz ihrer Arbeit ist unbestritten.

Wenn wir demgegenüber an der *Gemeinsamkeit* von Frauen als *politischer* Kategorie festhalten, dann deshalb, weil sie die einzige

Ausgangsbestimmung aller unserer Analyseversuche über die Struktur, die Erscheinungs- und Zerstörungsformen dieser patriarchalen Gesellschaft und der Frauen in ihr ist. Diese Gemeinsamkeit besteht aber zunächst *nur* in unserer diskriminierenden Geschichte und Gegenwart als Frauen und in der punktuellen oder konstanten Erfahrung der uns grundsätzlich gemeinsam treffenden *Außenwahrnehmung* durch Männer, nämlich erst mal nichts als Trägerinnen bestimmter Geschlechtsmerkmale zu sein. Diese Reduktion aber ist eine, die Frauen nicht selber vornehmen, sondern die ihnen entgegengebracht *wird*. Dieser Unterschied ist entscheidend. Denn Frauen *sind* nicht die Männern verfügbaren biologischen Exemplare. Sie werden allerdings ständig mit dieser an ihnen vorgenommenen Sicht oder Handlung konfrontiert – von den Blicken, Pfeifereien oder Rempeleien auf der Straße bis hin zur Vergewaltigung. Im letzten Fall haben Frauen keine individuelle Entscheidungsmöglichkeit. Aber Frauen machen sich etwas vor, wenn sie meinen, auch in allen anderen Konfrontationen mit den patriarchalen Selbstverständlichkeiten sich zwangsweise einlassen zu *müssen*. Frauen können die *Entscheidung* treffen, ob sie den Zuschreibungen entsprechen wollen, ob sie das ihnen als Objekt entgegengebrachte Interesse angenehm aufwertend, lästig oder erniedrigend finden. In solchen unterschiedlichen Antworten auf die Besichtigungen und Ansprüche von Männern läßt sich bereits die *konkrete* Gemeinsamkeit von Frauen nicht mehr wiederfinden. Gemeinsam ist die Erfahrung, als weibliches diskriminierbares Exemplar angesehen zu *werden*, nicht aber die Erfahrung, ein diskriminierbares Exemplar zu *sein*. Frauen werden in bestimmten Situationen gleich, nämlich »nur« als Frauen, behandelt, aber sie *sind* – zum Glück – nicht gleich.

Wenn Frauen sich dem gemeinsamen »Weiblichen« zuwenden, dem gemeinsam Reduzierten und Unterentwickelten, dem gemeinsam Unterforderten und Unterworfenen, dem gemeinsam Versäumten, bleibt feministische Arbeit und feministische Kritik flügellahm und gefesselt, wird ihr die *Besessenheit* fehlen und wird die Diskrepanz zwischen ihr und den gegenwärtigen politisch-gesellschaftlichen Ungeheuerlichkeiten klaffend. Denn in der Normalität des Frauendaseins und damit auch in seiner Gemeinsamkeit ist die Beteiligung von Frauen an der eigenen Unterdrückung und an der Zerstörungsgeschichte unserer Gesellschaften zu suchen. Und so hat das Faktum der Mittäterschaft von Frauen in der patriarchalen Geschichte und Gegenwart zumindest auf einer emotionalen Ebene nicht viel Verbindendes. Sie verlangt Entscheidung, Unterscheidung, auch Trennung. Ein Chor der Opfer überlebt vielleicht länger – dennoch ist auch er nicht ohne Grund verstummt. Ein Chor der Mittäterinnen ist unvorstellbar.

Querdenken – Gegenfragen – Einspruch
Zündstoff feministischer Forschung

Im Editorial der Feministischen Beiträge Nr. 11 heißt es, der feministischen Forschung gehe es »um eine *andere* Weise des Handelns, Erkennens, Forschens«[1]. Was kann das heißen, eine »andere« Weise?
Eine »andere« Wissenschaft fordern auch einzelne Männer, wenn sie z. B. die Forschung der letzten 150 bis 200 Jahre als den größten Kolonialkrieg der Menschengeschichte kennzeichnen, als Strafexpedition gegen Natur und Menschen, auf der ständig neue Tonnen von Schundwissen anfallen. Allen Wissenschaften die Vollbremsung verordnen[2], allen Forschern die Monturen der Professionalität auszuziehen[3], sie zum Endeckungsstopp verpflichten: Die Rettung vor den Wissenschaften in ihrer Riesengröße, ihrer schamlosen Kostspieligkeit, ihrem Raubzug in das Innere der Natur läge so in einer Rückkehr zur »kleinen Wissenschaft«[4].
Diese kleine, die »andere« Wissenschaft würde mit dem »Schlüssel der Liebe« an die Rätsel der Natur herangehen statt mit Geld- und Fortschrittshunger und nackter Neugier. Sie würde nicht Beute machen, keine Erklärungen finden wollen, ihr bliebe das Leben ein wunderschönes Geheimnis, und der Forscher ginge niemals davon aus, diesem Geheimnis sein Wissen entziehen zu können: »Frömmigkeit gegenüber Stolz, Phantasie gegenüber Analyse«. Eine solche Wissenschaft werfe keinen Schleier über die Wirklichkeit, sondern wäre »Beteiligung an einer Welt, die man lieben muß«[5].

Solche Alternativen übertragen zu wollen auf das, was *feministische Forschung* sein könnte, einer solchen Verführung der Phantasie zu folgen wäre für sie tödlich. Abgesehen davon, daß feministische Forschung gezwungenermaßen eine »kleine Wissenschaft« ist, fast ohne finanzielle Kapazitäten und öffentliche Unterstützung, ohne gewaltigen Ansturm auf belegte Plätze und ohne Plünderung von Schonungswürdigem, geht es ihr nicht um Bescheidenheit. Feministische Forschung, deren Zündstoff das Geschlechtermißverhältnis ist, hat wenig Grund zu einer »liebenden Betrachtung« der Wirklichkeit. Weder durch Assimilation noch mit Askese und »positivem Geist« kann sie selber dem Entmenschungsprozeß entgehen oder ihm entgegenarbeiten, sondern durch Zersetzung, Entlarvung und Aufwühlung einer schlecht gemachten Wirklichkeit und durch die Aufkündigung von Pietät und Mystifizierung, mit denen der Popanz Wissenschaft gewohnt ist, behandelt zu werden.

Diese Wirklichkeit der Geschlechter ist der Stein des Anstoßes, und dieser ist der Antrieb feministischer Forschung. So ist kaum vorstellbar, daß die Triebkraft unserer Fragen eine liebevolle Zuwendung, ein liebendes Eindringen, die Teilnahme an einer geliebten Welt sein kann: Beschreibung, Beobachtung und Verehrung geliebter »Objekte«.

»Es wäre begrüßenswert«, schreibt Erwin Chargaff, »wenn alle, sagen wir Zwanzigjährigen, ihren vorläufigen Austritt aus der Menschheit erklärten«, wenn sie sich entschlössen, »das blutige Affentheater nicht mehr mitzumachen«[6].

Frauen könnten einen solchen Austritt gar nicht erklären, auch wenn sie es wollten. Denn Frauen sind nicht eingetreten. Sie sind Mitgenommene. Männer können immerhin ihre Werke und die ihrer Geschlechtsgenossen, die Mißgeburten des Wissensdranges, abwerfen. Die bösartigen Wucherungen ihrer Produkte können einzelnen Männern vielleicht den Überdruß an der eigenen Geschichte einjagen, können ein Unwohlsein durch Überfütterung an sich selbst aufkommen lassen und den »postmodernen« Vernichtungswunsch am männlichen Ich. Frauen aber haben mit dem Ekel vor dem *eigenen* Auswurf weniger zu tun; nicht mit dem peinlichen Entsetzen vor den *eigenen* Grenzüberschreitungen. Da es nicht ihre Werke sind, steht für Frauen auch nicht der souveräne Abschiedsakt des Abwerfens an, sondern der Akt des Verwerfens.

Die revolutionierenden Errungenschaften des männlichen Forschens begründen das Mitleid mit der Zukunft. Frauen sind nicht im Besitz jener Hervorbringungen. Das ist aber nicht ihr Verdienst. Denn diese Besitzlosigkeit beruht auf ihrem Ausschluß, nicht auf ihrer eigenen Entscheidung. Wenn Männer zu der Forderung kommen, Menschen sollten sich schriftlich verpflichten, nichts mehr zu entdecken, so gilt das nicht für Frauen. Denn Frauen haben noch zu entdecken.
Aber was?
Forschen heißt fragen. Das »Eigentümliche«, das »Andere« an feministischer Forschung ist die Frage selbst: der Ursprung, der Antrieb, der Inhalt, der Weg der Frage. Damit ist das Entscheidende, *wer* fragt. Es sind Frauen, für die das Vorfindliche nicht normal ist, sondern von Grund auf fragwürdig. Das »Andere« an feministischer Forschung wird also nicht in erster Linie von ihren spezifischen Methoden und ihren »frauenspezifischen« Inhalten getragen, sondern von der fragenden Person und ihrem gesellschaftlichen Ort.
Die Fragen sind In-Frage-Stellungen. Sie ergänzen das Bestehende nicht. Sie sind nicht der Anfang einer Aktion, an deren Ende die Problemlösung, die Handlungsanweisung, die Erklärung, der nächste Schritt, der Fortschritt steht und Beute eingeholt werden kann. Die Fragen sind nicht angetrieben von der sicheren Erwartung, eine Antwort zu finden, nicht von der Suche nach Erfolg. Sie sind auch nicht, wie ihr edleres Gegenstück, Ausdruck der Bewunderung geheimnisvoller Schönheit. Sie sind ein Aufschrei, manchmal auch ein Gelächter, und damit eine normalerweise wissenschaftlich unübliche Handlung.
Feministische Forschung besteht in der fortgesetzten Untersuchungsarbeit von Frauen an dieser Realität. Sie entwickelt sich mit den Fragen, erbitterten, unverschämten, aufgeregten, die beim Hinsehen und Hinhören entstehen. Dessen Feld ist grundsätzlich – denn es gibt keine andere – die Welt der Männergesellschaft, in deren Rahmen Frauen unter Bedingungen und Zutrittsregeln ihre Plätze einnehmen: Die Wirklichkeit, wie sie sich aus der Perspektive von Frauen sehen läßt. Dazu gehören die sie umgebenden männlichen Machwerke ebenso wie die männlichen

Machwerke an ihnen und die weiblichen Machwerke an sich selbst. So ist der Stoff, an dem feministische Forschung sich entzündet, ein Schock.

Der Raum, den eine Frau in dieser Gesellschaft einnimmt, und der Blick, den sie auf das Vorgefundene und auf sich selbst darin richtet, spiegelt ihre Zutrittsversuche und ihre Orientierung in einer Landschaft, in der sie nicht zu Hause, in der sie dennoch vorgesehen ist. Diesen Stoff des jeweiligen Lebens und seiner Vorgeschichte zu sichern, zu sortieren, in Form zu bringen und zu präsentieren ist eine Anstrengung der Gedanken, die ständig an äußere und innere Hürden stoßen. Denn das Sichten selbst findet eben in einer Landschaft statt, in der sich nicht nur Erfreuliches findet. Und so neigt der Blick dazu, sich gern ablenken zu lassen. Er ist von den gleichen Beschwichtigungsbemühungen mitgelenkt, mit deren Hilfe Frauen auch sonst ihr Leben akzeptabler zu machen pflegen. Die Zersetzung der Bilder von Weiblichkeit und Männlichkeit ist irritierend folgenreich für alle, die das tun. Und so ist der Gedanke einer möglichen Zersetzung selbst schon von den möglichen Folgen der Zersetzung geängstigt, beunruhigt und verlangsamt.

Vor zehn Jahren wurde der Begriff »Betroffenheit« zum Inbegriff des »Anderen«, das feministische Forschung sein sollte. Betroffenheit meinte damals mehr als subjektive situative Befindlichkeit. Vielmehr einen Gefühlszustand in Verbindung mit einer politischen Haltung, die daraus erwachse, daß alle Frauen in den Männergesellschaften, unabhängig von Herkunft, Rasse, sozialer Schicht, zur Unsichtbarkeit gebracht worden sind, nicht zu ihrem Recht kommen und eine reduzierende und verformende Geschichte mit sich tragen. Der Erfahrung gemeinsamer Geschlechtsbenachteiligung wurden weitreichende Konsequenzen für die Forschungsarbeit von Frauen zugesprochen: Sie sei getragen von dem gemeinsamen Interesse, der Ohnmacht entgegenzuleben. Feministische Forschung sei damit Sprachrohr aller unterdrückten Frauen, ein Weg, endlich zu Wort zu kommen und grundlegende Veränderungen wissenschaftlicher Übereinkünfte über »den« Menschen zu erzwingen. Diese Arbeit könne das

Herrschaftsverhältnis, das die Wissenschaften zwischen Untersuchungssubjekt und -objekt installiert haben, aufheben. Denn die Untersucherin habe weder ein moralisches und theoretisches Recht noch ein persönliches und politisches Motiv, sich als Wissende, Mehrwissende und Besserwissende über die Untersuchten zu stellen.

Die »Postulate zur Frauenforschung«[7] sollten den politischen Ort kennzeichnen, von dem aus Frauen die Welt fragwürdig werde und von dem aus die Erfahrung der gesellschaftlichen Unrechtsnorm zu einem aktiven wissenschaftlichen Handeln führe: parteilich, solidarisch und nicht-konkurrent, im Widerspruch zur wissenschaftlichen Norm der Wertneutralität.
Damit ist der Ort der Fragenden aber nicht zureichend beschrieben, vielmehr auch wunschgemäß verzerrt, vereinfacht und erwärmt. Daß die Frauenforschung ihre eigenen Postulate so schwer erfüllen konnte und mittlerweile kaum noch erkenntlich wird, daß es sie einmal gab, liegt nicht allein am Unvermögen der einzelnen Forscherin oder an der Institution, die sie behindert. Sondern auch an einer, nach meiner Auffassung, falschen gesellschaftlichen Ortsbestimmung, die zu einem illusionären, realitätsabweichenden Selbstverständnis verleitet.
Frauen sind zwar ein gemeinsam unterdrückter, aber kein von den Verhältnissen heil gelassener, gegen sie immun gebliebener Teil von Menschen. Sie sind involviert mit Haut und Haaren in das, was sie gleichzeitig schwächt, kränkt und krank macht. Sie sind bis ins Tiefste infiziert. Ihr historischer wie gegenwärtiger Ort wird nicht verständlich, wenn die Frau ihn als einen sehen will, der jenseits männlicher Ortszuweisung beim Mann und jenseits weiblicher Zuordnung zum Mann liegt.
Der Ort feministischer Forschung ist nicht ein sauberer und wärmender Platz, keine edle unverdorbene Position gemeinsam zu kurz Gekommener. Er ist auch ein befleckter und eiskalter Ort, durchdrungen und belastet mit Geschichte, mit Scham und Trauer. Es ist kein Ort der Bejahung und Zustimmung, auch nicht der Zustimmung zu *allen* Frauen und der ungebrochenen Zustimmung zu sich selbst, sondern ein Ort der Verneinung und des Wi-

derspruchs; nicht-akzeptiert, un-gewollt, abgelehnt und dennoch nicht einfach zu verlassen. Enttarnung und Verneinung richten sich so nicht nur auf die Mißbildungen der Männergesellschaft als einer »Außen-Welt« und auf ihre männlichen Vertreter und Betreiber, sondern auch auf jene Mißbildungen in Frauen, die sie zu Mit-Vertreterinnen und Mit-Betreiberinnen machen.

Für eine feministische Forschung bedeutet das, daß ihr Impuls in der solidarischen, »schwesterlichen« Parteinahme *für* Frauen, wie sie sind, im sozialarbeiterischen Engagement für Auch-Geschädigte und -Unterdrückte nicht aufgeht. Vielmehr bedeutet das die radikale Infragestellung auch des eigenen Geschlechts und seiner geheimen Übereinkünfte, die Zersetzung des Konstruktes von »Weiblichkeit« statt seiner Aufwertung, die Erhellung der Mechanismen, mit denen Frauen selbst aktiv mitstricken an einem Gewebe, das sie einfängt und zur Unsichtbarkeit und Nicht-Anwesenheit zwingt oder verleitet, die Konfrontation mit der eigenen beschädigten und selbstbeschädigenden Geschichte und Gegenwart.

Feministische Forschung beschränkt sich so auch nicht auf »frauenspezifische Gegenstände«. Sie richtet sich nicht nur auf das, was Frauen tun und denken oder taten und dachten, und läßt die übrige Welt unberührt. Vielmehr richten sich die Fragen grundsätzlich auf alles, woran wir Anstoß nehmen, was wir wegschaffen wollen, was wir zersetzen und entlarven, was wir ans Licht zerren und lächerlich machen wollen, was wir nicht glauben und übernehmen können.

Damit kann feministische Forschung keine Addition vorhandener Forschung und ihrer Antworten sein, keine Addition, die das Defizit fülle, das jene schmälert, indem sie Frauen ausspart und subsumiert. Feministische Forschung füllt keine Lücke, sie ist keine bislang noch fehlende Zutat zu den geläufigen Forschungsgegenständen in Form des un- oder falschbeackerten Gegenstands Frau. Sie liegt quer zu allen diesen »Gegenständen«. Sie ist Querdenken, Gegenfragen, Gegensehen, Widerspruch, Einspruch. So ist sie auch indifferent gegenüber dem Vorwurf der »Einseitigkeit«. Solange sie sich nicht selbst auf »Frauenspezifisches« reduziert und reduzieren läßt, ist sie nicht einseitig oder halbseitig. Sie ist ein ent-deckender Zugriff auf die genormten Systeme androzentrischer Weltsicht, Übereinkünfte und Lügen.

Das »Eigenartige« dieses Zugriffs ergibt sich nicht allein aus dem Bewußtsein und der Empörung des *Opfers* Frau, das seine *Ausgrenzung* aus der patriarchalen Kultur und aus dem »Subjekt« der Geschichte erkennt, sondern ebenso aus dem Bewußtsein der *Mittäterin* Frau, die von ihrem *Einschluß*, ihrer *Eingrenzung* in diese gleiche Kultur weiß. Ihr Beitrag als Hausgenossin und Liebhaberin des Mannes, als Teilhaberin und Zuarbeiterin, als Mit-Funktionierende und Männer-Tat-Bejahende, als Protektorin männlicher Vorhaben, Muse männlicher Entwicklung, sorgende Stütze, akzeptierende Mitdenkerin oder Schweigerin, als Dulderin und damit auch Trägerin männlicher Überwertung und eigener Ich-Losigkeit macht sie zu einem ebenso ausgegrenzten wie zugehörigen Teil des Subjekts der Geschichte; einen Teil, dessen fragwürdiges Gewicht hinter dem Schwergewicht des Mannes verschwunden erscheint. Und dies nicht nur im selbstherrlich ignoranten Blick des Mannes, sondern auch in der Neigung der Frau zur ungenauen Sicht auf sich selbst.

Die weibliche Mit-Tat an der zynischen Entwicklung der zivilisierten Männergesellschaft steckt – über den jeweiligen historischen Wandel seiner Erscheinungen hinaus – in den »normalen Eigenschaften« des weiblichen Sozialcharakters, der die prinzipielle Bejahung des Mannes und seiner Welt sicherstellen will: die spezifisch weibliche Akzeptanz der Täter. Diese vermittelt sich über aktive und komplexe Handlungen der Frau, die ihren Ort oder Heimvorteil in der Männergesellschaft erkauft über den Versuch, sich selbst als verneinendes Subjekt unkenntlich zu machen. »Mittäterschaft« der Frau meint ihre tätige Verstrickung in die Normalität der Männergesellschaft.

Mittäterschaft ist eine *analytische* und eine *moralisch-politische* Kategorie. Sie zum Zentrum feministischer Fragestellung zu machen bedeutet: erstens die patriarchalischen Gewalttaten und den Mann als historischen und gegenwärtigen Täter zu erkennen, zu stellen und bloßzulegen. Zweitens die Handlungen der Frau am Mann und an sich selbst zu analysieren als solche, die auf den gesellschaftlichen Täter und seine Produkte bezogen, in ihnen zwar unsichtbar, für ihre Entstehung aber hochwirksam und unentbehrlich sind. Drittens das Mit-Tun der Frau zu bewerten und zu verneinen, d. h., in Widerspruch zu ihm zu treten. Solange der Gedanke der Mittäterschaft herausgelöst wird aus dem Gewaltzusammenhang der Tat und damit nicht mehr als systematische Funktionalisierung der Frau für die Taten des Mannes verstanden wird, wird er zur isolierten Selbstbeschuldigung der Frau und verliert damit seinen Protestcharakter. Hinterrücks verschwindet die entscheidende Vorsilbe »Mit« und damit auch der Blick auf die patriarchale Gesetzmäßigkeit des Gewaltverhältnisses der Geschlechter. Hinterrücks würde so die Frau sich zur Täterin machen. Der Gedanke der Mittäterschaft stellt aber gerade nicht die Äquivalenz der Beteiligung her und kann so auch nicht der Erleichterung des Mannes dienen, so als habe er jetzt endlich mit feministischem Einverständnis gleichberechtigte Täterinnen zur Seite, statt die eigenen ihn anklagenden Opfer zu seinen Füßen. Im Begriff Mittäterschaft bleibt der Mann der Täter dieser verheerenden Geschichte, die Frau die Geschädigte. Aber ihre Schäden sind nicht einfach diminuierende und unschädlich machende Schäden. Vielmehr sind sie funktional bezogen auf das, was der Mann von der Frau braucht: ihre Zustimmung, ihre Loyalität gegenüber seiner Person und seinen Taten: ihren aktiven Bedarf am Mann.

Die Frau als handelndes Subjekt zu verstehen und den Gewaltverhältnissen der Geschlechter die Zustimmung aufzukündigen, ist eine Herausforderung an eine Forschung, die sich feministisch nennt. Andernfalls wird auch Frauenforschung zur »Beihilfe zur Tat«[8].

Bisher habe ich immer die Auffassung vertreten, »Mittäterschaft« der Frau sollte ein Begriff sein, der die *Schuld*-Frage nicht stelle. Mittlerweile habe ich diese Meinung geändert. Die Analyse der Mittäterschaft setzt zwar nicht, wie der juristische Begriff, ein Tat*bewußtsein* voraus, die Kenntnis des Ziels, das Eingeweihtsein in seine Absichten, die bewußte Komplizenschaft, den *Willen* zur »Straftat«. Vielmehr fragt sie statt nach dem empirischen

Schuldnachweis nach dem Charakter der Beteiligung der Frau als patriarchal gemachtes Geschlecht an der *historischen Gesamthandlung*.
So stellt sich die Frage nach der kollektiven Mit-Tat von Frauen zunächst unabhängig von ihrem individuellen Wissen und historisch möglichen Bewußtsein. Rückblickend können wir versuchen zu erkennen, mit welchen Folgen, in welcher Funktion und mit welchen Verhaltensweisen Frauen was gemacht, nicht gemacht und mitgemacht haben, ohne sie zu beschuldigen. Wir scheuen uns, zu Recht oder zu Unrecht, im Blick auf die Vergangenheit die kollektive Mittat als kollektive Mitschuld zu bezeichnen, denn die Schuldfrage setzt die Möglichkeit voraus, über das eigene Handeln zu verfügen. Und das zu beurteilen steht uns nicht zu, wenn wir die Bedingungen des Handelns und Nicht-Handelns, des Wissens und Gewissens nicht selber aus eigener Zeiterfahrung kennen.
Für die Gegenwart aber trifft das nicht zu. Wir können die Resultate des Handelns der Geschlechter sehen, und die Bewertung der Konsequenzen, die wir daraus ziehen, können wir uns nicht mehr ersparen. Diese bestehen nicht in Reue, Buße, Strafe oder Wiedergutmachung, sondern im Prozeß der *Trennung* aus den Verhältnissen der Zustimmung und Bejahung, in ihrer Aufkündigung. Die feministische Abstinenz und Diskretion gegenüber der Frage kollektiver und persönlicher Schuld, die dem Schutz gegenüber dem Opfer entsprang, entmündigt Frauen als Mitbeteiligte am historischen Subjekt der Geschichte und spricht sie von Entscheidungen frei, zu denen das Wissen um die Verantwortlichkeit für das eigene Tun zwingt.

Der Gedanke der Mittäterschaft und Mitschuld von Frauen ist kein destruktiver oder selbstdestruktiver neuer Gedanke einiger Fatalistinnen der Gegenwart.
Als Frauen noch keinen Zutritt zu deutschen Universitäten hatten und einzelne sich um einen Studienplatz in Zürich bemühten, einem Sammelplatz deutscher Studentinnen und Frauenrechtlerinnen, veröffentlichte die aus Hamburg stammende Schriftstellerin Ilse Frapan 1899 die »Monologe einer Fledermaus«[9], einen

ergreifenden Bericht über den Eifer und die Verlassenheit, die Enttäuschung und das Scheitern einer jungen Frau an der Männeruniversität.

»Die Frau gedeiht ausschließlich in der Familie, sagen sie uns. Aber, – ist sie denn so herrlich gediehen? Sie erstarrt ..., nimmt alles Nebensächliche für die Hauptsache und schätzt das Wesentliche gering. Der Horizont wird durch lauter Nichtigkeiten verhängt.«[10] ... »Indem man uns alle freie Bewegung versagte, hat man uns klein gemacht und uns dann höhnend vorgehalten: des Hauses enge Grenzen, das sei unsere ganze Welt. Und die Schuld der Unterdrücker ist die Mitschuld der Unterdrückten geworden. Indem wir es uns haben gefallen lassen, sind wir schlaff, träg, kleinlich, kurzsichtig, oberflächlich und listig geworden. Wir haben unsere Ketten sogar lieb gewonnen, wir finden uns anmutig in unserer Unselbständigkeit ... Nein, nein, so wie wir da sind, taugen wir gewiß nicht viel.«[11] ... »Wie viele Bände könnte man füllen mit falschen Anklagen gegen Frauen ... Da war kein Kirchenvater zu fromm, kein Philosoph zu weise, er mußte ein Witzchen oder ein Zötchen reißen, wenn er auf die Frauen zu sprechen kam ... Und was taten die auf alle Beschimpfungen, auf alle Bedrückungen? Sie fuhren fort, den Mann zu lieben und für ihn und durch ihn zu leiden!«[12]

Die Studentin des letzten Jahrhunderts wird beschrieben als immer gejagt, immer unruhig, vereinsamt und hin- und hergerissen zwischen Erkenntnishunger, Wissenschaftshoffnung und der Verzweiflung, sich im vorgefundenen Wissen nicht zurechtfinden zu können. Zuerst hält sie jeden Augenblick des Lernens für so kostbar und das Wissen, das ihr bis dahin vorenthalten war, für etwas »so Wundervolles«, daß die Lust, es sich anzueignen, für alle Entsagungen entschädigte: die »geistige Arbeit«[13]. Aber nach einer Zeit atemlosen Hetzens durch Vorlesungen und Bibliotheken und dem ausweglosen Versuch, das Nicht-Gewußte nachzuholen und ohne Unterstützung durch Ehemann, Familie oder Staat buchstäblich nicht zu verhungern, verläßt sie den Ort einstiger Verehrung und Vorfreude. Aber nicht spurlos. Ihre Aufzeichnungen sollen die Nachkommenden lesen. Diese richten alle Erwartungen auf die Frauenbewegung als einer Bewegung der *begeisterten*

Frauen: Sie könnten dem aufkeimenden Mißtrauen am Wert vorgefundener Wissenschaften auf den Grund gehen – »... wir brauchen neue Bücher, ... die alten lügen, sie verleumden uns! Sie sind von Leuten geschrieben, die uns nicht kennen!«[14] –; sie könnten endlich »Kulturarbeit« an sich selber vornehmen[15]; sie, die Unverheirateten, hätten Kopf und Herz frei für andere, ihre Glücksvorstellungen würden sich nicht mit den zwei/drei Allernächsten zufriedengeben[16]; sie könnten mit ihrem Überschuß leidenschaftlicher Gefühle ein Wissen erarbeiten, das ihnen und anderen Frauen weiterhilft; sie würden sich »aneinander stärken und aneinander freuen«[17]; sie würden ihre ganze Liebe »mit glühender Hingabe und schrankenloser Seele«[18] den Erniedrigten zuwenden: Sie wären »Fürsprech für ihre Schwestern«[19].

Dieses zu lesen ist heute beschämend. Zwar sind die Bedingungen, unter denen diese Visionen auf die Zukunft ausgedacht worden sind, nicht mit denjenigen der Gegenwart zu vergleichen. Das fast 90 Jahre alte Dokument soll hier lediglich Anlaß sein zu der Frage, wie die Überzeugung von Mittäterschaft und Mitschuld zu vereinbaren ist mit der *begeisterten* Anstrengung, sie aufzudecken und aufzukündigen, und ob die Männerdomäne Universität heute ein Ort solcher Aufdeckung sein kann.

Die Universität ist weiterhin eine der klassischen Männerinstitutionen, denn die Konventionen der männlichen Sicht auf die Welt sind hier weitgehend unwidersprochen, unabhängig davon, wie viele Frauen mittlerweile eingedrungen sind. Das betrifft grundsätzlich wohl auch die Human- und Sozialwissenschaften[20], die wissenschaftlichen Sichten auf Menschen und Gesellschaften. Allerdings zeigen die männergenormten Denksysteme hier überall Risse und Irritationen. Die Sozialwissenschaften spielen heute keine nennenswerte ökonomische Rolle, und auch ihr politisches Gewicht ist geringfügig geworden. Sie haben keine große öffentliche Stimme mehr, wenig meinungsbildende Wirkung. Theoretisch und praktisch sind sie erlahmt, seit deutlich wird, daß die sozialen und politischen »Krisen« mit dem Mittel gesellschaftlicher Analyse, sozialer und individueller Lernprozesse oder pädagogischer Interventionen nicht sichtbar zu wenden sind. Die Arbeit wird kaum noch von einer umfassenden oder auch nur bescheidenen Theoriebasis getragen. Emanzipatorische Theorien jedenfalls, die noch bis vor mindestens zehn Jahren scheinbare Denksicherheit hergaben und wissenschaftliche und praktisch-politische Perspektiven versprachen, sind weitgehend entmythologisiert: Ein historischer Prozeß, der kaum mehr zurückzuschrauben ist. Der revolutionäre Gehalt des Begriffs Masse z. B. ist fragwürdig geworden, seit die Effizienz der technischen Apparate die Effizienz der Menschenmasse verschwinden läßt und dem einzelnen und seinen solistischen Launen, genannt politische Entscheidungen, eine monströse Macht geben kann.[21] Ihr theoretisches Dilemma bringt viele Sozialwissenschaftler in die Defensive. Viele haben ihr intellektuelles Selbstbewußtsein verloren. Einige reagieren mit aggressiver Verteidigung, Ausdehnung ihrer Territorien und dem schamlosen Griff in Geldtöpfe, die von denen verwaltet werden, die Ähnlichkeit mit ihnen haben; einige versuchen sich anzubiedern bei den wenigen Außenseiter/innen, die mit ungewöhnlich erscheinenden Ideen sich zu kleinen Diebstählen eignen; einige ziehen sich zurück in die geschäftige Unauffälligkeit; gehorsam gegenüber den Vorschriften ihrer Zunft; einige – das sei nicht verschwiegen – zeigen sich auch bescheiden, hilfsbereit und respektvoll gegenüber denen, die nicht ihresgleichen sind, und wenden ihre formale Macht nicht gegen sie. Dennoch bleiben die meisten sublime Sklaven. Kaum jemand zieht die Konsequenz. Sie fragen nicht weiter, so als wüßten sie nicht, was es noch zu fragen gäbe. Ihnen fällt nichts mehr ein. Vor allem stellen sie nicht die vielleicht einzig noch zu stellende Frage, nämlich die nach der *Täterschaft* des Mannes in der Männergesellschaft. Eine Analyse des Patriarchats, wenn schon nicht zu verhindern, ist Frauensache. Das finden Männer logisch. Sie fallen weiterhin auf ihre Rechtfertigungsnormen zurück, bleiben in ihnen beleidigt oder eifersüchtig hängen, mit nostalgischen Blicken auf die linke Vergangenheit.

Die herrschende sozialwissenschaftliche Norm jedenfalls ist gegenwärtig nicht aus einem Guß, nicht auf einen Begriff zu bringen. Die Wissenschaftsinstitution ist so auch nicht einfach eine verrammelte Festung, an deren Eingangstor die Wissenschaftspolizisten stünden und die Ausweiskontrolle vornähmen, und alle Abweichler/innen könnten nur hinter der Tarnkappe oder mit gefälschten Papieren passieren. Der ehemals monomane Machtapparat Wissenschaft als etwas schwerfälliger Ausdruck des kulturellen Überbaus ist *auch* bewegungsfähig, auch porös und brüchig, auch irritierbar und störbar, auch aufnahmefähig, auch markt- und modeabhängig, diffus, abtötbar oder belebbar. Er besteht einerseits aus Männern und einigen Frauen, die die konventionalisierten Sichten verbreiten und verbreitern. Aber diese müssen Zuhörer/innen und Abnehmer/innen finden, um sich verbreiten zu können. So können die Vermittler ihre Wissens- und Denkabnehmer auch verlieren. Denn diese sind ja grundsätzlich in der Lage, dem, was da dargeboten wird, zuzustimmen oder ihm zu widersprechen, Echo oder Echoverweigerer zu sein; sie können sich langweilen oder begeistern, wegbleiben oder kommen. Das Dargebotene braucht auch in der Universität Abnehmer/innen. Und auch wenn jenes zu einer Zwangsernährung gemacht werden soll: Diese nährt nicht lange, sie läßt Spender und Empfänger verelenden.

Jede Definition der Universität als einer starren Männer-Wissens-Festung verkennt, daß Frauen sich überall in der Männergesellschaft befinden in ihrer ganzen Brüchigkeit. Es gibt kein Drinnen und Draußen. Es gibt weder innerhalb noch außerhalb der Wissensinstitution geschlechtsneutrale Domänen oder Frauen-Frei-Räume. Niemand also ist innerhalb der Hochschule *in* der Männerwelt, im Männerbetrieb, und außerhalb nicht. Diesen Fall gibt es nicht. Die Wissenschaftsinstitution unterscheidet sich nicht grundsätzlich von allen anderen kulturellen Formgebungen dieser Gesellschaft. Und überall, wo Frauen sind, bestimmen sie mit ihrer eigenen Selbstdefinition und mit ihrem Verhalten im Vorgegebenen und zum Vorgegebenen, was sie sind und als was sie gesehen werden, womit und als was sie präsent werden. Die Neugierentwicklung in der Verneinung, die Wissenslust im Wissen um das historische Recht auf Wissen und Gewissen, die intensive und konzentrierte Denkanstrengung kann zu einer Besetzung dieses Raums führen, die den beteiligten Frauen zwar nicht gerade Sympathie, aber Autorität verleiht. Und die letztere haben wir nötiger als die erstere.

Die Begeisterung der Studentin aus der Generation unserer Großmütter oder Urgroßmütter entzündete sich an der *Vorstellung*, jene könne in Zukunft möglich werden: an der Vorstellung von der *entfesselten* Frau. Diese würde einen selbstgewählten Beruf haben, hätte Zeit zur Ausbildung des Geistes und wäre frei von dem entkräftenden Augenmerk auf den Mann. Die Erwartungen an die »Amazonen des Geistes und der Begeisterung«[22] waren gleichbedeutend mit dem Beginn ihrer Trennung von Mittäterschaft und Mitschuld: von der Zustimmung zum geistigen und seelischen Zwergwuchs, zur willigen Beschränkung auf ein Leben als menschliches Kleintier *für* den Mann.

Heute ist bekannt, daß Bildung, eigener Broterwerb und Ehelosigkeit nicht unbedingt nach sich gezogen haben, daß Frauen sich ins Leben hinein ausgedehnt und ihre Bereitschaft zur Kraftentnahme durch den Mann aufgesteckt hätten. Obwohl die Kämpfe von Frauen in der Zwischenzeit uns vieles erfüllt haben, was für sie noch Wunsch und Forderung war, klingt die Begeisterung von damals kraftvoller und vehementer als heutiges Reden.

Heute kann die Quelle der Begeisterung nicht die *Utopie* von der vom Mann und seinen Vorgaben ent-fesselten Frau sein, sondern die jeden Tag gegenwärtige Herausforderung, sie zu realisieren. Dieses scheint schwieriger, niederdrückender und zerreißender zu sein, als die Vorstellung es war. Die Praktizierungsversuche bringen Schläge und Rückschläge mit sich und stoßen an Grenzen, die nicht nur äußere sind, sondern auch Grenzen der Person. Außerdem sind die gesellschaftlichen Tatsachen der Gegenwart nicht gerade dazu angetan, Begeisterung an ihr zu entfachen.

Dabei haben wir heute eines nicht mehr nötig: Die Ehrerbietung, mit der Frauen damals noch dem Männer-Wissens-Ort begegneten. Wir sehen das »sieche Monster«, an dessen Krankenbett wir uns versammeln sollen, nachdem zuvor »eilig Fenster und Türen vor der Welt verschlossen wurden, dieser Wüste, die uns das Monster hinterlassen hat«[23]. Es ist nicht nur siech und fett, sondern wird offensichtlich auch gemeingefährlicher, je kränker es wird. Seine Entzauberung und der Verzicht auf jede Verneigung vor seinen Absonderungen kann deswegen auch nicht bedeuten, sie vollends zu übersehen.

Wissen Frauen heute zu viel? Sind wir allzu aufgeklärt, um noch mit Begeisterung etwas (wissen) zu wollen? Gibt es kein Wissen mehr, mit dem wir uns befreunden könnten? Haben Frauen es aufgegeben, einer Forschung, auf die sie Einfluß hätten, Gebrauchswerte für sich selbst zu verleihen, Subsistenzcharakter für die eigene geistige und seelische Selbsterhaltung, den Charakter einer kulturellen Arbeit am eigenen Geschlecht? Ist die Ungeduld der Erkenntnis, die Euphorie des Wissens verschwunden mit dem Entsetzen darüber, was Wissen und Erkenntnis anrichten und nicht ausrichten konnten? Ermüden wir vor der Anstrengung oder Anstrengungslosigkeit, die damit verbunden ist, keine Vorbilder der Bewunderung und Verehrung zu haben, mindert das unsere Fähigkeit zu lernen?
Es ist zwar nicht überraschend, wenn wir immer wieder am Lust-Verlust lahmen. Dieser ist kein Spezifikum geistiger Arbeit. Vielmehr eine allgemeine Ermüdung, eine »folgerichtige« Antwort der Psyche wie des Intellekts auf die unwägbaren Wüsteneien, die uns umgeben. Aber wenn wir uns vergegenwärtigen, daß der lauernde Lust-Verlust der gleichen Zwangsläufigkeit folgt wie andere Verluste auch, die uns zu akzeptieren abverlangt werden sollen, dann wird deutlich, daß er einerseits ein Ergebnis der Machwerke der Männergesellschaft an der Welt ist und andererseits – vermittelt über diese – ein Machwerk der Männer an uns. Es ist ein systematisch betriebener Defekt, der uns, wie andere Defekte auch, zugefügt wird. Und er wird zu einer Variante unserer Mittäterschaft, sofern wir uns ihm nicht zu widersetzen versuchen. Der Diebstahl an unserer Entdeckungs-Lust wäre einer der größten Triumphe der Männergesellschaft über ihre Frauen: Uns die Lust an unserer Sache zu nehmen. Und dies nicht mit Hilfe offener Zwangsmaßnahmen – denn Neugierde und Begeisterung werden uns in den seltensten Fällen *direkt* verboten –, sondern ausgeführt durch uns selbst.

Haßverbot

Gedanken ohne heimatliche Perspektive, ohne Landeplatz, sind Frauen unheimlich. Wir neigen dazu, uns auf einen Gedanken erst einzulassen, wenn seine Konsequenz eine neue Einbettung garantiert. Tut er das nicht, führt er ins Unwägbare, wird er schnell wieder abgestoßen oder erst gar nicht zugelassen. Die Frage nach unserem Haß ist ein solcher Fall.
Haß ist ein einsames Gefühl, kein gemeinsames Projekt. So wirkt auf viele die Aufforderung zum Haß wie ein Verführungsversuch zum Wahnsinn. Dabei ist der Wahnsinn ein Schritt heraus aus der normalen Verortung, und gleichzeitig ein Schritt hinein – ins Heim, ins Krankenhaus, zur Krankenschwester, ins Krankenbett, hinein in eine wie immer geartete Versorgung. Haß aber ist kein Austritt aus dieser Gesellschaft und bleibt ohne Heimangebot.

Ein Anlaß für die Frage nach unserem Haß ist das Ereignis Tschernobyl. Ebensowenig wie die Dimensionen der Hochrüstung noch *vorstellbar* sind, sind die Folgen des radioaktiven Super-GAUs *erfahrbar*. Sie schlagen sich in physikalischen Meßwerten nieder. Aber die Sinne sind entmachtet. Nicht sie signalisieren Gefahr, Verderben und den Ort eines Gegners. Grundlage von Panik oder Gleichmut ist ein öffentliches Informationssystem vor dem Hintergrund eines physikalischen und politischen Meßsystems. Wissen, Halbwissen, Falschwissen oder Nichtwissen werden zur wesentlichen Voraussetzung dessen, was wir fühlen und tun. Wir können uns nicht auf uns selbst verlassen, sondern unsere Orientierungen sind gekettet an Experten, von denen wir wenig oder nichts halten. Auch wer sich einen Geigerzähler zulegte und sich von ihm zum Supermarkt und in den Kleingarten begleiten ließ: Der nutzte wenig, er blieb ein Spielzeug, allenfalls eine Prothese, die die Abwesenheit eigener Sinnesorgane zur Registrierung dessen, was wahrgenommen werden müßte, dokumentiert. Die Entfremdung wird perfekt. Das Wort »Unabhängigkeit« scheint sinnleer geworden, gleichbedeutend mit Täuschung, Ignoranz oder Fatalismus, nur noch eine dümmliche Einbildung oder ein blinder Wunsch. Die Apparate, Fernseher und Radio abstellen, Zeitungen nicht mehr lesen, statt dessen sich der »wirklichen Welt« zuwenden und selber hinsehen: Dabei sahen unsere Augen einen prächtigen unbeschadeten Frühling, blühende Rotdornbüsche und Kastanienbäume, die ersten Bienen, Mücken und Fliegen, sommerlich gekleidete Menschen, die auf Fahrrädern oder zu Fuß, in den U-Bahnen oder im Auto den Sonnenstrahlen zustrebten.

Die unsinnige Gestalt, die die Verseuchung der Lebensbedingungen angenommen hat, versetzt sie auf eine Ebene des Erlebens, das in höchstem Maß unzuverlässig und in seiner Beständigkeit gefährdet ist. Dieses Erleben ist nicht verankert in der Erfahrung. Es findet keine Bestätigung in der unmittelbaren Wahrnehmung. Auf die Frage eines Moderators, ob die Leute Angst haben und wieviel Angst sie haben, antwortete in einer der unzähligen Fernseh-Diskussionssendungen ein Mann: »Nach den Nachrichten, die ich empfangen habe, habe ich keine Angst«; und eine Frau: »Ich glaube den Leuten, die ihren Beruf gelernt haben.« Andere führte die Angst zum Duschen, Putzen, Hamstern oder Verreisen, nicht weil sie ängstlichere Menschen sind, sondern weil sie anderen Informationen Glauben schenkten als die ersteren.

Nachprüfen können wir sie alle nicht. Unser Empfangsapparat kann lediglich sortieren und bewerten gemäß unserem Vertrauen oder Mißtrauen gegenüber dieser oder jener Politik, diesen und jenen Informationen. Aber ein Sensorium für die Art und Größe der Gefahren dieser Zeit haben wir nicht.

Ich kam mir immer wieder hypochondrisch vor, wenn das angeeignete Halbwissen über die anwesende Seuche aus der gesehenen Schönheit eine trügerische Fassade machte, wenn der Anblick des Frühlings und der Kinder zur Qual wurde, die aufgenommene Information zum physisch erlebten Angriff auf das bißchen Lebenslust. Wer auf dem unsichtbaren Unheil bestand, wirkte irgend-

wann peinlich, wie getrieben von einer perversen Lust an Schmerz, Krankheit und Tod. Schon zwei Wochen nach der realen Katastrophe machten sich Zweifel breit an der Angemessenheit der eigenen Verfassung, so als sei ich selbst psychisch verseucht, selbst ein Beitrag zur Seuche. Drei Tage keine Zeitung gelesen, und schon kaufe ich wieder Milch, am nächsten Tag ein neuer Artikel über den Einfluß radioaktiver Strahlung auf die Biochemie des Körpers und ein Leserbrief von Mitarbeitern des Max-Planck-Instituts für molekulare Genetik, und schon nehme ich meinem Sohn entsetzt die Milchtüte aus der Hand. Am gleichen Abend aktuelle Statements von seiten des Berliner Gesundheits- und Wissenschaftssenats, alle mit dem Tenor vorgebracht, daß jeder Mensch mindestens hysterisch sei, der sich nun immer noch Gedanken über irgendwelche Gefährdungen mache. Und schon komme ich mir hysterisch vor.
Sicherer bin ich allerdings bei der Antizipation der *psychischen* Folgen. Wenn z. B. mein dreizehnjähriger Sohn aus der Schule kommt mit der Nachricht, ein Lehrer habe gesagt, sie könnten alle damit rechnen, nicht älter als 30 Jahre zu werden; wenn Produkte von eingesperrten Tieren und aus geschlossenen Räumen vertrauenswürdiger geworden sind als das, was unter freiem Himmel war: Das *sind* reale Kindheitseindrücke, das *wird* zur psychischen Realität – egal, wie die biologischen Folgen für die Zukunft der individuellen Körper sein werden: Das Leben ausgeliefert, eine Natur, in der Verbot und Verzicht lauern, die Gefährliches speichert, vor der Menschen sich schützen sollen; das eigene Zimmer, in dem alles zu versammeln versucht wird, was über die Tage gebraucht wird, die vollkommene Abstraktheit der Verursacher dieses kranken Verhältnisses zur Welt.

Der Widerspruch von sichtbarer »Gesundheit« der lebendigen Natur und der Unsichtbarkeit ihrer und unserer Krankheit, die Unsicherheit über die Wahrscheinlichkeit dieser Krankheit, der Zeitabstand bis zu ihrem Sichtbarwerden sind der günstige Boden für jenen Mechanismus, der die Entwicklung im Atomzeitalter erleichtert und beschleunigt: die Verdrängung. Unsere Psychen, die bereits sichtbare Realität umzudeuten neigen, sofern sie un-

angenehm ist, sind erst recht nicht bereit, sich unsichtbare zukünftige Realität zu vergegenwärtigen, sofern sie unerträglich ist, schon gar nicht mehr, wenn die erste Aufregung vorüber und das Ereignis kein Alltagsgespräch Nr. 1 und damit auch keine Gesprächsrealität mehr ist.
Die Realität findet verborgen und versteckt statt. Sie wird erst real in einer Zukunft, in der wir nicht mit Sicherheit die kausale Verbindung zu den jeweiligen spezifischen Erfindungen und Beschlüssen, den spezifischen Unfällen und Tests, den spezifischen Giftfrachten in spezifischen Gewässern, erst recht nicht zu den spezifischen Tätern herstellen können. Die Langfristigkeit der Folgen macht sie für das gegenwärtige Bewußtsein abstrakt. Und alles Reden von der erkenntnisleitenden Bedeutung von *Erfahrung* wird damit zum Gerede.
Gerade sie war aber eine der wichtigsten Kampfbegriffe der Frauenbewegung. Denn in der Erfahrung von Frauen schien der entscheidende antipatriarchale Stoff zu stecken. Die Erfahrung allein schien den Mann in seinem Recht zu widerlegen. Erfahrung hieß erstrangig »schlimme Erfahrung«. Jetzt wird klar, daß Erfahrung auch heißt: *zu wenig*, nämlich auch Naivität, Armseligkeit und Dilettantismus des Erkennenkönnens. Sie enthält, da sie immer kontur- und kontrastloser wird, die Handhabung zum Erkennen *nicht*. Sie beherbergt immer weniger das, was zu erkennen notwendig ist, um das Angerichtete zu *verneinen*. So wird Haß ebenso unsichtbar wie das, was er hassen sollte.

Das bloße Aussprechen des Wortes »Haß« – des eigenen nämlich – hat erschrockene, reservierte, schnell ablenkende Antworten zur Folge. Frauen zucken zusammen. Ein unerlaubtes Wort. Ich finde aber kein anderes als das klare Wort »Haß«, das die Haltung der Verneinung richtiger wiedergäbe. Es ist wie der Mut zum Verbotenen, den ich brauche, um auf dem Wort zu bestehen, auch gegenüber mir selbst. »Haß ist es doch gerade, der das alles möglich gemacht hat!«, »Gehaßt haben die Faschisten«, »Hassen tun Mörder, Vergewaltiger, Mißhandler«, lauten die Einwände. Mit ihnen wird jedes Nachdenken über unsere Haßlosigkeit, unseren Haßverlust sofort zu ersticken versucht. So als hätte ich mir soeben

eine äußerst riskante Entgleisung erlaubt; ein kardinales Vergehen gegen die Angewiesenheit von Frauen auf die Nähe zu dem, was sie umgibt. Als sei ich selbst, was ich hasse. Oder als stehe jetzt die ganz privat werdende, die therapeutisch-leise Frage an: Wen haßt sie wohl *wirklich*? Welches ist ihr *eigentliches* Haßobjekt? Was mag ihre alte Kindheits-Haß-Wunde sein?
Wut ist erlaubt, Empörung ist erlaubt, vor allem Leiden, somit auch Haß als Kinder-Vergangenheitsleiden, das seine untilgbaren Schatten immer mal wieder in die Gegenwart wirft; und jedes Gefühl auf der Liebesskala ist erwünscht und unverdächtig. Hier kann es noch so verlogen zugehen. Aber Haß: Hier wird es ernst. Und fahre ich fort, bestehe ich auf dem Wort, dem unaustauschbaren, dann gibt es sehr bald gar keinen Einwand mehr. Schweigen herrscht, und alle hoffen, ich komme auf dieses »Thema« nicht mehr zurück. Über Haß können wir nicht nachdenken, ohne dieses sogleich zu rechtfertigen.
Haß scheint heute eines der am hartnäckigsten tabuisierten Worte zu sein, nicht immer noch, sondern wieder. Es sei denn, es taucht auf im Schutz therapeutischer Anstrengungen und ihrer psycho-theoretischen Hintergründe. So ist ein »Haß«, der auf unerledigte, nicht ausagierte Gefühle der Kindheit zurückgeführt werden kann, auf nicht vergoltene frühe Verletzungen, verständlich; er darf sein, ist sogar zu fördern, er muß »rausgelassen« und »aufgearbeitet« werden, um sich dann in die Variationen der Liebe aufzulösen. Haß sei immer etwas Unbewältigtes, habe mit dem gegenwärtigen »Objekt«, dem ungeheuerlichen, das ihn auslöst, nichts zu tun. Die Ursprungspersonen, die ewigen Väter und Mütter, die versagenden oder die gewaltsam Liebenden, verdienen ihn, zu ihnen muß er zurück, unmittelbar oder symbolisch. Und Volker E. Pilgrim muß, so hofft und weiß er, nichts und niemanden mehr »weghassen«, wenn er sich wirklich auf sich und seine Bedürfnisse konzentriert.[1]
Dieses Ergebnis psychoanalytischer Hygiene wird viele freuen und erleichtern und manchem das Herz wärmen. Haß ist nichts als Erinnerungshaß, will sich rächen an den Originalpersonen, den beiden. Und jeder weitere oder gar neue Haß im Leben ist nichts als Wiederholungen an die falschen Adressen. So gibt es für

die Gegenwarten erwachsener Menschen außer Gespenstern aus den Kinderzimmern nichts zu hassen.

Die Tabuisierung des Wortes Haß als eines *politischen Wortes* hat sich in den letzten zehn Jahren, spätestens mit dem Deutschen Herbst, verstärkt.
Während in den zwanziger Jahren der »Haß gegen eine Gesellschaft, die schlechthin Menschen wie Dreck, wie Müll und Kehricht behandelt«[2], ein Kampfbegriff war gegen ein demütigendes Leben und dessen Verursacher, haben die Realisierungen des nationalsozialistischen »Hasses« die Verwendung dieses Begriffes über seine psychologisierenden Reduzierungen hinaus sicher für eine Generation fast unmöglich gemacht. Als er vorsichtig während der linken Protestbewegung Ende der sechziger Jahre wieder ins Gespräch kam, konnte er nur verwendet werden nach vorangestellten Absicherungs- und Abgrenzungsbemühungen gegenüber Mißbrauch und Mißverständnissen. Dorothee Sölle versuchte 1972 die Unterscheidung zwischen »blindem« und »produktivem Haß«[3]. Sie zitiert den Satz eines Fürsorgezöglings aus dem Dokumentarfilm »Wir wollen Blumen und Märchen bauen«, Arbeitsprodukt einer Berliner Hochschulgruppe, die im Märkischen Viertel Ende der sechziger Jahre im Jugendzentrum »Brücke« gearbeitet hatte: »Weißte, warum ich schlage ...? Weil ich nämlich dich hasse und dich und dich und alle nämlich. Ich könnte jeden kaputtmachen, jeden.«

In diesem blinden Haß bleibt der Gegner diffus, die Ursache der Ohnmacht unerkannt: »... kein autoritärer Lehrherr, ... niemand ist da, der ihn auf sich ziehen kann«[4]. Er rächt sich ungezielt an jedem Lebewesen für das eigene schlechte, zukunftslose Leben. Diesen Haß versteht Sölle als Ergebnis der Ohnmacht derer, die Opfer der Widersprüche der kapitalistischen Gesellschaft sind und denen es an den elementaren Dingen wie Wohnung, Spielraum, Luft mangelt; die nur arbeiten, konsumieren und schlafen sollen, mehr nicht. Dem blinden Haß, der ohne Hoffnung ist, setzt Sölle den »produktiven Haß« entgegen, den sie mit christlich-sozialer und politischer Tradition füllt: Dieser Haß ist »notwendig um einer neuen Welt willen«[5]. Jesus war ein Hassender, der sein eindeutiges Nein gegen das Unrecht am Menschen setzte. Haß ist hier eine Fähigkeit der Menschen, die daraus resultiert, daß sie Recht und Unrecht tun, erkennen und unterscheiden können und dabei Entscheidendes auf dem Spiel steht. Der produktive Haß, der für diese Unterscheidung unentbehrlich ist, setzt die Identifikation mit dem Opfer des Unrechts voraus und impliziert den Kampf gegen die Ungerechten. Die Unfähigkeit zum Haß ist damit gleichbedeutend mit der Unfähigkeit zum Nachvollzug des Leidens und zur Abwehr von Unrecht. Haß wächst in dieser Sicht aus der Enttäuschung, die nicht vergessen wird, und aus der Sehnsucht nach einem anderen Leben, die nicht einfach aufgegeben werden kann. Nicht der Haß, sondern die Ent-emotionalisierung ist so der Weg in die Unmenschlichkeit. Der produktive Haß enthält die Fähigkeit, den Entwurf vom Leben, für den er einsteht, festzuhalten. Er erweist ebenso wie die Liebe das Verlangen nach Transzendenz, nach Überschreitung des Bestehenden. Sölle plädiert dafür, das Wort »Haß« nicht auszuwechseln, und die Provokation, die dieser Sprachgebrauch enthält, nicht zu beschwichtigen.

Solche Gedanken wurden in den siebziger Jahren abgebrochen. Ein Grund ist die Geschichte der RAF, ihre Entwicklung in die Militanz. Sie wurde zu *dem* negativen Lehrbeispiel der Linken, bedrohlicher Spiegel einer der möglichen Weiterentwicklungen der ehemals gemeinsamen Revolte gegen die bleierne Zeit. Sie führte allen vor Augen, wohin diejenigen geraten, die total an der totalen Negation der bestehenden Verhältnisse festhalten. Sofort wurde »Haß« mit der Vernichtungstat gleichgemacht: Konsequenter Haß wolle die Vernichtung des Gehaßten. Haß erfülle sich in der Vernichtung, Vernichtung geschehe aus Haß, Vernichtung lasse den Rückschluß auf den Haß der Vernichter zu. Und wenn diejenigen, die die politische Macht nicht auf ihrer Seite haben, hassen, dann sei das immer Mord und Selbstmord zugleich. Die RAF, die vielen geholfen haben mag, »eine gefährliche Lebenskurve noch eben zu kratzen« und »doch besser einen anderen Ausweg zu suchen«, doch lieber auf dem Rücken der Bewegung nach oben als in den Abgrund gespült zu werden[6], wurde zum großen Beispiel des Entsetzens über die Zerstörungs- und Selbstzerstörungskraft des »Hasses« und die auf ihn reagierende Gewalt des Staates. Wenn schon jeder Versuch des Verstehens zum Sympathisieren mit dem Terror gemacht und Sympathie damit zum existenzgefährdenden Schimpfwort wurde, so war das Wort Haß mit dem vollkommenen Denk- und Gefühlsverbot belegt. Haß und seine Bezeichnung hatten zu verschwinden, und sie verschwanden, ohne daß die schnelle angsterfüllte Gleichsetzung von RAF und Haß, Haß und politischer Abwegigkeit, Haß und persönlicher Katastrophe noch reflektiert wurde. In dieser Koppelung wurden alle ungeklärten und nicht gestellten Fragen dem großzügigen Reich der Verdrängung übergeben.

Ein weiterer Grund für die Ausgrenzung von Haß als einem »unerwünschten Gefühl« war der Hang zur »Menschlichkeitsdarstellung«[7] in der Ökologie- und Friedensbewegung und in Teilen der Frauenbewegung seit Ende der siebziger Jahre. Das grandiose Zerstörungspotential als Ergebnis technologischer Produktion und die Kritik an den ideologischen Grundlagen der Gesellschaften, die sie betreiben, brachte den Ruf nach Gefühlen mit sich, die der Herrschaft der sogenannten Rationalität entzogen seien. Mit der ersehnten Wiederentdeckung verschütteter Gefühle wurde das friedliche Wesen des Menschen freizulegen gehofft, seine lebenserhaltenden Interessen, die Liebe zum Menschen und zur Natur. Beeinflußt von Ideen Mahatma Gandhis zum gewaltlosen Leben und zur gewaltlosen politischen Aktion und von christlichen Lehren zur Friedfertigkeit begann eine breite Auseinandersetzung um die »positiven Gefühle«. Ihnen sollte zu mehr Macht verholfen werden, um zu korrigieren und zu heilen. Für sie erschien die Frau spezifisch geeignet. Die Aufwertung von Weiblichkeit wurde von vielen Seiten betrieben. Manche Männer hielten Frauen und viele Frauen sich selbst für diejenigen, die aufgrund ihrer Biologie, ihrer sozialen Situation, ihrer Geschichte oder ihrer psychosozialen Entwicklung in besonderer Weise zu Liebesgefühlen und friedlicher Lebenserhaltung qualifiziert seien.

Auf der Seite der Friedliebenden jedenfalls hat es heute keinen Haß zu geben. Und wenn er sich, in welcher Form auch immer, nicht leugnen läßt und die Realität der Personen in der schieren

Liebe nicht aufgeht, wird er eiligst psychologisiert, als neurotisches Phänomen definiert, das der Therapie bedarf, wird er als verdrängter Rest unzivilisierter oder unzivilisierbarer Gründe des Menschen bewußtgemacht, behandelt und weggearbeitet. Er wird hier in der Regel als eine Form von *Destruktivität* verstanden, im Verein mit Aggression, Wut, Frustration, Mißgunst, alltäglichem Unfrieden und psychischer Krankheit: Eine Kraft, die das Negative in die Welt bringe und deswegen so gut es geht zu eliminieren sei.

Eine ganz andere Sicht geht davon aus, daß Haß gerade nicht den gegenwärtigen gesellschaftlichen Zustand bedinge. Haß sei zu einem historisch überholten Gefühl geworden, das mit der Entwicklung von Distanzwaffen und Kriegstechnologien in den Größenordnungen des 20. Jahrhunderts entbehrlich geworden sei: Die Vernichtungsmaschinerie der zivilisierten Völker betreibt sich demnach selbst, die moderne Kriegführung und -vorbereitung brauche keine Hasser, sondern zuverlässige Bürokraten, qualifizierte Techniker und ordentliche Arbeiter. In dieser Herleitung wird die historische Veränderung oder das historische Schrumpfen des Hasses gestützt auf die technologiebedingten Veränderungen des Männer-Phänomens Krieg. Vorausgesetzt wird, es gäbe einen historischen Spezialschauplatz Haß, den Krieg; in ihm sei dieses Gefühl in konzentrierten Aktionen kollektiv organisiert, Haß habe außer im Kriegsfall keine legitimierte Anwendung, und Kriege seien die wesentlichen persönlichkeitsbestimmenden Ereignisse der Geschichte, so auch die Geschichte der Gefühle. Mit dem Verschwinden der alten Haßschauplätze, dem physischen Nahkampf, der Feindberührung, sei auch, im Zuge des Ersten Weltkriegs, den Männern der Haß beim Kämpfen verlorengegangen. Gefühle wurden überflüssig, sogar hinderlich, die die Massenvernichtungen dieses Jahrhunderts hätten irritieren können. Die größten und perfektesten Mörder unseres Jahrhunderts »waren ohne Haß beim Ausfüllen der Listen, beim Öffnen der Gasluken«[8]. Heute sei Haß ein Gefühlsüberfluß, für den kein Bedarf mehr bestehe, seit die Gegner unsichtbar und unzählbar werdende Opfer geworden sind, die der Täter weder schreien, leiden noch sterben sieht. Die zeitliche und räumliche Entfernung zwischen Auslösung und Effekt, zwischen technischer Bedienung einer Vernichtungsmaschine und Mord, die Unfaßbarkeit der Opfermassen machen jedes begleitende Gefühl überschwellig. Die Elimination des Gefühls Haß hat die Täter wie die Opfer betroffen. Hiroshima zeigte haßlose Täter und haßlose Opfer, Täter ohne Gefühle gegenüber den anonymen abstrakt gewordenen Opfern, Opfer ohne Gefühle gegenüber den anonymen abstrakt gewordenen Tätern.[9]

Günther Anders zieht aus diesen Beobachtungen eine unzeitgemäße Konsequenz: Die *Verpflichtung* zum Haß. Diejenigen, »auf die es ankommt, müssen, obwohl sie es hassen, zu hassen, *doch* hassen ... Wer das Infame nicht haßt, ... bringt sich damit in den Verdacht, mit dem Infamen unter einer Decke zu stecken.«[10] Das Verschwinden des Hasses sei gefährlicher, als das verlorene Gefühl gefährlich war. »Gerade die Haßlosigkeit, die Haßunfähigkeit, gerade dieser Defekt ist es, an dem wir zugrunde gehen werden.«[11]

Diese Schlußfolgerung ist ansteckend. Ich möchte mich ihr gern anschließen, was jedoch alle Fragen von neuem aufwirft. Denn wie können Frauen sich diese Konsequenz zu eigen machen, wenn sie in der Analyse mit ihrer Geschichte gar nicht erfaßt wurden? Was haben Frauen also mit der Konsequenz zu tun? Sind sie subsumierbar? Können wir uns einfach anschließen? Ist der Haß, von dem bisher die Rede war, ein Männerphänomen, und müßten wir unsere eigene Herleitung aus unserer eigenen Geschichte leisten? Daß Frauen ihren Haß aus den gleichen Gründen verloren hätten wie Männer – falls letzteres der Fall sein sollte – kann wohl nicht sein. Warum haben Frauen ihn dann verloren? Haben sie ihn verdrängt, haben sie Erinnerungen an einen verlorengegangenen, haben sie gar keinen? Was bedeutet es, daß Frauen den Männer-Nahkampf-Haß nicht kennen? Verschwindet ihrer, wenn jener sich irgendwann erübrigen sollte? Was bedeutet es, daß Frauen an der männlichen Haß-Formgebung nicht oder nicht direkt beteiligt gewesen sind? Könnte das das Privileg von Frauen sein? Denn uns wurde vorgeführt, was wir *nicht* nachmachen wollen. Die folgenden Überlegungen sind nichts als ein vorsichtiges Ausprobieren, mit welchen Fragen wir weiterdenken könnten.

Die Empirie der normalen Weiblichkeit weist wenig Haß, wenig *verneinendes* Verhalten auf. Dieses setzt voraus, daß die Person sich aktiv und einzeln ihrer Umgebung entgegenstellt, daß sie sich vom Gegenüber abtrennt im Bewußtsein, eine einzelne zu sein.

Das sichtbar werdende Verhalten von Frauen verrät aber viel eher die ohnmächtige oder erfolgreiche Arbeit am *Übereinstimmungsversuch*; am Ziel, zugehörig zu sein und Ortsverweise zu verhindern. Die Neigung zur Assimilation an die jeweiligen Stärkekonstellationen, die Neigung, eigenes Wollen zugunsten fremder Vorstellungen zu verleugnen, die tiefen Verunsicherungen, wenn Orientierungsschwund droht, die andauernde vorsichtige oder beherzte Impulsgabe an den Mann, Spiegelungssuche und Spiegelungssucht und immer aufmerksame Ängste vor Liebes- und Sympathieverlust, oft eingraviert in die Gesichter, Stimmen und Haltungen, zeigen viel eher das Bemühen, Gegensätze zu versöhnen und Widersprüche konturlos werden zu lassen. Die trennende Konfrontation mit der Umgebung, die jeder Ausdruck von Haß in Kauf nimmt oder anstrebt, scheint gerade mit allen Verhaltensmitteln vermieden zu werden. Wenn Ich-Schwäche zum Grund-Defekt gemachter Weiblichkeit gehört, dann wäre gerade von ihr wenig Negation des Bestehenden und Umgebenden zu erwarten und zu befürchten, denn »ich-schwache Subjekte (können) kein Abgetrenntsein von der Gemeinschaft ..., mithin kein Für-sich-sein in Andersheit bestehen«[12]. Die Männergesellschaft erwartet von der Frau den bejahenden und schützenden Blick auf das, was sie umgibt. Die Frau als Verneinende entzöge sich selbst den Boden ihrer sogenannten Identität. Denn als Verneinende wäre sie nicht mehr die, die sie war, nicht mehr die, wozu sie da war, und nicht mehr die, die dahin gehörte, wo sie war.

Frauen scheinen in der Männergesellschaft wenig Trainingsfelder für Verneinungen gehabt zu haben. Haß aber ist, wie alle anderen Gefühle auch, ein historisch-gesellschaftliches Phänomen, das durch Übung, Einübung, also gesellschaftlichen Gebrauch oder Nicht-Gebrauch ins Leben kommen und am Leben bleiben kann oder mutiert und verschwindet. Verneinungen brauchen ihre Schauplätze, ihre Anwendungsgebiete, um sich nicht an ihrer

Entbehrlichkeit zu erübrigen. Die Geschichte von Frauen aber zeigt kaum legale oder frauenlegitime Haß- oder Verneinungsschauplätze. Die Ehe, die Haupt-Lebensform der Frauen in der bürgerlichen Gesellschaft, ihr Haupt-Aufenthaltsort und die Vorgeschichte fast aller Frauen heute, egal wie sie selber derzeit leben, kann niemals Haßschauplatz, Verneinungspraxis für Frauen gewesen sein. Zweifellos war und ist die Ehe ein mehr oder weniger verschwiegener *Kampf*platz der Geschlechter. Aber trotz Gewalt, Abhängigkeit und Kleinhaltung, trotz List und Tücke ist es nicht Verneinung, die innerhalb der intimen Geschlechterbeziehung stattfinden kann. Die Frau kann nicht die Personen und Strukturen negieren, an denen sie sich gleichzeitig orientiert. Sie kann diesen Kampfplatz nicht zur Konstitution ihres Ichs machen, wie der Mann das zu tun gewohnt war, wenn er im Kampf mit seinen Gegnern jederzeit kleine und große Trainingsfelder vorfand, und je mehr er sie nutzte, desto mehr war er in seine Gesellschaft mit starkem Ich und wachsendem Selbstbewußtsein integriert. Eine Parallele in der neueren Geschichte von Frauen gibt es dafür nicht. Wer zur Ich-Konstitution gebraucht wird, kann nicht gleichzeitig negiert, gehaßt werden. Machten Frauen mit ihren Verneinungen Ernst, war das eine patriarchale Panne, eine Ausnahme und Entgleisung, der die Aussortierung, Ausrottung oder Pathologisierung folgte, es sei denn, die Frau besorgte die Abtrennung selbst und sortierte sich selbst aus. Verneinungen von Frauen waren gesellschaftlich nicht notwendige Haltungen, Gefühle ohne Bedarf, ohne vorgesehenen Anwendungsfall: Die Männergesellschaft hat keinen Bedarf am Haß ihrer Frauen.

Erwünscht und erlaubt war allenfalls die Anlehnung an männliche Haßvorbilder, der Haß unter männlicher Haßerlaubnis und Haßregie. Bei den legalen, gloriosen Haß-Gelegenheiten der Männer, die mit höchster gesellschaftlicher Anerkennung der Staaten, des Gemeinwesens und vieler Frauen belohnt wurden, konnten Frauen möglicherweise am Haß der Männer teilnehmen und ihn auf die gleichen Feinde richten, die die Männer hatten. Es mag sein, daß diese stellvertretende Haß-Darsteller für Frauen gewesen sind. Es mag sein, daß sie sich mit den männlichen Hassern, zu denen sie ja auch sonst aufsahen, identifizierten, daß sie mit einem Teil ihrer Gefühle in den alten Körper-Kriegen irgendwie involviert waren, irgendwie mithalten, psychisch mitagieren konnten. Aber diese Teilhabe der Frau, die Abgabe oder Anlehnung ihres Gefühls an stellvertretend Agierende und – von seiten des Mannes – die dankbare Abnahme und Entlehnung ihres Gefühlsangebots: Dieser Abtretungsvertrag zwischen den Geschlechtern ist spätestens seit 40 Jahren gebrochen.[13] Frauen wären jetzt unmittelbar einbezogen in einen Krieg: ausschließlich als Vernichtungsmaterial.

Erwünscht und erlaubt war ein Haß, den Frauen auf ihresgleichen richten konnten. Auch wenn dieser zum Teil auf das Konto literarischer Erfindung geht – es bedarf keiner großen Phantasie, um nachzuvollziehen, warum es der männlichen Vorstellung lieb war, wenn Frauen sich untereinander anfeinden, und zwar mit dem bevorzugten, jedem Mann verständlichen Grund des Kampfes um den Liebhaber –, so ist doch wohl die Tatsache nicht zu leugnen, daß Frauen über ein reichhaltiges und geübtes Verneinungsrepertoire gegenüber Frauen verfügen und daß dieses anzuwenden gefahrloser ist als jede Verneinung gegenüber dem Mann. Die Verneinungen von Frauen untereinander folgen aber alle dem Prinzip der Entwertung, der gleichberechtigten Abwertung[14] im Schutz und Schatten der grundsätzlich garantierten Zustimmung des Mannes. Insofern enthält der Frauen-»Haß« von Frauen gerade nicht das Moment der Abtrennung, des alleine Ich-seins. Sein Motiv und seine Funktion sind weder vergleichbar mit denen männlicher Hahnenkämpfe, mit denen männlicher Vernichtungstaten, noch mit dem, wonach hier gesucht wird.

Frauen haben selber in den letzten Jahren viel dazu beigetragen, die Diagnose zu erhärten und zu belegen, Frauen seien haßlos. Dies geschah allerdings nicht in der Absicht, die *Defekthaftigkeit* dieses vermuteten oder erhofften Faktums herauszustellen, vielmehr mit dem Ziel, Frauen die moralische Eintrittskarte in die normale Welt zu verschaffen. Mit der Definition der Frauen als Friedensqualifizierte und Haßlose – in der wiederum die Gleichsetzung von »Friedfertigkeit« und Haßlosigkeit vorweggenommen wird – versuchen Frauen, dem eigenen Geschlecht den Ausweis zu verschaffen, aus psychomoralischen Gründen an den historischen Anschlußorten der Männergesellschaft partizipieren zu können. Dieser Ausweis ist versehen mit der Zusicherung, diese Orte gewiß nicht zu beschmutzen, zu verhöhnen oder deren Boden zu durchlöchern. Frauen suchen sich damit auch zu legitimieren, Männer zum Guten beeinflussen zu können. So wird versucht, empirisch zu dokumentieren und psychogenetisch herbeizuanalysieren, daß Frauen weniger Antrieb zu Zerstörung und Gewalt in dieses Leben mitbringen, daß sie kaum wachstumsfähige Wurzeln für die ganzen Bösartigkeiten in sich tragen – höchstens mal abgeguckte, vom Mann geliehene, transplantierte, im Krankheitsfall also. Im Grund ihrer Seele sind Frauen integer, und auch aus dem Hinterhalt ist nichts Gefährliches zu erwarten. Der psychogenetische Background ist beinahe sauber von destruktiven Impulsen. So können Frauen auch mutig und dennoch gefahrlos zu etwas Aggression angestiftet werden, Aggression mit Vorgaben, mit Bedacht, mit Vor-, Nach- und Rücksicht.

Der Nachweis des »Besserseins« der Frau wird zu führen versucht über den Nachweis ihrer haßfreien Seele und sozialen Verträglichkeit, ihres moderaten Verhaltens und ihrer sozialen Harmlosigkeit. Ein Mittel ist die Behauptung, Frauen neigten überhaupt weniger zur Verdrängung von Gefühlen als Männer.[15] Dieser Satz enthält die Behauptung, die Gefühle, die Frauen an den Tag bringen, *sind* im großen und ganzen die Gefühle der Frauen. Mehr haben sie nicht. Männer haben da offenbar noch etwas im Hintergrund, da ist noch Dampf, da sind noch Geheimnisse, dunkle Ursümpfe aufzudecken. Die Behauptung, Frauen leben ihre Gefühle, da sei wenig versteckt, vermauert, verlogen, unterstellt Empfindungsstumpfsinn, Empfindungsgrenzen. Die Geschichte von Frauen aber ist gerade die Geschichte der Verdrängung: Der Verdrängung aller unangemessenen, unerwünschten, raumsprengenden, männerraumsprengenden Gefühle, von Gefühlen der *Negation* des Bestehenden.

Männer ließen sich über den Schwachsinn des Weibes aus. Heute tun Frauen das ganz ahnungslos selbst. Die Behauptung der schwachen Verdrängungstätigkeit und -notwendigkeit seitens der Frau stellt eine moderne Parallele der alten Schwachsinnsdiagnose dar. Sie nimmt den Ist-Zustand als gegeben und wertet ihn auf, traut jedenfalls der Frau keine Verneinung zu. Eine solche fatale Behauptung scheint das »Ewig-Langweilige am Weibe«[16] zu bestätigen und die unverschämte Frage Nietzsches: »Hat jemals ein Weib selber schon einem Weibskopfe Tiefe ... zugestanden?«[17] Männer gaben immerhin noch zu, daß, wäre die Frau nicht durch die Umstände unschädlich gemacht, sie in Wirklichkeit »höchst gefährlich« wäre.[18] Frauen scheinen das von ihresgleichen nicht zu vermuten.

Die Friedfertigkeitsreden entlarven das Interesse, eine Verläßlichkeitszusicherung des unbestreitbaren Verhaltensunterschieds zwischen Männern und Frauen herzuschaffen, die frauenspezifische Kompetenz für das zumindest Bessere und Konstruktivere zu belegen. Dieser Absicht ist breiter Konsens sicher. Frauen lassen sich mit Hilfe eines allgemeinen Gütesiegels für das eigene Geschlecht sedieren. Sie warten wieder auf eine geschlechtsheimatliche Einbettung. Sie wollen die eigene Akzeptanz und Aufwertung von einer vorgefertigten, einer autorisierten, seriösen, offiziellen Rehabilitierung abhängig machen. Die Friedfertigkeitsbehauptung enthält ein indirektes Haßverbot. Sie will Frauen den bösen Blick nehmen. Dieser aber ist *ein* Mittel der Erkenntnis. Vor dem übel-sehenden Interesse, dem scheinauflösenden Gefühlseifer des Hasses weichen Schleier des Verständnisses, des Nachvollzugs und der Schonung. Ohne Haß auf Anteile dieser Kultur und ihrer Menschen, Männer und Frauen, geht uns nicht genug auf, werden wir nicht ergriffen. Haß ist eine unentbehrliche Maxime gegen diese Kultur, nicht nur der Einblick, der Blick auf Liebenswürdiges und nicht ein Schuß Aggression. Ohne leidenschaftliche Verneinung werden wir leidenschaftslos gegenüber dem Bestehenden und ist das Feindliche nicht kennenzulernen, interessiert es uns nicht wirklich.

Die Friedfertigkeitsbehauptung nimmt Frauen auch den Schmerz, den jeder Haß bereitet. Sie schürt die Angst vor diesem Schmerz. Sie verhindert Einsicht in die Tatsache, daß Haß durch Hinsehen und Konfrontation mit dem Übel gelernt und genährt werden muß. Dafür bedarf es keiner künstlichen Nahrung, das Vorhandene reicht aus. Die Friedfertigkeitsbehauptung versucht, diese Nahrung zu entziehen. Sie unterstützt, was die Geschichte

Frauen abverlangt und angewöhnt hat, nämlich keine Lust an der Verneinung zu entwickeln, statt dessen allenfalls angelehnt an männliche Haßgefährten an einem fremden Gefühl zu partizipieren.

Haß wurde Frauen verboten, weil die Männergesellschaft ihn nicht verwenden und verwerten konnte und weil er ihr hätte unbequem und gefährlich werden können. Haß war Frauen erlaubt, solange er gebunden blieb an männliche Vorhaben, solange er die Urteile des Mannes übernahm. Frauen fürchten ihren Haß selbst, weil die Negation der Nähe, die er enthält, Frauen zutiefst erschreckt. Frauen verbieten ihn sich selbst, weil seine Abwesenheit zu versprechen scheint, daß sie an Orten zugelassen werden könnten, an denen sie bisher meist wenig zu suchen hatten. Haß wird Frauen erschwert, weil die sinnliche Erfahrung – ihr vertrautes Gebiet – nicht die »ganze Wahrheit« hergibt. Die Frauenbewegung erschwert ihn selbst, sofern sie einem verflachten Erfahrungsbegriff das Wort redet, der der Unmittelbarkeit der Wahrnehmung glauben möchte.
Dieser Erfahrungsbegriff enthält nicht die Expansivität, die ihm ursprünglich mal innewohnte, die Tätigkeit des Er-fahrens, Erforschens, Nachforschens, Erkundens und Untersuchens, um zu »Erfahrenen« zu werden. Was Frauen in dieser Gesellschaft erfahrbar gemacht *wird*, was passivisch erfahren werden kann, ist ein eingeengter Raum, in den die Ungeheuerlichkeiten der Wirklichkeit immer nur als vereinzelte, individuelle, zerstückelte, zufällige, abbrechende, auch mit schönen Gefühlen vermischte, Eingang finden. Die verdeckte Wirklichkeit der Gegenwart aber ist als Ganze nicht erkennbar in dieser Erfahrung und ihrer verflachten Information. Sie reicht in ihrer ewigen Widersprüchlichkeit nicht hin, um von Erfahrung aufgeschreckt zu werden. Sie enthält zu wenig Aufforderung, um aus dem Gewühl der Wahrnehmungen und sinnlichen Eindrücke allein zu Urteilen zu kommen.
Haß, der hier gemeint ist, ist eine Kategorie des *Urteils*. Er ist kein blindwütiges Gefühl, sondern bringt Helligkeit in den Kopf. Er bedarf des Verstandes ebenso wie des leidenschaftlichen Gefühls, seiner Kontinuität und Verläßlichkeit. Er ist die Unbedingt-

heit einer Passion gegenüber dem, was nicht sein soll, der Wunsch nach Nichtung, nach Nicht-sein, nach dem Nicht-sein-sollen dessen, was nicht sein soll, weil es als Schlechtes erkannt werden kann. Er ist eine moralische Herausforderung gegen die patriarchale Hygiene, die darauf aus ist, die Verneinung derjenigen Anteile in der Welt zu verhindern, die der Verneinung durch die Frauen bedarf, denn ohne Frauen werden jene niemals verneint, von niemandem. Diese Verneinung macht uns nicht zu »gehässigen Subjekten«, macht nicht die Person als Ganze »negativ«. Denn das Motiv der Verneinung bleibt der leidenschaftliche Nachvollzug des Schadens: Ich will, daß etwas *nicht sei* und daß etwas anderes *sei*; ich will, daß etwas nicht sei, damit anderes sein kann und nicht geschädigt werde.

Dieses Gefühl, das Liebe genannt werden kann, die leidenschaftliche Aufwühlung durch das Vergegenwärtigen der Schäden, ist nicht spektakulär und sucht nicht nach Stärke und Sicherheit; es sieht Unscheinbares und findet wertvoll, was zuvor nicht aufgefallen war.

Das »moralische Irresein« der Frau

Eine Untersuchung von Tötungsdelikten amerikanischer Frauen des 19. Jahrhunderts an ihren Ehemännern kommt zu folgendem Ergebnis[1]: Die meisten Verfahren gegen Giftmörderinnen, die ihre Männer beseitigten, endeten mit Freispruch. Dieses unerwartete Urteil zugunsten der Frauen beruhte darauf, daß die richtenden Männer sich *kein Motiv* vorstellen konnten, aus dem heraus eine Frau ihren Mann umbringen könne. Die Männer – Richter, Ankläger, Verteidiger, Schöffen – gingen von der hartnäckigen Überzeugung aus, daß Frauen von Natur aus, und solange sie normal sind, Männer lieben. Diese Annahme führte dazu, konsequent zu ignorieren, welche Lebensbedingungen, welche Gefühle Frauen veranlaßten, Arsen oder Strychnin in den Tee, die Whisky-Flasche oder die Hühnersuppe des nichtsahnenden Gatten zu mischen. Der Freispruch war Ausdruck des Schutzinteresses der Männer, und zwar gegenüber ihren eigenen Vorurteilen über sich selbst. Die Normalität dieser Frauen, die weder wie Hexen noch wie Verrückte aussahen und ein ebenso ordentliches wie schweres, also durchschnittliches Leben nachweisen konnten, ihre Nichtunterscheidbarkeit von allen anderen unauffälligen und treusorgenden Ehefrauen, machte ihre Verurteilung als Männermörderinnen unmöglich. Die öffentliche Verurteilung wäre die offizielle Bestätigung ihrer Tat gewesen und damit auch die öffentliche Bestätigung der Tatsache, daß alle durchschnittlichen Frauen die Möglichkeit in sich tragen, ihre durchschnittlichen Männer, die nicht mehr verbrochen hatten als andere durchschnittliche Männer auch, unerträglich zu finden. Diese zwingende Schlußfolgerung wäre so bedrohlich gewesen für den Mann, sie hätte eine so umfassende Selbstkritik und Infragestellung des Geschlechterverhältnisses nach sich ziehen müssen, daß jeder Mann, der auf der Unveränderbarkeit des letzteren und damit auf der Unveränderbarkeit seiner Person und seiner Vorrechte beharrte, es vorziehen mußte, durch einen Freispruch der Frau die ganze Angelegenheit auf sich beruhen zu lassen und so unspektakulär wie möglich aus der Welt zu schaffen.

Männer fanden es beruhigender, einem *Mann* ein solches Verbrechen anzulasten, die möglichen Beweggründe der Frau aber zu kaschieren. Es war wohl besser, sich darüber nicht den Kopf zu zerbrechen. Ihr Freispruch war der Preis, den die Männergesellschaft dafür bezahlte, sich weiterhin der Illusion hinzugeben, alle Frauen seien auf ihrer Seite. 541 bekanntgewordene, durch Gift herbeigeführte Todesfälle allein in England in zwei Jahren: für Männer eine furchterregende Bilanz, die die Angst vor weiblicher Rache und gleichzeitig den Zwang, diese zu ignorieren, in Gang setzte. Der »Schutz des Gesetzes« sollte eine gewisse gesellschaftliche Unaufgeklärtheit aufrechterhalten. Und so sind bei jeder Erwähnung eines besonders abscheulichen Vergehens gegen die weibliche Unbescholtenheit Männer schockiert, nicht über das Verbrechen, sondern über seine Enthüllung.

Ein Mittel der Nichtenthüllung war die Krankheitsdiagnose »moralischer Irrsinn« oder »moralisches Irresein«: ein unwiderstehlicher Impuls, der die moralische Orientierung der Frau plötzlich außer Kraft setze. Ein zeitweiliger moralischer Defekt, ein moralisches Ausrasten der Frau, bei dem sie plötzlich ihre festen Maßstäbe von Gut und Böse durcheinanderwirbelt, ansonsten allerdings intakt bleibt, denn sie scheint ja weiterhin den Mann zu lieben, den sie vergiftet, sie weint bei seiner Beerdigung, sie handelt weiter überlegt und hausfraulich im Lot, sie erzählt nichts Übles über den Gatten, die Nachbarn erfahren nichts Nachteiliges. Alles ist eigentlich in Ordnung. Nur besorgte sie sich eines Tages Rattengift, wartete ab, bis es ihm, bedingt durch Alkohol oder durch einen verdorbenen Magen, körperlich unwohl war, und half bei dieser Gelegenheit mit ihrem Fläschchen nach, nachdem der Hausarzt bereits den Darmkatarrh oder die Magenverstimmung festgestellt hatte und über die plötzliche unheilvolle Verschlimmerung des Zustandes seines Patienten lediglich etwas überrumpelt war oder peinlich berührt über die eigene offensichtliche Fehldiagnose. Die Begriffserfindung »moralisches Irresein«, die die Frau – zeitweise – im juristischen Sinne entlastete, ist insofern offenherzig, als sie viel verrät. Sie verrät das vollkommene Unverständnis einer Gesellschaft gegenüber der realen Situation der Frau, die sich gegen Gewalt zur Wehr setzt, indem sie sich des Subjekts der Gewalt zu entledigen sucht. Sie verrät auch den Horror des Mannes vor der Möglichkeit, Frauen könnten Konsequenzen aus einer Grundbefürchtung des Mannes ziehen, nämlich der, daß sie *den Mann nicht lieben*. Daß Frauen Männer *ablehnen* können, daß muß undenkbar bleiben. Frauen *leiden* zwar unter Männern, das ist ihre weibliche Profession, aber daß dieses Leiden zur Ablehnung, zur Verneinung des Mannes führen könne, das darf nicht einmal eine sprachliche Form finden, darf überhaupt nicht begreifbar, nicht vorstellbar werden.

Die Diagnose »moralisches Irresein« verrät also gleich ein ganzes ideologisches Netz, das der Mann über die Frau warf, nämlich die Struktur der patriarchalen Frauenmoral. Gemäß dieser Moral ist sie ein »von Natur«, also im gesunden Zustand moralisches Wesen, ja, ein Wesen, mit einer höheren Moral ausgestattet als der Mann, weil sie in der Lage ist, den Mann zu lieben unter *jeder Bedingung*, dennoch. Die Gewalt der Männer wird so zur Herausforderung der Liebesfähigkeit der Frau. Trotz allem, was er ihr antut, haßt sie ihn normalerweise nicht, verletzt sie ihn nicht, tritt sie ihm nicht zu nahe, läßt sie ihn sein, wie er nun mal ist, und will ihn trotzdem. Die Moral der Frau erweist sich in der Liebe zum Mann mit allen dazugehörigen Enttäuschungen, Schlägen, Verwundungen. Erst sie machen die Liebe wirklich wertvoll, sie machen sie aus. Die »höhere Moral« der Frau, von Männern attestiert, hat ihren Grund darin, daß Frauen das andere Geschlecht vergöttern oder aber, wenn dieses sich allzu offensichtlich als wenig göttergleich erweist, alles zu tun, es diesem Bilde ähnlicher zu machen: Die Frau ist dazu erschaffen, so fand man, die Fehler des Mannes auszugleichen und ihn somit zu einem vollkommeneren Menschen zu machen, als er es sonst wäre. Eine Frau durfte ihren Mann niemals maßregeln oder mit ihm streiten, sondern mußte mit ihrem Verhalten seine Mängel kompensieren und ihn durch verständige und unermüdliche Freundlichkeit beeinflussen. Gemäß diesem Auftrag war die Frau seit der frühkapitalistischen Gesellschaft und der bürgerlichen Familie *moralisches Modell*: die moralische Mutter ihrer Kinder und die moralische Führerin ihrer Männer. Kriterium für die moralische Funktion der Frau war wiederum ihre Fähigkeit zur Bejahung. Frauenmoral heißt Männerbejahung. Von allen Frauen aller Schichten und Klassen wurde und wird eines erwartet: daß sie ihre Männer nicht nur mit Nahrung und einem gemütlichen Heim versorgen, sondern sie moralisch unterstützen und aufrüsten, und das heißt schlicht, ihnen tagtäglich vermitteln: Es ist gut so, du bist gut so, mach weiter so, es gibt keine Einwände gegen dich, du bist in Ordnung, du bist tadellos.

Eine Frau, die ihren Moralkodex glaubhaft zu leben verstand, trat einen Beweis an: den Beweis nämlich für die Richtigkeit der männlichen Geschlechterideologie der bürgerlichen Gesellschaft, nach der Frauen die ganz *anderen Menschen seien als Männer*. Mit ihrer Moral der Bejahung trat die Frau den Beweis dafür an, daß sie im Besitz von Tugenden ist, die Männern einfach nicht zur Verfügung stehen und die sie deswegen auch nicht erstreben müssen, Tugenden, die gleichzeitig nicht das Verdienst der Frau sind, denn die Natur hat sie ihr geschenkt. Hilfsbereitschaft, Selbstbeherrschung, Selbstverleugnung, Friedlichkeit sind demnach nicht Ergebnisse der Willens- und Gefühlsanstrengung der Frau, kein Ergebnis der Arbeit an ihrer eigenen Person, kein Ausdruck der Unterwerfung unter Unvermeidliches, kein Ausdruck von Angst, kein Ausdruck des rationalen Kalküls, im Falle eines Streites in körperliche Gefahr zu geraten und jenen somit möglichst zu vermeiden; vielmehr Ausdruck ihres schönen weiblichen Wesens, für das sie nichts kann. So sind Frauen auch nicht Menschen, die moralisch *handeln*, sondern sie *sind* moralisch. Einfach so. Sie erbringen keine Leistung, sie fällen keine Entscheidungen, sie bringen keine Opfer, sie unterscheiden nicht zwischen schützenden und zerstörenden Handlungen. Damit muß der Frau auch keine besondere Achtung für ihr anstrengendes Wohlverhalten gezollt werden, keine besondere Dankbarkeit. Ihr liebenswertes, harmloses und angenehmes Verhalten ist nichts Heroisches, ist nicht ihr Verdienst, es ist nichts als Triebbefriedigung, Instinkterfüllung. Die Ursachen der seltenen Verfehlung ihrer männerbejahenden

Instinkte wurden so auch niemals da gesucht, wo sie zu finden gewesen wären, im Verhalten des Mannes, sondern in einer anfallsartigen und meist reversiblen Erkrankung des moralischen Immunsystems, einer Erkrankung, unter die die Erfahrung von Männergewalt pathologischerweise nicht zur Mehr- und Dennoch-Liebe führt. »Moralisches Irresein« der Frau, das war ein Attest, welches Frauen zeitweise vor dem Schafott oder dem lebenslangen Gefängnis rettete, damit Männer sich weiterhin der Illusion hingeben konnten, sie würden im Notfall von Frauen geliebt, was auch immer sie diesen antun. »Moralisches Irresein« war gleichzeitig ein Deckname für das Phänomen, daß Frauen ihre bejahende, duldende, verzeihende oder auch nur ignorierende Haltung gegenüber der Gewalt des Mannes aufgeben können; daß Frauen die ihnen von der Männergesellschaft abverlangte Frauenmoral gleich Männerbejahung verlassen können und sich entschließen, Grundüberzeugungen des Mannes zu verletzen. Diese Nicht-Bejahung ist wohl die gefährlichste Bedrohung seiner persönlichen und gesellschaftlichen Existenz, eine Bedrohung, die so an die Grundfesten des männlichen Selbstbewußtseins und der männlichen Selbstdefinition rührt, daß sie möglichst unbesprochen bleiben sollte, von magischem Schweigen verhüllt, und die sonst so wild wuchernde männliche Neugierde nicht zum Einsatz bringt.
Ist das einfach eine Anekdote aus dem 19. Jahrhundert? Kann der Mann weiterhin die Täuschung aufrechterhalten, er werde unter allen Umständen von Frauen geliebt? Halten Frauen weiterhin den Anschein aufrecht, sie würden sich, abgesehen von kurzen, aber heftigen moralischen Absencen, an die Regel der Bejahung des Mannes halten?

Ein Sprung in die Gegenwart, zunächst in die metaphorische des Films, nämlich des Spielfilms der Niederländerin Marleen Gorris: »Die Stille um Christine M.« Drei Frauen, die sich zuvor nie begegnet waren, bringen eines Vormittags beim Einkaufen in einer Boutique einen ihnen vollkommen unbekannten Mann, den Boutiquebesitzer, um. Sie tun das nicht geplant, nicht abgesprochen, nicht vorbereitet, ohne aktuellen dramatischen Anlaß,

nicht in spontaner Notwehr, nicht im Affekt, nicht in einem rasenden gemeinschaftlichen Anfall von Mordlust, vielmehr kühl, ruhig, schweigend, langsam, fast selbstverständlich, beiläufig. Ebenso ruhig verlassen sie anschließend den Laden, jede in ihre Richtung. Den Rest des Tages tut jede etwas, was sie immer schon mal tun wollte. In der Haftanstalt treffen sie sich wieder.
Die nun einsetzende Suche nach den *Motiven* dieses Mordes findet keine verbalisierte Antwort. Die drei Angeklagten haben dazu *nichts* zu sagen. Sie schweigen, oder sie erzählen von allem möglichen, aber zu den Motiven äußert sich keine auch nur mit einem einzigen Wort. Die psychiatrische Untersuchung, mit der eine wohlwollende, bemühte und kompetente Fachfrau betraut ist, kommt zu dem Ergebnis: Es sind »normale« Frauen verschiedenen Alters aus verschiedenen sozialen Schichten. Bei der Gerichtsverhandlung weigert sich so auch die Psychiaterin, die Frauen als verrückt zu begutachten oder für unzurechnungsfähig zur Zeit der Tat zu erklären. Sie besteht darauf: Es sind ganz normale Frauen. Das stößt auf fundamentale Irritation des Gerichts. Auf die spröde Bemerkung der Gutachterin, das Gericht möge bei der Urteilsfindung beachten, daß die Täterinnen *Frauen* sind, meint der Staatsanwalt: Ja, dies sei ihm zwar nicht entgangen, sei aber juristisch belanglos. Der Ermordete hätte ebenso eine Frau sein können und die drei Mörderinnen ebenso drei Männer. Dieser Satz ist Auslöser eines Gelächters, zunächst einer der Angeklagten, dann der zweiten, der dritten, schließlich eines unbändigen Gelächters sämtlicher Frauen im Gerichtssaal. In diesem Gelächter werden die Mörderinnen, immer noch lachend, abgeführt. Sie reden nicht über ihre Motive, aber jede Frau versteht sie, kein Mann versteht sie. Die hilflose und aggressive Suche des Gerichts nach den Beweggründen für die Tat findet in diesem Gelächter ihre einzige sprachlose Antwort.
Das Bedrohliche für Männer an dieser unheimlichen Verschwörung der Frauen bleibt ihre Normalität. Sie sind nicht geistesgestört, nicht manisch, nicht aufsässig, nicht schwachsinnig, nicht heruntergekommen, sie haben Kinder oder Männer, sie sind intelligent oder redselig oder verschwiegen. Sie lebten als durchschnittliche Frauen *und*: sie haben einen Mann umgebracht. Die-

ses *gleichzeitig* zu sehen ist für einen Mann unerträglich, undenkbar, das kann nicht sein. Jede Frau, einschließlich der eigenen, könnte somit eines Tages zum Kleiderbügel oder zum Garderobenständer greifen. Jede Frau könnte somit eines Tages auf die Idee kommen, ihren Ehemann, ihren Freund, ihren Chef oder irgendeinen fremden Mann zu beseitigen oder auch nur abschaffenswert und entbehrlich zu finden, auch nur den Wunsch nach seinem Nichtvorhandensein hegen. Und das ohne Grund, denn dieser Ermordete hatte ja nichts verbrochen, er hatte nur eine Frau beim Ladendiebstahl entdeckt und diskret überführt. Und die anderen Männer des Films: einer hatte seiner Frau nicht mehr viel zu sagen, ebensowenig wie sie ihm, ein anderer war dümmer als seine Sekretärin, hielt aber viel auf ihre Tüchtigkeit; ein dritter hatte auf alles schon Antworten, bevor es überhaupt möglich war, eine Antwort zu haben, andere verbrachten die Nächte mit ihren Frauen so, daß die letzteren zur Wiederholung keinen Anlaß sahen. Also ganz durchschnittliche Männer. Wo bleibt das Motiv?

Diese verständnislose Frage ist die eigentlich entlarvende Frage. Verständliche Motive wären zum Beispiel Eifersucht oder enttäuschte Liebe. Sie beweist die Heftigkeit eines Gefühls für den Mann, sie beweist, daß eine Frau verrückt nach einem Mann ist. Oder Geldgier. Sie beweist, daß eine Frau schließlich den gleichen Dingen nachjagen kann, wie Männer das tun. Oder Notwehr. Sie beweist, daß auch Frauen wie richtige Männer im Zweikampf zum Schutz von Körper, Ehre und Eigentum ihr Leben aufs Spiel zu setzen bereit sind. Diesem Mord aber fehlt jedes Motiv.

In Wirklichkeit hat es diese Geschichte wohl nie gegeben. Sie ist ein Entwurf des Widerspruchs zwischen den Geschlechtern, der in der Gegenwart immer deutlicher ins Bewußtsein gerät: der Differenz und Distanz zwischen der Sicht der Frau auf den Mann einerseits und der Sicht des Mannes auf sich selbst andererseits. Das ist eine Metapher: Frauen bringen einen Mann um, Männer können nicht begreifen, warum, und diese Frauen sind keineswegs erkrankt, sondern bei vollem Verstand und im Besitz aller Vermögen. Sie bringen ihn *stellvertretend für alle* um. Es ist die generalisierte Ablehnung, nicht die individuelle Notwehr oder Rache gegenüber einem einzelnen Übeltäter. Ein stellvertretender

Akt gegen etwas, das alle Männer gemeinsam haben: den Frauen etwas zu nehmen, alles im Besitz zu haben, über alles zu bestimmen und zu verfügen und kein Bewußtsein davon zu besitzen, was das für Frauen bedeutet, auch kein Bewußtsein davon, was Frauen eigentlich von ihnen halten.

Von der metaphorischen Gegenwart des Films ein Sprung in die reale Gegenwart: Die normale Gewalt in den Männergesellschaften hat seit der zweiten Hälfte dieses Jahrhunderts eine neue Form angenommen. Sexuelle Gewalt, Frauenmißhandlung, Vergewaltigung sind historisch alte, in immer neuen Gewändern auftretende »Umgangsformen« mit Frauen. Darüber hinaus aber ist Gewalt nicht nur eine, die der einzelne Mann der einzelnen Frau antut, die in seine Verfügung gelangt oder sich in seine Verfügung begibt. Männergewalt hat eine generalisierte Formgebung gefunden, die sie unabhängig von dem einzelnen gewalttätigen oder friedlichen Individuum Mann hat werden lassen. 1986 zum Beispiel hat sie sich vor allem für die europäischen Länder materialisiert in unsinnlicher, unsichtbarer Form durch erneut freigewordene Radioaktivität, Folge eines Denkens, daß alles, was machbar, auch vertretbar sei.
Am Beispiel der Plutoniumwirtschaft wird deutlich, in welcher Weise diese Erde, unser Wohnort, dabei ist, durch die großen Männertechnologien gewaltsam zugrunde gerichtet zu werden. Ich will das Bekannte nur anhand einiger Schlaglichter vergegenwärtigen: die Kraftwerkunion, Deutschlands größter Produzent von Atomkraftwerken, dessen Vorsitzender noch vor wenigen Wochen verkündete, nach Tschernobyl sei die Welt eine andere geworden, bereitet zur Zeit den Export von vier Atomkraftwerken vor: nach Spanien, Argentinien und Brasilien, und rechnet mit weiteren Aufträgen nach Jugoslawien, Ägypten und China. Wenn, wie zu erwarten, demnächst 500 Atomkraftwerke auf der Erde in Betrieb sein werden, mitsamt ihren berechneten Störfall-Wahrscheinlichkeiten, dann ist mit einem GAU in jeweils 20 Jahren zu rechnen. Das bedeutet die kalkulierte Inkaufnahme von drei bis vier »größten anzunehmenden Unfällen« innerhalb eines Menschenalters mit ihren schleichenden, sich jeweils potenzierenden krankma-

chenden oder todbringenden Folgen. Diese 500 Atomkraftwerke werden im »Handbuch der Kernenergie« als »Lappalie« bezeichnet gegenüber den mehr als 50000 Atombomben, die gegenwärtig auf der Erde lagern.[2] Auch für den Fall, diese Waffen würden niemals eingesetzt, bleibt die Dauerbedrohung durch die sogenannte friedliche Nutzung. Beim Versagen der Kühlung in einer Wiederaufbereitungsanlage könnte die Bevölkerung noch in 100 km Entfernung einer Strahlenmenge ausgesetzt sein, die um das Zehn- bis Zweihundertfache über der tödlichen Dosis liegt, ein Vernichtungseffekt, größer als der beider Weltkriege zusammen. Außerdem muß der in den Atomkraftwerken und Wiederaufbereitungsanlagen und durch atomare Tests und Unfälle produzierte radioaktive Müll immer irgendwo auf der Erde bleiben, und zwar für einen Zeitraum von 27000 Jahren. Dieser Müll wird, ebenso wie andere tödliche Gifte, irgendwie wegzuschaffen, und das heißt, aus dem Blick zu schaffen versucht: in Flüssen fortgeschwemmt, in Winden verweht, auf Meeresgründen versenkt, in Stollen versteckt: aus dem Blick und aus dem Bewußtsein verlagert und verdrängt.[3] Dennoch kann er jede Zelle erreichen, jeden Raum ausfüllen, er ist unsichtbar, kann sich überall einschleichen. Und Menschen und andere Lebewesen, die von den Gefahren nichts wissen, können diese nicht erkennen; für sie existiert kein körpereigenes Warnsystem. Die Unsinnlichkeit der Gewalt setzt die Gefahreninstinkte außer Kraft. Alle Nachkommen müßten bis in eine unvorstellbar ferne Zukunft hinein von der Generation, die den Schaden anrichtet, der jetzigen, davor gewarnt werden, Vertrauen in die Heimat Erde zu haben, in die die Gewaltprodukte eingegraben sind.

Mir geht es hier nicht um die Frage, welche Grade realer Gefährdung mit nuklearer Niedrigstrahlung verbunden sind und in welchem Maße die entstandenen Ängste auch auf Panik und Hysterie beruhen mögen; auch nicht darum, inwieweit die Angst vor der statistischen Wahrscheinlichkeit einer erhöhten Krebsrate in Mitteleuropa angesichts eines ganz anders gearteten Elends etwa von Völkern der »dritten Welt« ein Luxusgefühl saturierter Gesellschaften sei. Es geht hier nicht um die selbstmitleidige Klage um den auch noch für den kommenden Winter eingeschränkten Speisezettel und nicht um die Hamstermentalität, die sich im Frühsommer 86 bei viele Bundesbürger/inne/n breitmachte. Ich meine also nicht das Ereignis Tschernobyl unter dem Aspekt der Verschärfung individueller Vorsichtsmaßregeln und Überlebenskalküle.

Es geht mir vielmehr um die – zunächst jenseits aller persönlichen Ängste gelegene – Konfrontation mit der Frage, was die ungehinderte Entwicklung und Verbreitung gewaltsamer und tödlicher Technologien für das *Geschlechterverhältnis* bedeutet, für die Sicht der Frau auf den Mann als gesellschaftliche Kategorie, als gesellschaftlich gemachten abendländischen Typus Mensch. Diese Gewalt, die die Grenzen individueller Erfahrbarkeit sowohl überschreitet als auch unterschreitet, diese Vernichtung des Wohnorts Erde als potentieller »Heimat« ihrer Bewohner/innen ist *männergemacht*. Die Gefährdung und Zerstörung von Zukunft, Leben und Lebensorten beruht nicht auf unschuldigen oder nur fahrlässigen, sondern auf wissentlichen Handlungen der Männergesellschaften. Nicht nur die Orte sind angegriffen und unheimatlich. Das Vertrauen in die Menschen, die diese Gesellschaften und ihre Denkgewohnheiten repräsentieren – und das sind Männer –, ist beschädigt, beschädigt in einer umfassenderen Weise, als es der einzelnen Frau widerfahren kann, die ein Opfer alltäglicher Gewalt und Entwertung durch den einzelnen Mann wird und ihr Vertrauen in diesen langsam begräbt.

Diese universelle Gewalt wurde von Frauen nach dem Ereignis in Tschernobyl als Hölle bezeichnet, die erst geschaffen und erfunden werden mußte[4]: eine Hölle, die darin besteht, daß der Mann eine von ihm gemachte Gefahr in die Natur eingraviert hat, so daß sie nun tatsächlich als Feindin erscheint, zu der sie seit der Neuzeit erklärt wurde; daß die Krankheit zur Norm wird, daß Essen ungenießbar, Luxus zum Müll, Fürsorglichkeit zur Überwachung, Schutz zur Kontrolle, Schönes behaftet mit verborgener Gefährdung.

Claudia von Werlhof schreibt: »Dieses Entsetzen beim Blick in die Hölle konzentriert sich nach und nach immer mehr auf den Schmerz beim Anblick der Kinder ... Da greifen sie schon nach

ihm (dem dreijährigen Kind), gierig, eisig, gleichgültig und unersättlich. Da wollen sie sein Leben schon haben ... Es kommt mir vor wie mit der sogenannten Kinderpornographie. Die Opfer werden immer jünger ... Ich weiß ja, daß sie ihn sich holen wollen, in der Schule, beim Militär. Aber ich bin darauf jetzt noch nicht vorbereitet. Ich, die Mutter, bin schon ausgeschaltet, bin zur Seite geschoben ... Das Kind hat sowieso keine Chance. Es wird einfach abgebrochen. Mitten im Lachen ... Wir müssen von nun an damit rechnen, daß dieses Leben, da es angegriffen wurde, labil ist, vielleicht kränklich und früh vergänglich ... Daß wir unsere Kinder überleben ... Sie haben die Kinder einfach so, so nebenbei versaut ... Das Kind war bloß eine unwichtige Sache, ein Restrisiko, ein Ding, das zufällig draufgeht ... Das Menschenopfer in seiner schrecklichsten Form, nämlich die Opferung von Kindern, wird hier überhaupt erst erfunden, ja, verallgemeinert ... Was da mit meinem Kind passiert, kommt mir vor wie etwas ›Sexuelles‹, und zwar Männlich-Sexuelles, Sexuell-Gewalttätiges: ich denke immer wieder, ›was sind das für Schweine, was sind das für Schweine!‹ Ich fühle mich so, wie sich eine Mutter eines geschändeten, vergewaltigten, gefolterten, bedrohten und geschlagenen Kindes fühlen mag.«[5]
Ich zitiere diese Stelle nicht deswegen, weil ich etwa meine, solche Empfindungen und existentiellen politischen Anklagen seien Müttern vorbehalten. Es geht hier nicht um den Mutterstatus, nicht um die Einmaligkeit von Mutterliebe und Kindesliebe. Vielmehr um die Vehemenz eines Liebesgefühls überhaupt, das heute, finde ich, selten Äußerung findet. Es geht um die Erschütterung über die Beschädigung des Lebens, und über diese kann nur erschüttert sein, wer Liebe zu anderen Lebewesen kennt, wer auch immer das sein mag. Vielleicht ist die Liebe zu den wirklich Unschuldigen, den Ahnungslosen, zu denen, die einfach nur beschädigt werden, der stärkste Impuls der Verzweiflung, Empörung und Klarheit. Und eine klare Sicht auf die Wirklichkeit entsteht nicht allein über das Mitleid mit den Beschädigten, sondern über die Lokalisierung und Verurteilung der Beschädiger.
Je unmißverständlicher Frauen das letztere tun, desto größer wird die Diskrepanz zur weiblichen moralischen Soll-Vorschrift, der

Bejahung des Mannes. Die potentiellen Liebesobjekte verringern sich. Im Mann als gesellschaftliche Figur ist immer weniger Liebenswertes zu entdecken.

Das Kunststück, das von Frauen erwartet wird, nämlich die Männergesellschaft zu bejahen und ihren Exponenten, den Mann, zu lieben, *trotz* allem, wird zu einem emotionalen Akrobatikakt, der nur unter massivster Realitätsverkennung zu leisten ist; nicht ohne eine verstiegene Übertreibung von Gefühlen, nicht ohne Trugwahrnehmungen und Sinnestäuschungen, nicht ohne realitätsverzerrende Mystifizierungen. Diagnose: wahnhafte Verleugnung der Realität, imaginäre Wunscherfüllung mit subjektiver Gewißheit.

Diese Männergesellschaft scheint auf dem Weg zu sein, ihre Frauen – gemäß der anfänglichen Definition – ins kollektive »moralische Irresein« zu treiben, das heißt, die gefürchtete Verneinung des Mannes selbst hervorzubringen. Darin könnte die einzige Chance der gegenwärtigen Gewaltentwicklung liegen: daß die Frau sich endlich von der patriarchalen Frauenmoral und ihrem Kern, der grundsätzlichen, der nicht mehr hinterfragbaren, der wahnhaften Männerbejahung verabschiedet.

Eine solche Verabschiedung führt unweigerlich dazu, daß unsere *Heimatlosigkeit* in der Männergesellschaft bewußt und alltäglich erfahrbar wird. Wenn die Nichtbejahung des Mannes mehr ist als nur ein geheimer Gedanke, mehr als eine theoretische Einsicht, vielmehr zur Konfrontation mit fast allen männlichen und weiblichen Selbstverständlichkeiten führt, dann schrumpfen die Orte, wo wir uns zugehörig fühlen können, dann wird unsere Unbehaustheit offenbar.

Heimat ist ein komplexes Wort für *Bejahung*. Sie ist immer gekoppelt mit Vergangenheiten, ein Zurückgehen zu schon mal Erlebtem, ein Gern-Erinnern; Wiederholungswunsch und Wiederholungsfreude. Das Reaktivieren von Gefühlen, die an Vergangenheiten gebunden oder mit Vergangenheiten verknüpft sind, wird aber schmerzhaft oder unerträglich, wenn es ein Zurück zu diesen ehemals bejahten Orten nicht mehr gibt, weil wir den Weg abgeschnitten haben, abschneiden mußten, oder weil diese Vergangenheiten im Licht unserer jetzigen Sicht ihren Erinnerungswert verloren haben. Wenn jedes Erinnern mit Trauer verbunden ist, wenn wir auf Strecken unserer individuellen wie gesellschaftlichen Geschichte nur mit Wehmut oder Abwehr blicken, dann ist eine gefühlsmäßige Ansiedlung in ihnen torpediert. Die deutsche Vergangenheit und Geschichte birgt sowieso schon für alle, die sich nicht einfach aus ihren persönlichen und politischen Verwobenheiten herauszustehlen versuchen, so viel Ungeheuerliches, daß schon einige Dickhäutigkeit dazugehört, sich in ihr heimisch zu fühlen. Zusätzlich werden Frauen bei jedem Geschichtsausschnitt mit so viel Unterschlagenem, Versäumtem, Gewaltsamem, Gebeugtem konfrontiert, mit so viel Erniedrigung des eigenen Geschlechts, daß nicht Einbettung, sondern Erbitterung und Befremdung meist die zuerst gefühlten Reaktionen sind. Unsere Geschichte hält nicht eine Auswahl von Erinnerungsräumen für uns bereit, in die wir symbolisch zurückkehren und in denen wir uns gelassen aufhalten könnten. Jeden Abend nach Fernsehprogrammschluß können wir diese Fremdheit erleben, wenn nämlich unsere Schwestern aus voller Kehle die Nationalhymne anstimmen: »Brüderlich« für Einigkeit, Recht und Freiheit für das deutsche »Vaterland«. Dieses Fremdheitserlebnis bleibt allerdings noch relativ äußerlich. Wir können es persönlich verschmerzen. Denn vermutlich machen wir unsere Identität nicht unbedingt davon abhängig, daß wir in der Hymne dieser Nation vorkommen. Wie auch immer, auch dieser Gleichmut verrät viel über das Problem unserer Ansiedlung.

Wo ist unsere Heimat? Was bedeutet Heimat für Frauen? Können wir wissen, was das ist?
Einerseits sind Frauen in der Männergesellschaft grundsätzlich *Heimatlose*. Die Welt, in der sie leben, ist – als ganze – nicht ihre Welt. Frauen sind zwar unentbehrliche Mitlebende. Sie bereichern und verschönern, ergänzen und garnieren männliche Tage und Nächte, männliche Wohn- und manchmal auch Arbeitsstätten, männliche Wünsche und Phantasien. Sie haben ihre Aufgaben und Funktionen, die kein Mann ihnen abnehmen kann und will. Aber sie sind in dieser Welt nicht zu Hause. Denn es ist eine Welt für den Mann, für seine Interessen von ihm gebaut und ver-

baut, für seine Vorstellungen von Leben und Liebe, für seine Produkte. Frauen haben hier zunächst mal keinen Ort, der ihr Ort ist.

Andererseits aber leben Frauen normalerweise nicht als obdachlos Herumvagabundierende und heimatlose Gesellinnen, nicht als psychische Landstreicherinnen, Vertriebene, Ausgewiesene oder Verbannte. Im Gegenteil: Die Heimat, die sie anderen zu geben versuchen, ist identisch mit der Welt, die ihnen zugestanden ist. Das ist ihr Territorium. Und die Frau der bürgerlichen Gesellschaft war Zentrum dieses Territoriums. Die Frau als Heimatgeberin hat also einen Ort, wohin sie gehört und wo sie sich selbst hinordnet: den Ort *beim Mann*. Frauen haben ein Heimatrecht in der Männergesellschaft, allerdings eines unter Bedingungen: Frauen haben und finden ihre »Heimat« beim Mann, sofern sie ihn bejahen; sie haben und finden eine »Heimat« in dieser Gesellschaft, sofern sie deren Männergemachtheit bejahen.

Der Widerspruch dieser Tatsachen, nämlich einmal gesellschaftlich heimatlos, andererseits aber historisch beim Mann verortet zu sein, legt das Paradox bloß, das den Heimatbegriff und das Heimatempfinden für Frauen durchzieht. Frauen brauchen einerseits das verordnete und genehmigte Rückzugsgebiet, weil ihnen im allgemeinen kein anderer Raum zur Verfügung steht, der ihrer wäre; weil sie draußen eigentlich nicht hingehören und die »Fremde« für sie kein vertrauenswürdiger Aufenthaltsort ist; weil sie sich am besten zu Hause auskennen; weil dieses ihr Arbeitsplatz ist; weil sie gelernt haben, es als ihren Zuständigkeitsbereich anzusehen und alle anderen Gegenden als unwichtiger und ihrer Kompetenz nicht bedürftig; weil deswegen auch das »Heim« mit den meisten Erinnerungen, Erfahrungen, Gefühlen angefüllt und besetzt ist; weil Frauen außerdem als weniger muskulöse und im allgemeinen unbewaffnete Mitglieder dieser Gesellschaft ungeschützt schwer oder gefährlich leben; weil sie diejenigen sind, die öffentlich der männlichen Geilheit zum Fraß angeboten werden; weil sie glauben wehrlos zu sein.

Andererseits aber ist diese Bleibe, an der vielleicht einmal so etwas wie die Ursprünge des Lebens zu finden waren, auch ein Ort, der bedroht und gefährdet ist, wo Gewalt herrscht bis in die subtilsten Gegenden der Psyche und die intimsten des Körpers: geheimer Tatort oder Ghetto. Drosselung von Leben und Inspiration, asthmatische Enge, Bedrängnis und Eingeklemmtheit, Erfahrungsverhinderung und Kompetenzbeschneidung. Ein Ort, vollgestopft mit Fetischen, die die lebendigen Beziehungen ersetzen. Hier siedelt sich die Frau normalerweise an, hier findet sie ihr Nest. Dieses läßt wesentliche Merkmale von »Heimat« vermissen. Heimat und Gewalt schließen sich aus. Die Orte beim Mann sind nicht die Inseln inmitten einer gefahrvollen Brandung oder anonymen Wüste. Das Nest ist nicht aus anderem Stoff als sein großes Umfeld. Und auch die Elimination von Gewalt ergibt noch nicht Heimat. Ohne freie Beweglichkeit, ohne die Selbstverständlichkeit des Kommens und Gehens, des Auftauchens und Verschwindens, der Überraschung und Entdeckung, des Erkennens und Erkanntwerdens – das nicht ein erschrockenes Verschließen des inneren und äußeren Auges nach sich zieht – ist der Ort der Frau nur eine *Scheinheimat* und landet die Wohltat, sich auszukennen, im Überdruß am allzu bekannten Schneckenhaus und in der Kurzsichtigkeit seiner Bewohnerin.

So ist für Frauen das Phänomen »Heimat« mit vielen Ambivalenzen besetzt. Manchmal suchen wir verzweifelt nach einem psychischen Ort, an dem wir uns wieder ansiedeln könnten, nach Erinnerungen, bei denen wir bleiben möchten, nach Menschen, bei denen wir schon mal waren. Dann wieder sträuben·sich die Haare gegen alles Wurzelschlagen. Dann gibt es keinen Ort und kein Gefühl, auf die das Wort Heimat paßt: keine Wurzeln, nicht verwurzelt sein. Nach kurzem Behagen folgt statt Heimweh das »Hinausweh«, und alles beginnt von neuem. Brauchen wir überhaupt so etwas wie »Heimat«?

Was ist mit Frauen, die beim Mann weder ihr geistiges noch ihr emotionales Territorium suchen? Frauen, die das Paradox zurückweisen, an einer Stelle etwas finden zu wollen, was es dort nicht zu finden gibt, wie der Betrunkene im Witz, der seinen Schlüssel verloren hat und diesen ebenso unermüdlich wie vergebens unter einer Laterne sucht, und auf die Frage eines Freundes, ob es nicht sinnvoll sei, auch noch woanders zu suchen, sagt, nee, da sei es ihm zu dunkel.

Wohin führt der Abschied von der Scheinheimat Mann? Es gibt kein Versteck, auch kein passageres. Wir können keine »Heimat« haben, zu der wir wirklich zurückwollten. Sie ist kein Ort, den wir wieder aufsuchen möchten, auch nicht einer, an dem wir in die Flucht geschlagen wurden. Wir sind keine Heimatvertriebenen. Wir entfernen uns *aus eigener Entscheidung.*
Da aber die Nichtverortung beim Mann zumindest für den Zeitraum der bürgerlichen Gesellschaft eine kulturlose, eine traditionsarme Entscheidung ist, ist das Leben als Heimatlose ungewohnt und ungekonnt. Das Leben mit lauter Heimatlosen, nämlich Frauen, führt so noch lange nicht zur neuen Heimat. Das hat die Frauenbewegung – denke ich – eher bewiesen als widerlegt. Die Hoffnung, unter Frauen mit Netz zu leben, erfüllt sich nicht automatisch, nicht einfach und nicht schnell. Es gibt Beheimatungsversuche, in denen sich hinterrücks fast alles wiederholt, was der alten Heimat an schlechtem Geruch anhaftete. Oder sie sind von anderen unerwarteten Überraschungen begleitet. Die Entwertung der Frau ist ja nicht nur eine Tat des Mannes, sie ist auch eine oft versteckte Tat der Frau. Die abgelegten Vergangenheitsformen unserer Personen lassen sich nicht ungestraft abschneiden, und so fehlt den Heimatversuchen bei Frauen oft eines, was »Heimat« ausmacht: die Kontinuität, die Bedingungslosigkeit des Zurückkehrenkönnens, die Dauer, die die Spuren der Zeit gütig, großzügig und gelassen aufnimmt.

Als Heimatlose aus eigener Entscheidung trifft uns die Diagnose »moralischer Irrsinn«. Dabei können wir uns heute wohl nicht darauf verlassen, daß die Männergesellschaft den ehemals entlastenden Aspekt dieser Diagnose weiter zur Hand hat, um sich selbst durch den Nebel des Nichtbegreifens der Wahrheit zu entziehen. Dafür ist es zu spät. Die Verhältnisse sind klarer geworden. Vielleicht auch, daß unsere Entlastung der Klarheit nicht dienen würde. Das »Ende der Männergesellschaft« beginnt mit dem zunehmenden Brüchigwerden und Brüchigmachen wahnhafter Bejahung des Mannes, die die Entwicklung dieser Zivilisation begleitet und ihr die Dynamik einer Todeslawine gegeben hat. Diese wahnhafte Männerbejahung in all ihren verdeckten und offenen, geheimen und öffentlichen Formen wird zur unüberbietbar verrückten Handlung. Und so sind wir gezwungen, die Dinge umzudrehen: Frauen leiden unter kollektivem moralischen Irresein, sofern sie das knappe angebotene Heimatrecht annehmen und eine Anerkennung von seiten derjenigen, die uns nicht helfen können und nicht helfen werden, es sei denn in ihrem Sinne. Sehen, daß wir einsam sind und jede Heimat ein Geschenk, nicht aber der Normalzustand, und die Heimatlosigkeit nicht gleichbedeutend mit einer frierenden Katastrophe: Das ist vielleicht der ehrlichste Zustand, der Überschuß ungebundener Gefühle: geistiges und psychisches Vagabundieren.

Die unheilbare Pluralität der Welt –
Von Patriarchatskritik zur Totalitarismusforschung

Feministische Kritik bewegt sich momentan auf einem brüchigen und einem hochdynamischen Feld. Und wenn es stimmt, daß Verunsicherungen jedem Lernen vorausgesetzt sind, dann müßten heute die Lernchancen so groß sein wie noch nie. Jedenfalls kann die Geschichte der feministischen Kritik mit ihren unterschiedlichen Akteurinnen und wechselnden Fragestellungen nicht als *eine* Geschichte erzählt werden. *Den* Feminismus gibt es nicht, und über die Fragen, die dieser Beitrag aufwirft, gibt es keinen Konsens. Im folgenden soll die Problementwicklung der letzten dreißig Jahre exemplarisch an Diskursen zur Gewalt beschrieben werden. Diese haben einander nicht einfach in chronologischer Abfolge abgelöst, also überholt, sondern sie existieren heute nebeneinander und gegeneinander, oft im gleichen Kopf. Die Bewertung der verschiedenen Anläufe liegt bei den Individuen, nicht bei einer tonangebenden Bewegung. Wer sich ein Urteil bilden will, kommt aber nicht mehr darum herum zu berücksichtigen, daß eine Position meist um so durchsetzungsstärker ist, je eindimensionaler sie ist. Ob das Umgekehrte auch gilt, ist offen.

I. Entwicklungen feministischer Kritik von den sechziger bis zu den neunziger Jahren

1. Die an Frauen ausgeübte Gewalt

Die feministische Bewegung begann in den sechziger/siebziger Jahren mit der These, daß Frauen – jenseits der Biologie – etwas gemeinsam haben, nämlich eine gewaltsame Schädigungs- und

Ausschluß-Geschichte, die sie in die Randständigkeit gedrängt, als minderwertige Menschen definiert, von der öffentlichen Teilhabe ausgeschlossen und der alltäglichen Gewalt ausgeliefert hat – eine Geschichte der Unterdrückung, die die Peronen zutiefst geprägt hat und alle Frauen über die Klassen- und Kulturunterschiede hinweg verbinde. Der Feminismus definierte Frauen als Einheit: einerseits als »revolutionäres Subjekt«, als Menschen, denen ein gemeinsames Handeln und Verändern der monogeschlechtlichen Entwicklung zugetraut und zugesprochen wurde, andererseits als kollektiv Leidtragende des Geschlechterskandals. Patriachat galt als absolutes übergeordnetes Unrecht, als Grund- und Ur-Unrecht, als weltweite Herrschaftsinstitution, als männliches Gewaltsystem ohne Frauen und gegen Frauen, Kultur als geschlechtsapartes, androzentrisches Werk. Alles Unrecht der Vergangenheit mit seinen gegenwärtigen Folgen und alles gegenwärtige Unrecht mit seinen zukünftigen Folgen wurde auf gleiche Ursprünge zurückgeführt. Alle erfahrene und beobachtete Gewalt fand grundsätzlich die gleiche Erklärung, den gleichen großen Überbegriff in der weltweit und prinzipiell gleich wirkenden männlichen Dominanz und Gewalt. Es waren universalistische Gesten, Weltaussagen, monokausal, generalistisch, übernational, klassen-, kultur- und epocheübergreifend.[1] Patriarchtskritik faßte bewußt verallgemeinernd und vereinfachend das gesamte kulturelle Unrechtsspektrum zusammen – Kreuzzüge, Kolonialismus, Hexenverfolgung, Judenverfolgung, Gulag, Auschwitz, Hiroshima, Genforschung, Umweltzerstörung, Vergewaltigung und alltägliche Gewalt: verschiedenste Untaten mit gleichen Ursachen. Frauen waren an dieser wahnsinnigen Geschichte nicht verantwortlich beteiligt, somit Frauen deutscher Herkunft auch nicht an der NS-Geschichte des Antisemitismus und Rassismus. Die neue Zuordnung zum großen Singular *die Frau* strukturierte eine neue Unrechtsordnung und schaffte damit auch ein neues Unrechtsbewußtsein. Die gesellschaftliche Verantwortung *der Frau* war darauf gerichtet, zum einen Selbstbestimmung für sich einzufordern, zum anderen den Gegner, das Geschlecht der Männer, zur Verantwortung zu ziehen. Wer Täter und wer Opfer war, war vorab entschieden. Die Entdeckung der Welt als Welt des

Mannes war gleichbedeutend mit der Entdeckung des Opfers Frau. Machtferne war identich mit Schuldferne, Machtlosigkeit identisch mit Schuldlosigkeit.

Das alles waren provokative Thesen, in ihrer Absolutheit eindimensional und bewußt abstrahierend. Wie jedes politische Anfangen enthielten sie einerseits die Chance, die Zwangsläufigkeit des Weiter-so zu unterbrechen, andererseits die Gefahr, systematische Ausgrenzungen, Eingrenzungen und Ignoranzen unausgesprochen fortzusetzen.[2] Die Thesen wiesen jedenfalls auf eine Gesetzmäßigkeit hin, die von beiden Geschlechtern offenbar immer wieder als Naturgegebenheit hingenommen worden war, statt als Gewaltakt erkannt zu werden. Sie waren ein Politikum und störten den sozialen Konsens. Sie zeigten den Riß zwischen den Geschlechtern und deckten im Detail einen flächendeckenden Skandal normaler Frauenverachtung auf. Sie lieferten plausible Erklärungen für die Gewaltgeschichte der eigenen Kultur und die Gewalterfahrungen des persönlichen Alltags. Sie ergaben hilfreiche Interpretationen für persönliches Leid und politisches Unbehagen. Sie erfanden die Einheit der Betroffenen und setzten eine Zeitlang völlig unbekannte Solidaritätsgefühle frei. Sie machten Frauen zu öffentlichen Anklägerinnen und verschafften ihnen die Legitimation, sich auf die Seite der Geschädigten und Verletzten zu schlagen. Sie befreiten sie vom Damoklesschwert eigener Kollaboration und entlasteten sie von politischen Schuldfragen.

2. Die von Frauen mitgetragene Gewalt

Die generalisierenden und entlastenden Positionen der Anfangszeit wurden seit Anfang der achtziger Jahre durch die These von der *Mittäterschaft* in Frage gestellt. Diese besagt, daß *Frauen* den angeklagten Gewaltverhältnissen nicht wie einer fremden und äußerlichen Macht gegenüberstehen, sondern jene auch bedienen und an ihnen mitwirken. Die Handlungen von Frauen sind demnach nicht nur aufgezwungene und ihre Handlungsbegrenzungen nicht nur durch äußere Gewalt verhinderte Handlungen, sondern sind auch selbstgewählt, oft selbstgewollt, vor allem aber dem patriachalen System nützlich. Frauen *werden* nicht nur verletzt und mißbraucht und *werden* nicht nur verstrickt in ein schädigendes System, sondern steigen auch eigentätig ein, gewinnen Privilegien und ernten fragwürdige Anerkennung. Sie profitieren von ihren Rollen, sofern sie sie erfüllen. Die Bereitschaft vieler Frauen zur magdseligen oder herrenhaften Unterstützung eines patriarchal organisierten Tuns und Denkens sind gerade der Triumph, den dieses System feiern kann.

Das Konzept der Mittäterschaft wendete sich zuallererst gegen eine Generaldefinition von *Frauen* als Opfern der Verhältnisse, damit auch gegen die Entlastung von eigenen und kollektiven Verantwortungen. Mit der Mittäterschaftsthese waren Frauen nicht mehr durch eine Unrechtsdefinition geschützt, die sie in ein Opferkollektiv verwandelt hatte. Sie waren nicht mehr gemeinsam geprägt und geadelt durch gemeinsame Leiderfahrungen, sondern ebenso durch direkte und indirekte Beteiligungen: an der eigenen Unterdrückung, an der Höherwertung des Mannes, an der Entlastung gesellschaftlicher Täter, an der Permanenz struktureller Gewalt. Frauen sind beteiligt, sofern sie die Verhältnisse dulden, nicht eingreifen, sich verstecken, sich nicht zuständig sehen, sich arrangieren und so zum unentbehrlichen ergänzenden oder verstärkenden Bestandteil des Systems werden. Die Mittäterschaftsthese war in erster Linie gemeint als methodischer Versuch, den Funktionsweisen der patriarchalen Gesellschaft auf die Spur zu kommen und die ritualisierte Zusammenarbeit der Geschlechter für den hartnäckigen Erfolg organisierter Ungerechtigkeiten zu durchschauen und zu konterkarieren. Das Ziel feministischer Arbeit wurde darin gesehen, Frauen herauszufordern, ihre kollektive Unterstützungs- und Zuarbeit aufzudecken und Wege zur Entsolidarisierung zu finden.

Auf den ersten Blick mag die These weniger zur Provokation männlicher Gegner geeignet sein als zur Provokation einer »weiblichen« Identität, mit der *Frauen* sich selbst gern als das »andere Geschlecht« gesehen hatten, als unwesentliche Andere oder glücksversprechende Andere des Mannes, als das Andere der Männlichkeit, das Andere der patriarchalen Vernunft, im Besitz auch eines anderen Verhaltens, einer geschlechtsspezifischen Moral, Sprache, Denkweise etc. Der Mittäterschaftsthese geht es um

Gesellschaftsanalyse und -kritik. Sie will jene Logik aufdecken, mit der eine Kollektivperson *Frau* hergestellt werden soll und diese sich als determiniertes Objekt gesellschaftlicher Prägeverfahren und Gewalt sieht. Wenn das Mißtrauen nicht nur die Männergesellschaft, sondern auch *die Frau* in der Männergesellschaft[3] betrifft, verändert sich die feministische Sicht auf Frauen. Verunsichert wird ein weibliches Selbstbild, mit dem erstrangig ein Außenfeind – Männer, Herrschende, Täter oder »das System« – für die erfahrenen und beobachteten Leiden hatte verantwortlich gemacht werden können. Der Gedanke der strukturellen Mittäterschaft von Frauen mißtraut so auch der Dauerempörung der Betroffenen über selbsterfahrenes Unrecht, sofern diese Empörung den *Eigenanteil* verdeckt. Die These löst die eindeutige Unterscheidung von Opfern und Tätern auf, sie stört die Identitätszusagen, die Einrichtung im angenehmen Wir der Heilgebliebenen. Ein gemeinsamer oder gleicher Weg war weder in Sicht noch angestrebt. Jede Frau sollte die Entscheidungskompetenz zurückerhalten, über den Grad ihrer Verfügbarkeiten, Kooperationen oder Entkoppelungen wohl oder übel selbst zu bestimmen.

3. Die von (weißen) Frauen ausgeübte Gewalt

Seit Ende der achtziger Jahre veränderte sich die Gewaltdebatte wesentlich durch Interventionen von Migrantinnen, schwarzen und jüdischen Frauen, durch Impulse von »Außen«, das kein Außen ist, sondern den Inländerinnen oft als Außen erscheint. Auslöser war der praktizierte Rassismus in der weißen Gesellschaft wie auch innerhalb der weißen Frauenbewegung – ein Problem, das dieser ziemlich ungelegen kam. Die »konkreten Anderen« hielten weißen deutschen Frauen einen Spiegel vor, in dem eigene rassistische Orientierungen und die Enge des Verantwortungsraums zu erkennen waren, außerdem die Eindimensionalität von Unrechtsvorstellungen, wie sie aus der Verabsolutierung sexistischer Gewalt folgt. Vom Standpunkt der sogenannten Anderen zeigte sich *der* weiße Feminismus nicht als reine Antithese zur herrschenden Norm, sondern auch als eine Variante eurozentrischen Denkens und Handelns. Die Konfrontationen beförderten weiße Frauen auf die Seite derjeniger, von denen sie sich mehr oder weniger separiert gesehen und gehalten hatten: auf die Seite der *Mehrheit* in der eigenen Kultur. Die Neigung vieler weißer Frauen, die unmittelbar selbsterfahrene Geschlechterhierarchie zum Modell von Herrschaft überhaupt zu erheben, wurde manchen schockartig als Ausdruck der Gewalt, der Entlastungsinteressen und Ignoranz von Mitgliedern der weißen Welt vor Augen geführt.

In den Differenzen zwischen weißen, schwarzen, christlichen, jüdischen, islamischen, einheimischen, migrierten, nördlichen, südlichen, westlichen und östlichen Frauen machten sich alle jeweils zu Repräsentantinnen ihrer Kulturen bzw. wurden zu solchen gemacht: Repräsentantinnen historischer und gegenwärtiger Herrschaft auf der Täter- oder der Opferseite des Weltgeschehens. Damit taten sich Gräben auf, die so lange vollkommen unüberwindlich erschienen, wie wir uns gegenseitig nur und ausschließlich als Stellvertreterinnen unrechtsausübender bzw. unrechterleidender Systeme und Kulturen wahrnahmen. Kooperationen und Brücken können erst entstehen, wenn wir die totalisierenden Sichten auf andere und auf uns selbst aufgeben und uns auch als Personen begegnen, denen zuzutrauen ist, der Gewalt widersprechen und entgegenhandeln zu können. Das heißt auch, daß wir uns in die Lage versetzen, der Trennung zu widersprechen und entgegenzuhandeln, die uns die Herrschaftsgeschichten zwischen den Nationen und Kulturen aufzuzwingen scheint.[4]

Folgen der heftigen Auseinandersetzungen finden sich in einem weiten Spektrum zwischen Verletzung, Rückzug, Dialogversuchen und neuen Arbeitsinhalten. Zu den letzeren gehören Kenntnisse über die Geschichte der Dominanzkultur, die weitgehend aus dem west/weiß-feministischen Wissensrepertoire ausgespart geblieben oder wiederum opferorientiert gedeutet worden war: über die Geschichte der westlichen Hegemonie, des europäischen Kolonialismus, den weißen Rassismus und modernen Antisemitismus. In den Auseinandersetzungen zerbrach der bisherige feministische Konsens über die herrschende Unrechtsordnung. Das Zusammenschmieden der Hälfte der Menschheit unter den verschiedensten Lebensbedingungen und Herrschaftsformen, der

Einschluß der sogenannten *Anderen* ins allumfassende androzentrische System zeigte sich als Aneignungsakt, der einer Form von Kolonisierung gleichkommt. Die heutige Kritik betrifft diese Definitionsgesten und Vereinnahmungsakte, mit denen ein »dominanter« Blick sich ermächtigt, universale Ursachenanalysen zu bewerkstelligen und dem Eigeninteresse gemäß die ethnischen und rassistischen Unterdrückungen durch die westliche Kultur zum nachgeordneten Faktor zu machen. Die heutige Kritik betrifft weiterhin den Ausschluß derjenigen, die sich gegen die Eingemeindung in das vereinte Unterdrückungsobjekt *die Frau* aus den verschiedensten Gründen sperrten, vor allem derjenigen, die darauf bestanden, daß ihre Lebens- und Unterdrückungserfahrungen mehr mit der Hegemonie der westlichen und weißen Welt zu tun haben als mit männlicher Dominanz innerhalb der eigenen Kultur.

4. Der Gewaltakt des Klassifizierens – Geschlecht als totalitäres Konstrukt

Eine weitere Veränderung ergibt sich aus einem postmodern genannten Denken, das als eine Widerstandslinie gegen das Versagen und die politisch-moralischen Katastrophen der Moderne begann. Den Ansätzen – jedenfalls denen, die hier interessieren – liegt eine radikale Erschütterung über den gewalttätigen Bezug der westlichen Welt gegenüber den sogenannten *Anderen* zugrunde, über die ökonomische, politische, militärische, ideologische Gewalt der Moderne und der als modern gekennzeichneten Verbrechen – Auschwitz, Gulag, Hiroshima. In den Mittelpunkt postmoderner Kritik gerät das *Klassifizieren* selbst, jener Gewaltakt, mit dem das der jeweiligen Norm nicht zugehörige Andere aussortiert wird – *das* Fremde gegenüber *dem* Einheimischen, *der* Ausländer gegenüber *dem* Staatsbürger, *der/die* Schwarze gegenüber *dem/der* Weißen, *der* Jude gegenüber *dem* »Arier«, *die* Frau gegenüber *dem* Mann etc. –, die Erfindung trennscharfer Kategorien, mit denen Dinge und Menschen definiert, einsortiert, aussortiert, eingeschlossen und ausgeschlossen werden. Die Kritik an solchen Einheitskategorien ist letztlich eine Kritik an allen To-

talitarismen, die Menschengruppen zum Singular definieren wollen.
Diese Kritik trifft auch das feministische Subjekt, *die Frau*. Diese Einheit und Einzahl ist Effekt eines Kategorisierungsverfahrens, das die Herrschaft des einen über das andere Geschlecht dokumentiert. Mit einer Kritik, die sich gegen alle Kategorisierungen richtet, die Pluralität zerstören und damit zum Ruin des Politischen beitragen[5], bleibt vom sogenannten Weiblichen nicht viel mehr übrig als das einfältige Ergebnis eines einfältigen Herrschaftsaktes. Im Kern besagt die Kritik, daß auch die feministische Kategorie »die Frau«, »das Weibliche« als *totalitärer* Reflex einer *totalitären* Geschlechterpolitik zu begreifen ist. Das Totalitäre der Geschlechterkategorisierung wird im Feminismus in dem Moment übernommen, gespiegelt und verfestigt, wo er mit der Besprechung und Hochjubelung von Weiblichkeit das Konstrukt selbst wieder und wieder eröffnet und füllt. »Weiblichkeit« und »die Frau« sind als Kategorisierungen überhaupt nur so lange benutzbar, wie sie Herrschaft aufdecken und boykottieren, nicht aber, um sie in ein essentielles Gut zu verwandeln. Feministischer Arbeit geht es damit um die Demontage der Herrschaftsfolgen, um die Dekonstruktion der eingebildeten oder erzwungenen Einheit Frau. Eine Konsequenz ist die Störung der Geschlechterkategorien, eine Störpraxis, die den Grundgedanken der Pluralität auch auf das zur Einheit gezwungene oder sich zwingen lassende Geschlecht *Frau* anwenden will.
Eine feministische Kritik, die die Herrschaftsansprüche des weißen männlichen Subjekts ebenso zurückweist wie die Herrschaftsansprüche der westlichen Moderne, betreibt ihre Kritik nicht mehr aus der Position von Opfern. Sie denkt Frauen der westlichen Welt nicht mehr vorab als Beschädigte einer generalisierten patriarchalen Gewalt, sondern als Zeitgenossinnen, die in die Herrschaftspraktiken der eigenen Kultur verstrickt sind und das eigene Gepäck nicht erleichtern können, indem sie das Geschlechterunrecht zur Absolution von eigenen politischen Haftungen benutzen. Die verschiedenen Frauen sind einbezogen als marginale Akteurinnen, unsichtbare Unterstützerinnen oder sichtbare Abweichlerinnen – jedenfalls als selbst Handelnde.

II. Totalitäre Herrschaft – Modell feministischer Kritik

Heute kreisen die vielen großen – wenngleich oft kleinlaut gebliebenen – Irritationen um die Begriffe *Differenz, Verschiedenheit, Plural, Pluralität* – Schlüsselbegriffe der sogenannten Postmoderne und Begriffe, die im gröbsten Sinne ein nicht-totalitäres, nicht-monologisches, nicht eindimensionales, nicht einheitstiftendes Denken kennzeichnen. Dieses sieht im Zusammenleben der Verschiedenen und Gleichberechtigten die Grundqualität des Politischen[6] – eine radikaldemokratische Position. Diese verabschiedet sich von dem modernen Versprechen, eine Welt schaffen zu können, die durch Kategorisierungen zu ordnen und zu säubern, durch Ideologien zu leiten und durch eindeutige Unrechtsordnungen zu strukturieren ist. Sie geht auf Distanz zu Konzepten der Identität, der Vereinheitlichung, des Einheitschaffens, die das Verschiedene und das sogenannte Andere auf den gleichen Ursprung zurückführen, vereinnahmen oder aussondern wollen. Dieses Denken verändert die Blickwinkel auf die Welt, es macht nicht heimisch, sondern fremd und nimmt zugleich der Fremdheit ihre beängstigende Bedeutung.[7] Die *»Abneigung gegenüber großartigen gesellschaftlichen Entwürfen, der Verlust des Interesses an absoluten Wahrheiten, ... die Anerkennung der unheilbaren Pluralität der Welt«* nehmen der Differenz ihr altes Stigma.[8] Vor allem aber ziehen sie Konsequenzen aus den *totalitären Entwicklungen der Moderne.*

Der Feminismus, wie er sich in der westlichen Kultur entwickelt hat, ist *auch* ein Kind der Moderne, seine Probleme sind auch Spiegel modernen Denkens. Er kann sich nicht einfach als »das ganz Andere«, das Anti, das Widerständige, Nicht-Integrierte aus den widersprüchlichen politischen Ideologien und Praktiken der Moderne herausdefinieren. Damit stellen sich manche Fundamente in Frage, die einmal feministischer Konsens waren. In Frage steht das Konzept der *Emanzipation,* sofern es vom Einheitssubjekt »Frau« und als Voraussetzung für dessen politische Handlungsfähigkeit die kollektive Identifizierung und Vereinigung »als Frauen« erwartet; in Frage steht das Konzept der *Selbst-*

bestimmung, sofern diese zum Eigeninteresse von Angehörigen der dominanten Kultur verkommt und sich von der Idee der Gerechtigkeit isoliert; in Frage steht die Eindeutigkeit einer *Unrechtsordnung*, sofern sie von der weltweiten Unterdrückung der Frauen durch das weltweite Patriarchat als der einen dominanten Wahrheit ausgeht; in Frage steht das *Weibliche* als trennscharfe Kategorie jenseits von »Rasse« und Ethnie, sofern es die totalisierende Vorgabe enthält, (alle) Frauen seien unterdückt, weil sie Frauen sind; in Frage steht schließlich der Begriff *Erfahrung*, sofern in dieser der Königsweg der Erkenntnis gesehen und damit jeder Bezug zur Welt entbehrlich gemacht wird, der die Eigenerfahrung überschreitet – z. B. die Geschichte. Um Unrecht von Unglück unterscheiden zu können, bedarf es mehr als der unmittelbaren Erfahrung von Gewalt.

Diese Kritik ernst zu nehmen, Herrschaftskritik am Patriarchat also mit der Herrschaftskritik an der Dominanzkultur zu verbinden, verweist besonders Frauen in Deutschland auf die Herrschaftsgeschichte der Deutschen, erstrangig auf die NS-Geschichte, die Herrschaft als *totale Herrschaft* vorgeführt hat und demonstrieren wollte, »*wie man eine Rasse durch Ausmerzung anderer ›Rassen‹ herstellt*«.[9] Der Totalitarismus kennzeichnet die Absturzstelle der westlichen Zivilisation[10], ein Erbe, das wir über die Generationen und die alten Ost-West-Grenzen hinweg mit uns herumschleppen – eine »absolute Erfahrung«[11], die so unausweichlich ist, daß man sich nicht beliebig zu ihr verhalten kann. Der Totalitarismusbegriff ist ein herrschaftstheoretischer Terminus geworden[12], der einen neuen Beitrag zur Herrschaftskritik leisten kann.

Die Herrschaftskritik, die den Feminismus anfangs angetrieben hat, war dem Herrschaftsmodell der *Diktatur* – Unterdrückung, Sklaverei, Despotie – verhaftet. In diesen Modellen sind es die einen, die unterwerfen, terrorisieren, rauben, entmündigen, und die anderen, die unterworfen, terrorisiert, beraubt, entmündigt werden. Unterwerfer und Unterworfene sind hier klar unterscheidbare Gegner, Antagonisten, Feinde. Demgegenüber öffnet das Herrschaftsmodell des Totalitarismus die Augen für weitere und erschreckendere Aspekte einer Herrschaft, die Herrschende

und Beherrschte zu *gemeinsam* Beteiligten an einem umfassenden Herrschaftsarrangement macht und bei den Zugehörigen Zustimmung und Übereinstimmung erreicht, damit auch eine Nivellierung und weitgehende Integration von Herrschenden und Volk, Staat und Gesellschaft, Unterdrückern und Unterdrückten, Tätern und Opfern.[13] Die totale Herrschaft verwischt diese alten eindeutigen Unterscheidungen, ein Faktum, das Hannah Arendt mit der vieldiskutierten Aussage zuspitzte, totale Herrschaft bereite »*Henker und Opfer gleich gut für das Funktonieren des totalen* Herrschaftsapparates vor«.[14] Um Hintergrund und Sinn dieser Aussage zu begreifen, müßte jede Generation in die Lernhölle der Geschichte dieses Jahrhunderts gehen, um den spezifischen Charakter des Totalitären überhaupt zu erkennen.
Es gibt nicht *den* Totalitarismusbegriff und nicht *die* Totalitarismusforschung. Der Totalitarismusbegriff hat eine schwierige und kontroverse Geschichte[15], und der gegenwärtige Stand der Forschung erlaubt kaum mehr, als über den Gegenstand zu sprechen.[16] Der schillernde und befehdete Begriff wurde bis Ende der achtziger Jahre vor allem als Verfassungsbegriff und zur Kennzeichnung totalitärer Staatssysteme verwendet. Vielen, besonders der Linken, blieb er suspekt, weil er zwei nach Ursprung und Ziel unvergleichbare Realitäten – den Nationalsozialismus und den Stalinismus – in einem Phänomen identifizierte.[17] Totalitarismus wurde in der Phase des kalten Krieges gern als westlicher Kampfbegriff gegen sozialistische Länder verwendet, und als solcher scheint er sich bis heute auf gewissen politischen Bühnen zu eignen, die scheinbar oder tatsächlich Angegriffenen in die Defensive zu zwingen, statt zu Reflexion und Erkenntnis auf beiden Seiten zu führen. Mit der Überdehnung und Verwässerung des Begriffs wird die totale Herrschaft als Staatssystem bagatellisiert, mit seiner Reservierung für den Nationalsozialismus bzw. für Nationalsozialismus und Stalinismus wird er auf ein historisierendes Instrument verengt, das auf Phänomene der Demokratie nicht anzuwenden wäre. »Totalitarismus« ist aber nicht einfach die Antithese zur heutigen Mehrheits-Demokratie. Diese ist vor totalitären Entwicklungen nicht geschützt. Totalitäre Phänomene bekommen eine neue Aktualität, je mehr eine globale Ökonomie

politisches Denken zurückdrängt und entmachtet. So taucht das Wort »totalitär« neuerdings auch weitgehend deckungsgleich mit dem Begriff Globalisierung auf, z. B. in der Rede vom totalitären Kapitalismus.[18] Totalitär werden auch Tendenzen innerhalb der Massendemokratien genannt, in denen nicht ein totalitäres Staatsystem den eindimensionalen Menschentypus schaffen will, sondern der bürokratische Apparat ihn zwangsläufig produziert, ohne noch des totalitären Herrschers zu bedürfen.[19]

Die Phänomenologie des Totalitarismus zeigt im Faktum der *Pluralität* die Kehrseite des Totalitären und im Totalitären die Zerstörung von Pluralität: die Deformation der Zwischenmenschlichkeit und die Deformation des *Denkens und Handelns.* Pluralität mit allen ihren politischen und persönlichen Konsequenzen besitzt und produziert nicht das Material, um totale Herrschaft auszuüben oder sich ihr zu unterwerfen. Sie ist im Gegenteil die einzige Kraft, um Menschen die Verantwortlichkeit für ihr Handeln zurückzugeben und das destruktive Potential der Moderne einzuschränken.[20] Das Verwischen der Differenz bereitet den Boden für die Deformation des zwischenmenschlichen Menschen – des mit und unter Verschiedenen lebenden Menschen – und damit auch für die Deformation des Politischen, die Menschen »*so gut vorbereitet für die totalitäre Herrschaft*«[21]. Hannah Arendt analysierte den Kern des Totalitären in der Abwesenheit des Denkens und in der Vernichtung des Handelns, das auf Zwischenmenschlichkeit und damit auf Unterschied, Differenz, Dialog angewiesen ist, auf die Begegnung der Verschiedenen, die zum Nicht-mit-sich-selbst-Identischen in Beziehung treten. Die Planierung der Differenz, die Herstellung des Singulars *in* Menschen und *zwischen* Menschen, ist ein totalisierender Herrschaftsakt, die Einzahl einheitsbildender Kategorien sein Produkt. Das »Dritte Reich« trat ein abendländisches Erbe an, mit dem »*Gleiches gleich und Ungleiches ungleich*« behandelt wurde – indem man die Juden den Ariern »ungleich« machte.[22] Der nationalsozialistische Rassismus verwandelte die jüdischen Deutschen erst in eine Einheit, eine »Rasse«, in einen getrennten ethnisch definierten Block.[23] Und wie »die Juden« als Volkseinheit und Identität eine Erfindung »der Deutschen« waren, sind »die

Schwarzen« eine Erfindung »der Weißen« – und sind »die Frauen« eine Erfindung »der Männer«.

Arendts Identitätskritik richtet sich gegen eindimensionale Menschenbilder, aus denen die Vielheit der Welt zugunsten *einer* Sicht, *einer* Weltanschauung, *einer* Interpretation, *eines* Geschichtsverständnisses verschwunden ist, gegen alle Ideologien, die den Anspruch auf totale Welterklärung und Planbarkeit enthalten, gegen ein Denken, das die Herstellung jeweils *einer* Sorte Mensch zum Ziel hat. Mit dieser werden die Verschiedenen, so als seien sie nur ein einziger Mensch, mit unerbittlicher Konsequenz zu Komplizen aller vom System unternommenen Aktionen und Verbrechen.[24] Sie werden »*prinzipiell von Erfahrungen unbeeinflußbar und von der Wirklichkeit* unbelehrbar«[25], Denk- und Erfahrungsfähigkeit werden eindimensional, monologisch und damit vernichtet.[26] Totale Herrschaft kann menschliches Handeln nicht brauchen, rechnet überhaupt nicht mit handelnden Menschen, denn sie ist an menschlicher Freiheit nicht interessiert. Sie entzieht der Intersubjektivität den Boden und zerstört jedes erweiterte Denken.[27] Sie macht Menschen überflüssig, indem sie das Menschliche eliminiert.

Am Lehrstück Adolf Eichmanns während seines Prozesses 1961 in Jerusalem[28] brachte Hannah Arendt ihre Beobachtungen auf den Nenner der »Banalität des Bösen«: der *Gedankenlosigkeit*, der »Abwesenheit des Denkens«[29], der Abwesenheit des konkreten oder des generalisierten *Anderen* im eigenen Bewußtsein. Das Ich stellt sich selbst keine Fragen und damit sich selbst nicht in Frage, es hat in sich selbst kein Gegenüber, das das ständige Weiter-so behindern würde[30], es stellt keine Beziehungen zu etwas her, das es *nicht* ist, sondern *anders* ist. »*Vom Urteil dieses generalisierten Anderen hängt* (aber) *letztlich unser Verhalten ab.*«[31] Die Denktätigkeit stiftet Dualität, sie aktualisiert Differenz, sie ist fähig, Perspektiven anderer in Betracht zu ziehen. Mit der Abwesenheit dieser Tätigkeit ist jemand *eins* mit sich selbst[32], mit sich und seiner Umgebung identisch, ein Singular. Der Mensch als Singular stellt sich nicht mehr vor, was er eigentlich anstellt[33], ist nicht imstande oder hat kein Motiv, sich vom Gesichtspunkt anderer Menschen aus irgend etwas zu vergegenwär-

tigen. Ihn umgibt der denkbar zuverlässigste Schutzwall gegen die Worte und die Gegenwart anderer und damit gegen die Wirklichkeit selbst.[34] Die Unfähigkeit zu erfahren und die Unfähigkeit zu denken[35] haben die Funktion, gegen die Wirklichkeit abzuschirmen. Der Blick auf die Opfer ist verstellt, sie existieren nicht, jedenfalls nicht als Menschen. Arendt fand ihre Antwort auf die Person Eichmann so auch nicht erstrangig in einer exzessiven antisemitischen Feindseligkeit, in mörderischen Motiven, einer diabolischen Persönlichkeit, der Entscheidung zum unmenschlichen Handeln. Sie fand sie in der radikalen *Abwesenheit einer denkenden Zuwendung zur Welt*[36], in einer egalisierten und damit weltlosen Vorstellung, in der Unfähigkeit, die Differenz zu denken: der totalen *Indifferenz*. Indifferenz ist damit Ergebnis des totalitären Versuchs, den *einen* Menschen herzustellen, Menschen in der Einzahl, Exemplare, die in sich und mit ihrer genormten Umgebung gleich geworden sind, deren innere und äußere Welt identisch zu sein scheint, deren »Stimme des Gewissens« genauso spricht wie die »Stimme der Gesellschaft«, die keinen Anlaß sehen, sich *das Andere* als Bestandteil der Realität zugänglich zu machen.[37] Totale Herrschaft muß Menschen nicht verbieten, nach ihrem Gewissen zu handeln, sondern sie verfügt über die Gewissen. Alles wird eins. Die unterschiedlichen Wirklichkeiten werden gelöscht, das Bewußtsein wird zum angedichteten Raum. Unrechtsbewußtsein funktioniert nur in bezug auf die Gleichen und Eigenen, das eigene System des *Ich* und *Wir*.
Solange Herrschaftskritik vom Herrschaftsmodell Diktatur ausgeht, liegt ihre Perspektive eindeutig und einsichtig in der *Befreiung* von bzw. im *Widerstand* gegen Unterdrückung, Abhängigkeit, Ausbeutung. Geht sie aber vom Herrschaftsmodell Totalitarismus aus, ergibt sich eine andere Perspektive. Sie liegt im Verhältnis zu den *Anderen*, zu denjenigen, die das Bewußtsein externalisiert. In den Blickpunkt gerät damit die Eindimensionalität des Denkens, der normierende Eifer, der »antisoziale Geist«[38], das monologische und monophile Bewußtsein.[39] Dieses ist ein »Mein«-Bewußtsein, ein autonomer, autarker, autistischer Ort, der besetzt ist vom Eigeninteresse oder von »universeller Vernunft«, nicht aber bevölkert mit anderen Menschen. Die *Anderen* sind al-

lenfalls Bewußtseins*objekte*, nicht *anderes* Bewußtsein. Eine Herrschaftskritik, die von Phänomenen des Totalitarismus ausgeht, lenkt die Fragen nicht nur auf den Unterdrückungs- und Zwangscharakter von Einheitsbildungen – Rasse, Geschlecht, Volk, Inländer, Nützlinge, Wir –, sondern ebenso auf die *Zustimmung* zu ihnen. Mit dieser Zustimmung haben die Zugehörigen sich ohne große Skrupel an gigantischen kriminellen Unternehmen beteiligt. Die Fragen richten sich somit auf die Kohäsions- und Faszinationskraft der Konstrukte, auf die Integrations- und Anerkennungsgier, auf den Bedeutungsaufschwung[40], den die Konstruierten erfahren, auf die Sehnsucht nach Homogenität, die Attraktivität der Zugehörigkeit, die Einheit des Subjekts, die Eindeutigkeit der Gefühle, die Fetischisierung von Ganzheit. Die Fragen richten sich vor allem auf das erschreckend *gute Gewissen*, das die Zugehörigkeit zu einer »Identität« und die Zustimmung zu geschichts- oder naturgesetzlichen Ideologien mit sich gebracht hat.

Die Perspektive der Kritik liegt in der Auflösung solcher *Komplizenschaften*. Das Totalitäre der totalen Herrschaft erweist sich darin, daß nahezu alle fürs Gesamtwerk und Gesamtziel gewinnbar sind. Dem entsprach das flächendeckende *Entlastungsstreben* der Deutschen nach dem Dritten Reich. Wenn alle belastet sind, wollen sich alle entlasten – mit Hilfe des Erinnerungsverlusts, der Gedächtnismanipulation, der Gedächtnisamputation, der Verweigerung von Tatsachenwahrheiten, der Kostbarkeit des Unwissens, des Selbstmitleids, der Verkehrung der Belasteten in Bemitleidenswerte. Mit einer Herrschaftskritik, die am totalitären Modell von Herrschaft orientiert ist, gibt es keine Rechtfertigung mehr für die Neigung der Gedächtnisse, ihre Träger und Trägerinnen in die kollektive Regression zu schicken, sie ins Kollektiv der Opfer einzureihen[41] und so die eigentlichen Opfer erneut untergehen zu lassen.[42]

Vor diesen Hintergründen verändert sich der Zugang zu feministischen Fragestellungen. Gemeint ist nicht einfach die Erweiterung von Gegenstandsbereichen. Was sich vor allem verändert, ist die Art des *Unrechtsbewußtseins*. Dessen Entzündungspunkt war anfangs in aller Selbstverständlichkeit das Unrecht an konkreten oder generalisierten »Frauen«. Solange das Geschlechterunrecht als *das* Fundament von Herrschaft überhaupt galt, waren Unrechtsbewußtsein und Identitätspolitik sozusagen deckungsgleich. *Wir* waren Lern- und Veränderungsfeld, Arbeitsgegenstand, Identitätsort. Angesichts der Strukturen totaler Herrschaft wird dieses an eine Identitätsgruppe gebundene Motiv aus der Sicht der nicht-verfolgten Deutschen in höchstem Maße suspekt. Diese, die sich als »Arier/innen« definierten, verfügten durchaus über ein Unrechtsbewußtsein, aber eines, das verläßlich auf die eigene Identitätsgruppe beschränkt blieb. Für »Arier« waren Taten gegen »Arier« Unrecht und geeignet, ein Unrechtsbewußtsein der »Arier« hervorzurufen – Unrecht an »Unseresgleichen«. Taten gegen Juden/Jüdinnen und andere Nichtzugehörige waren offensichtlich kein Unrecht und bewirkten keinerlei Unrechtsbewußtsein, denn die *Anderen* waren nicht *Unseresgleichen*. Die Sortierung von Menschen in »Menschen wie wir« und »keine Menschen wie wir«[43] macht Taten ohne jedes Unrechtsbewußtsein erst möglich, denn sie scheinen nicht gegen Menschen, sondern gegen Nicht-Menschen oder Pseudomenschen gerichtet zu sein.[44]

Statt sich auf Identitätsgruppen und auf Selbsterlittenes zu beschränken, müßte das Unrechtsbewußtsein sich auf den Gewaltakt der Kategorisierung selbst beziehen, der Kategorisierung der Anderen als *Andere*. Viele Kategorisierte kämen in den Blick, und das Subjekt »Frau« löste sich in verschiedenste Akteurinnen auf, die wie andere Menschen auch leiden, mitleiden, nutznießen, ausführen, tun und entscheiden. Die kollektive *Entlastung* einer Menschen-»Kategorie« (z. B. »Frau«) spiegelt nichts anderes als die Akzeptanz dieser Kategorie. Das Entlastungsbedürfnis wird ebenso verdächtig wie die Identitätssuche. Es bekommt eine politische Bedeutung, mit der alle gewohnten Hinweise auf verständliche Geborgenheits- und Beheimatungswünsche in einer »Identität« auf nichts anderes als auf das Totalitäre des Konzepts selbst verweisen. Solange der Feminismus von eindimensionalen Thesen ausging, konnte das feministische Unrechtsbewußtsein weitgehend unbehelligt von seinen belastenden Seiten bleiben. Es blieb damit auch unbehelligt von dem Faktum, daß deutsche

Frauen – auch oder gerade wenn sie in einer weibliche Sphäre separiert waren – im Zentrum des »nationalsozialistischen Bösen« agierten.⁴⁵

Meiner Meinung nach befindet sich feministische Kritik zumindest indirekt bereits mitten in dieser Auseinandersetzung, auch wenn sie explizit selten auf den Totalitarismusbegriff zurückgreift. Viele konfrontieren sich seit längerem bewußt mit einer Realität, die den ordentlichen Trennungsversuchen zwischen unten, oben, gut, böse, Opfern, Tätern selten standhielt. Die teils stolzen, teils dümmlichen Dichotomisierungen, die aus den anfänglichen Ordnungsversuchen und Prioritätssetzungen folgten, kann kaum noch jemand aufrechterhalten.⁴⁶ Viele sperren sich gegen den kollektiven Singular »Frau«, nicht um die Verhältnisse erneut zu neutralisieren, sondern um sich als vollwertige und verschiedene Zeitgenossinnen ins Spiel zu bringen. Viele weisen den Sonderstatus der Entlasteten selbst zurück und sehen ihre »Würde« gerade darin, in den Verstrickungen des Zwischenmenschlichen und Politischen, des Zweifels und der Selbstkritik zu handeln.

Die Geschichte der totalen Herrrschaft kann unser Denken nicht zur Ruhe kommen lassen, und mit dieser Unruhe müßten wir uns auch zumuten, gegenüber totalitären Tendenzen in den parlamentarischen Demokratien aufmerksam zu werden: gegenüber jedem Versuch, Menschen überflüssig zu machen. Menschen, deren Herkunft mit dem totalen Konstrukt »weiblich« belegt und belastet ist, könnten zu dieser Aufmerksamkeit geeignet sein oder sich geeignet machen. Folgerichtig wäre es, wenn feministische Kritik Teil der Totalitarismusforschung würde.

Anmerkungen

Vorwort

1 Peter Bichsel: *Ich bin meine Heimat.* In: *Ohnmacht der Gefühle. Heimat zwischen Wunsch und Wirklichkeit.* Hg.: Jochen Kelter, Weingarten 1986, S. 178
2 Susan Sontag: *Geist und Leidenschaft.* In: *Im Zeichen des Saturn.* Frankfurt a. M. 1983, S. 185
3 Erwin Chargaff: *Kritik der Zukunft.* Stuttgart 1983, S. 14
  Elisabeth Moosmann (Hg.): *Heimat – Sehnsucht nach Identität*, Berlin 1980. Darin: *Sehnsucht nach Identität – Schwierigkeiten, mit Heimat von links her umzugehen*, S. 30–71
4 Klaus Trappmann (Hg.): *Landstraße, Kunden, Vagabunden. Gregor Gogs Liga der Heimatlosen.* Berlin 1980
5 Gregor Gog: *Vagabundische Pfingsten (1929).* In: Klaus Trappmann a.a.O., S. 71

Das Ende der Gewißheit

1 Thomas Mann: *Der Tod in Venedig.* Frankfurt a. M. 1953
2 Peter Sloterdijk: *Kritik der zynischen Vernunft.* Bd. 1, 2, Frankfurt a. M. 1983, S. 259
3 Friedrich Nietzsche: *Zur Genealogie der Moral.* Werke Band 7, Stuttgart 1921, S. 470
4 Ernst Bloch: *Das Prinzip Hoffnung.* Bd. 1, 2, 3, Frankfurt a. M. 1959/1980, S. 1
5 Joachim Schumacher: *Die Angst vor dem Chaos. Über die falsche Apokalypse des Bürgertums.* Frankfurt a. M. 1978
6 Ernst Bloch, a.a.O.
7 Jean-Paul Sartre: *Das Sein und das Nichts.* Hamburg 1952, S. 185
8 Ich beziehe mich hier gerade auf Musik, weil sie immer ein Geschehen-in-der-Zeit ist, immer nur gegenwärtig und immer vergänglich. Sie kann durch ihre eigene Gesetzmäßigkeit eine Welt vermitteln, die sie frei macht von

dem Schwergewicht täglicher Dümmlichkeit. Sie besitzt mehr »physiologische« Eindringlichkeit, als optische und verbale Kunstprodukte sich aneignen können. Musik kann Gefühle und Zustände hervorbringen, die wir ohne sie nie kennen würden.

9 Stefan Andres: *Wir sind Utopia*. Düsseldorf 1950

Abscheu vor dem Paradies

1 Hermann-Hesse: *Brief an einen jungen Deutschen*, 1918. In: Europäische Dokomente, R. Schneider-Schelde (Hg.), Heft 5, München 1946, S. 9 ff.
2 E. M. Ciaron: *Geschichte und Utopie*. Stuttgart 1979
3 ebd.
4 Karola Bloch / Adalbert Reif (Hg.): *Denken heißt Überschreiten. In memoriam Ernst Bloch*. Frankfurt a. M. 1982
5 Ernst Bloch: *Träume vom aufrechten Gang*. Frankfurt a. M. 1978
6 ders.: *Das Prinzip Hoffnung*. Bd. I–III, Frankfurt a. M. 1959, S. 25
7 ebd., S. 26
8 ders.: *Träume vom aufrechten Gang*, a. a. O.
9 Hanna Levy-Hass: *Vielleicht war das alles erst der Anfang. Tagebuch aus dem KZ Bergen-Belsen 1944–1945*, Berlin 1978

Aus der Täuschung in die Ent-Täuschung

1 siehe Joachim Schumacher: *Die Angst vor dem Chaos. Über die falsche Apokalypse des Bürgertums*. Frankfurt a. M. 1978
2 Albert Camus: *Der Mythos von Sisyphos*. Paris 1942 / Düsseldorf 1956, S. 11
3 siehe u. a. Sigmund Freud: *Zeitgemäßes über Krieg und Tod*, 1915. *Die Enttäuschung des Krieges* (I), S. 35–48: *Unser Verhalten zum Tode* (II), S. 49–60. In: Studienausg., Bd. IX, Frankfurt a. M. 1974
4 Ingeborg Bachmann in Christa Gürther: *Der Fall Franza. Eine Reise durch eine Krankheit und ein Buch über ein Verbrechen*. In: H. Höller (Hg.): *Der dunkle Schatten, dem ich schon seit Anfang folge: Ingeborg Bachmann. Vorschläge zu einer neuen Lektüre des Werks*. München 1982, S. 83
5 siehe Günther Anders: *Die Antiquiertheit des Menschen*. Bd. 1, München 1980
ders.: *Hiroshima ist überall*. München 1982
Robert Jungk: *Die Zukunft hat schon begonnen*. Reinbek bei Hamburg 1952

ders.: *Strahlen aus der Asche*. Reinbek bei Hamburg 1980
Bikini. Kalter Krieg und Capri-Sonne. Die 50er Jahre (Ausstellungskatalog). Berlin 1981

6 Horst-Eberhardt Richter: *Alle redeten vom Frieden*. Reinbek bei Hamburg 1981
7 Günther Anders: *Die atomare Drohung*. München 1981, S. 120
8 siehe Kursbuch 68: *Furcht und Zittern*. Berlin 1982
   z. T. auch Ästhetik und Kommunikation akut, Bd. 8, Sonderheft *Krieg*. Berlin 1982
9 siehe offizielle Dokumente wie z. B.: SIPRI (Hg.): *Rüstungsjahrbuch 1981/82*. Reinbek bei Hamburg 1981
   Alfred Mechtersheimer (Hg.): *Nachrüsten? Dokumente zum NATO-Doppelbeschluß*. Reinbek bei Hamburg 1981
   Palme-Bericht: *Bericht der unabhängigen Kommission für Abrüstung und Sicherheit*. Berlin 1982
   UNO-Studie: *Kernwaffen*. München 1982
   Reinhard Kaiser (Hg.): *Global 2000*. Frankfurt a. M. 1980
   Migel Calder: *Atomares Schlachtfeld Europa*. Hamburg 1980
   Mary Kaldor: *Rüstungsbarock*. Berlin 1981
10 siehe z. B. Martha Mamozai: *Frauen im deutschen Kolonialismus*. Reinbek bei Hamburg 1982
11 Christa Wolf: *Lesen und Schreiben*. Darmstadt/Neuwied 1980, S. 233
12 Irene Stoehr/Detel Aurand: *Opfer oder Täter? Frauen im 1. Weltkrieg (1)*. In: Courage 11/1982, S. 43–50
    dies.: *Opfer oder Täter? Frauen im 1. Weltkrieg (2)*. In: Courage 12/1982, S. 44–51
13 siehe Michael Kidron/Ronald Segal: *Hunger und Waffen. Ein politischer Weltatlas*. Reinbek bei Hamburg 1981
14 siehe u. a. Alexander Roßnagel: *Der Fall »K«. Szenario über den Atomstaat im Jahre 2030*. Essen o. J.
    Robert Jungk: *Der Atomstaat*. Reinbek bei Hamburg 1977
15 siehe z. B. STERN, 28. 10. 1982
16 siehe Hans-Günther Brauch: *Der chemische Alptraum*. Berlin 1982
17 siehe Arnim Beckmann/Gerd Michelsen (Hg.): *Global Future. Es ist Zeit zu handeln*. Freiburg i. Br. 1981
18 Jack D. Forbes: *Die Wétiko-Seuche. Eine indianische Philosophie von Aggression und Gewalt*. Wuppertal 1981
19 E. M. Cioran: *Gevierteilt*. Paris 1951/Frankfurt a. M. 1982, S. 51
20 Günther Anders: *Die atomare Drohung*. München 1981, S. 55
21 siehe Irene Stoehr/Detel Aurand: a. a. O.
22 Maria Mies: *Weibliche Lebensgeschichte und Zeitgeschichte*. In: *Weibliche Biographien*, Beiträge zur feministischen Theorie und Praxis, Heft 7, München 1982, S. 54–60
23 siehe auch Mary Daly: *Spirituelle Politik oder die Göttin ist ein Verb*. In: Courage 12/1982, S. 16–19

24 Anette Kuhn/Valentine Rothe: *Frauen im deutschen Faschismus.* Bd. 1, 2. Düsseldorf 1982
25 Marie Luise Kaschnitz in: Gudrun Ensslin/Bernward Vesper (Hg.): *Gegen den Tod.* Stuttgart 1981
26 ebd. S. 77
27 Ingeborg Bachmann: *Simultan.* In: Werke, Bd. 2, Erzählungen 2, München 1982
28 Sigrid Schmid-Bortenschläger: *Frauen als Opfer – gesellschaftliche Realität und literarisches Modell.* In: H. Höller (Hg.): a. a. O.
29 Ingeborg Bachmann: *Essays, Reden, vermischte Schriften.* In: Werke Bd. 4, München/Zürich 1982, S. 275
30 siehe dagegen Frigga Haug: *Erziehung zur Weiblichkeit.* In: dies. (Hg.): *Frauen-Formen.* Argument-Sonderband 45, Berlin 1980, S. 85–94
dies.: *Opfer oder Täter?* Argument Studienhilfe SH 46. Berlin 1981
31 Gabriele Wohmann: *Wörter mit Temperatur.* In: Ensslin/Vesper (Hg.): a. a. O., S. 104
32 Ti Grace Atkinson: *In der Falle der eigenen Phantasien. Weiblicher Nationalismus – lesbischer Separatismus.* In: Courage 8/1982, S. 28
33 Gisela von Wysocki: *Weiblichkeit und Modernität. Über Virginia Woolf.* Frankfurt a. M. 1982, S. 9
34 Ti Grace Atkinson, a. a. O., S. 26
35 Mary Daly: *Gyn/Ökologie.* München 1981, S. 26
36 siehe z. B. Silvia Bovenschen: *Die imaginierte Weiblichkeit.* Frankfurt a. M. 1980, S. 158 ff.
37 siehe z. B. Marlis Gerhardt: *Kein bürgerlicher Stern, nichts, nichts konnte mich je beschwichtigen.* Darmstadt/Neuwied 1982, S. 128 ff.
38 Charlotte Brontë: *Jane Eyre.* Zit. in: Virginia Woolf: *Ein Zimmer für sich allein.* Frankfurt a. M. 1978, S. 62
39 Jutta Heinrich: *Mit meinem Mörder Zeit bin ich allein.* München 1981
40 dies.: *Der Luxus nicht hinzusehen.* In: Courage 5/1982, S. 33
41 Christa Wolf: Redebeitrag in: *Berliner Begegnung zur Friedensforschung, Protokolle des Schriftstellertreffens am 13./14. Dez. 1981.* Darmstadt/Neuwied 1982, S. 116
42 ebd. S. 117

Liebe und Lüge: »Meine geliebten Kinderchen!«

1 Barbara Rohr: *»Kinder helfen siegen«. Aus Feldpostbriefen meines Vaters an seine Töchter.* In: Dialektik, Beiträge zu Philosophie und Wissenschaft, H. 7, 1983 (Zitate nach Manuskript)
2 ebd., S. 2
3 ebd., S. 3

4 Frauenhaus Köln: *Nachrichten aus dem Ghetto Liebe*. Frankfurt a. M. 1980, S. 105
5 Barbara Rohr, a. a. O., S. 10
6 Hermann Göring in: Georg L. Mosse: *Der nationalsozialistische Alltag*. Königstein 1978, S. 114
7 *Hirts Deutsches Lesebuch für Mädchen*, Oberschule Kl. 1, Breslau 1939
8 ebd., S. 49
9 Martin Gilbert: *Endlösung. Die Vertreibung und Vernichtung der Juden*. Reinbek bei Hamburg 1982, S. 22, S. 17
10 *Hirts Deutsches Lesebuch für Mädchen*, a. a. O., S. 241
11 ebd., S. 250
12 ebd., S. 243
13 ebd., S. 71
14 ebd., S. 41
15 ebd., S. 207
16 ebd., S. 6
17 Paula Silber: *Die Frauenfrage und ihre Lösung durch den Nationalsozialismus*. Wolfenbüttel/Berlin 1933, S. 22
18 Magdalene Rohr, geb. Ehmann: *Mein Leben*. Unveröffentl. Manuskript, Dezember 1986, S. 52
19 ebd., S. 92
20 ebd., S. 93

Letzter Liebesanfall

1 Dieser Essay wurde geschrieben für den Band: »*Lieben Sie Deutschland? Gefühle zur Lage der Nation.*« Marielouise Janssen-Jurreit (Hg.), München 1985
2 Ingeborg Bachmann: »*Wir gehen, die Herzen im Staub*«. In: Werke Bd. 1, München 1978, S. 11

Feminismus und Moral

1 Jutta Brauckmann: *Die vergessene Wirklichkeit*. Münster 1984
2 Friedrich Nietzsche: *Die fröhliche Wissenschaft*. Werke Bd. V, Stuttgart 1921, S. 163

Wendezeit – Wendedenken – Wegdenken

1 siehe z. B. Dieter Duhm: *Aufbruch zur neuen Kultur.* München 1982
  ders.: *Gewaltlosigkeit? Versuch einer Antwort.* In: Rüdiger Lutz, 1983, a. a. O., S. 182–185
  Rüdiger Lutz (Hg.): *Bewußtseins (R)evolution, Öko-Log-Buch 2.* Weinheim 1983
  ders.: *Die sanfte Wende – Aufbruch ins ökologische Zeitalter.* München 1984
  Marilyn Ferguson: *Die sanfte Verschwörung. Persönliche und gesellschaftliche Transformationen im Zeitalter des Wassermanns.* Basel 1983 (a)
  dies.: *Wir brauchen ein Weltgewissen.* Gespräch mit Peggy Taylor. In: Rüdiger Lutz, 1983, a. a. O., S. 72–79 (b)
  Fritjof Capra: *Wendezeit. Bausteine für ein neues Weltbild.* Bern / München 1983 (a)
  ders.: *Krise und Wandel in Wissenschaft und Gesellschaft.* In: Rüdiger Lutz, 1983, a. a. O., S. 27–35 (b)
  ders.: Vorwort in Marilyn Ferguson 1983 (a), a. a. O., S. 11–15 (c)
  ders.: *Das Tao der Physik.* Bern / München 1984
  Joachim-Ernst Berendt: *Nada Brahma. Die Welt ist Klang.* Frankfurt a. M. 1983
  Hazel Henderson: *Global denken, lokal handeln.* In: Rüdiger Lenz, 1983, S. 186–197
2 Rüdiger Lutz, 1983, a. a. O., S. 11
3 Marilyn Ferguson, 1983, a. a. O. (a), Originalausgabe 1980
4 ebd., S. 21
5 Rüdiger Lutz, 1983, a. a. O., S. 75
6 Ferguson (a), a. a. O., S. 31
7 ebd., S. 33
8 dies., (b), a. a. O., S. 76
9 ebd., S. 72
10 Rüdiger Lutz, 1983, a. a. O., S. 173 ff.
11 Fritjof Capra, 1984, a. a. O.
12 siehe Dieter Duhm, 1983, a. a. O., S. 182–185
13 ders., 1982, a. a. O., S. 66
14 Peter Passett/Emilio Modena (Hg.): *Krieg und Frieden aus psychoanalytischer Sicht.* Frankfurt a. M. 1983
15 Hazel Henderson, a. a. O., S. 191
16 ebd., S. 196
17 ebd., S. 191
18 Fritjof Capra, 1983 (c), a. a. O., S. 14
19 ders., 1983 (a), a. a. O., S. 11
  ders.: Vorwort in Rüdiger Lutz, 1984, a. a. O., S. 14 (c)
20 Fritjof Capra, 1983 (a), a. a. O., S. 469 ff.

Hazel Henderson, a.a.O., S. 192 ff.
In dem zuletzt erschienenen Capra-Vorwort (Rüdiger Lutz, 1984, S. 7–10) verzichtet er allerdings erstmalig auf die rhetorisch bleibende Standardformel zur Bedeutung der Frauenbewegung, die in dem von ihm eingeleiteten Buch auch keine Resonanz gefunden hätte.
21 Fritjof Capra, 1983 (a), a.a.O., S. 11
22 Rüdiger Lutz, 1984, a.a.O., S. 105
23 Marilyn Ferguson, 1983 (a), a.a.O., S. 264
24 Entropie: Der Begriff – eine Kombination von Energie und (griech.) tropos (Umwandlung) stammt ursprünglich aus der Thermodynamik und bezeichnet die Entwicklung physikalischer Systeme in Richtung der Unordnung: Ein Maß, in dem Relationen zwischen den Komponenten irgendeines Aggregats vermischt, unsortiert, undifferenziert, unvorhersehbar und zufällig sind (s. in: Gregory Bateson: *Geist und Natur. Eine notwendige Einheit*, Frankfurt a.M. 1984, S. 273). Wird auch im übertragenen Sinne benutzt zur Bezeichnung von ungebundener Veränderung, Unordnung, Chaos.
25 siehe auch Rüdiger Lutz, 1984, a.a.O., S. 10 ff.
26 Fritjof Capra, 1983 (a), a.a.O., S. 44
27 Marilyn Ferguson, 1983 (a), a.a.O., S. 266
28 ebd., S. 265
29 ebd., S. 264
30 Hazel Henderson, a.a.O., S. 189
31 Rüdiger Lutz, 1983, a.a.O., S. 159
32 Michael N. Nagler: *Friede als Paradigmenwechsel*. In: Rüdiger Lutz, 1983, a.a.O., S. 157
33 ebd., S. 156
34 Fritjof Capra, 1983 (c), a.a.O., S. 46
35 Marilyn Ferguson, 1983 (a), a.a.O., S. 43
36 Fritjof Capra, 1984 (c), a.a.O., S. 10
37 Joachim-Ernst Berendt, a.a.O.
38 Fritjof Capra, 1983 (a), a.a.O., S. 289
   ders.: 1984, a.a.O.
39 Rüdiger Lutz, 1984, a.a.O., S. 103
40 Fritjof Capra, 1983 (a), a.a.O., S. 324
41 Capra revidiert das – wiederum nur theoretisch – in seinem letztveröffentlichten Vorwort, indem er die architektonische und hierarchische Metapher »Gebäude«, »Grundstein«, »Fundament« etc. durch die des »Netzwerkes« ersetzt, was für unsere Fragestellung aber keine Konsequenz hat.
   (In: Rüdiger Lutz, 1984, a.a.O., S. 8)
42 Gregory Bateson: *Ökologie des Geistes*. Frankfurt a.M. 1983, S. 569
43 ders.: *Geist und Natur, eine notwendige Einheit*. Frankfurt a.M. 1984, S. 215
44 ders., 1983, a.a.O., S. 564
45 Marlis Gerhardt: *Über Macht und Ohnmacht*. In: Claudia Opitz (Hg.): *Weiblichkeit oder Feminismus?* Weingarten 1984

Anmerkungen

46 Marilyn Ferguson, 1983 (a), a.a.O., S. 264
47 Claudia Opitz, a.a.O.

Feminisierung der Gesellschaft –
Weiblichkeit als Putz- und Entseuchungsmittel

1 Erwin Chargaff: *Warnungstafeln – Die Vergangenheit spricht zur Gegenwart.* Stuttgart 1982, S. 237
2 Alfred Mechtersheimer (Hg.): *Nachrüsten? Dokumente und Positionen zum NATO-Doppelbeschluß.* Reinbek bei Hamburg, 1981, S. 19
3 Roger Garaudy: *Das schwache Geschlecht ist unsere Stärke – Für eine Feminisierung der Gesellschaft.* München 1985, S. 136
4 Horst-Eberhard Richter: *Alle reden vom Frieden. Versuch einer paradoxen Intervention.* Reinbek bei Hamburg 1981, S. 26, S. 104
5 Ernst Friedrich 1914, zit. in: Friedrich Pasierbsky: *Krieg und Frieden in der Sprache.* Frankfurt a.M. 1983, S. 141
6 Romain Rolland 1921. In: Elisabeth Brändle-Zeile (Hg.): *Seit 90 Jahren – Frauen für den Frieden.* Stuttgart 1983, S. 23
7 Herbert Marcuse 1978. In: Jürgen Habermas / Silvia Bovenschen (Hg.): *Gespräche mit Marcuse.* Darin: Silvia Bovenschen / Marianne Schuller: *Weiblichkeitsbilder, Interview mit Herbert Marcuse.* Frankfurt a.M. 1978, S. 75
8 siehe Brigitte Wartmann (Hg.): *Verdrängungen der Weiblichkeit aus der Geschichte.* In: *Weiblich – Männlich. Kulturgeschichtliche Spuren einer verdrängten Weiblichkeit.* Berlin 1980, S. 7–33
dies.: *Die Grammatik des Patriarchats. Zur »Natur« des Weiblichen in der bürgerlichen Gesellschaft.* In: Ästhetik und Kommunikation, Heft 47, Berlin 1982, S. 12–32
9 Roger Garaudy, a.a.O., S. 71
10 ebd., S. 129
12 ebd., S. 121
13 Wilfried Gottschalch: *Geschlechterneid.* Berlin 1984
13 Juliet Mitchell: *Psychoanalyse und Feminismus.* Frankfurt a.M. 1976
14 Wilfried Gottschalch, a.a.O., S. 45
15 Joachim-Ernst Berendt: *Das dritte Ohr. Vom Hören der Welt.* Reinbek bei Hamburg 1985
16 ebd., S. 359
17 ebd., S. 327 ff.
18 Adrienne Rich in: Dagmar Schultz (Hg.): *Macht und Sinnlichkeit. Ausgewählte Texte von Audre Lorde und Adrienne Rich.* Berlin 1983, S. 173 f.
19 z.B. Jean-Paul Sartre: *Unwahrhaftigkeit und Lüge.* In: *Das Sein und das Nichts.* Hamburg 1962, S. 93
20 Günther Anders: *Mensch ohne Welt.* München 1964, Einleitung

21 siehe Jutta Brauckmann: *Die vergessene Wirklichkeit – Männer und Frauen im weiblichen Leben.* Münster 1984
22 In: DER SPIEGEL vom 26. 5. 86: »Auf den Schultern«, S. 29

Der Chor der Opfer ist verstummt

1 Frauen und Wissenschaft: *Beiträge zur Berliner Sommeruniversität für Frauen,* Juli 1976, Berlin 1977
2 siehe z. B. Giesela Bock: *Frauenbewegung und Frauenuniversität.* In: Frauen und Wissenschaft, a. a. O., S. 15–22
3 siehe Irene Stoehr: *Auf dem Weg in den Staatsfeminismus? Zur Auseinandersetzung um ein Institut für Frauenforschung in Westberlin.* In: Alternative, Jg. 21, Heft 120, 1978, S. 174–180
4 Jörg Claus / Wolfgang Heckmann / Christina Thürmer-Rohr: *Untersuchungsarbeit als Prinzip der Ausbildung – Ein Diskussionsbeitrag zum Theorie-Praxis-Problem.* PH Berlin 1974 (unveröff. Manuskript)
5 Maria Mies: *Methodische Postulate zur Frauenforschung.* In: Beiträge zur feministischen Theorie und Praxis, Heft 1, 1978, S. 47
6 ebd.
7 ebd.
8 ebd., S. 48
9 ebd.
10 ebd., S. 52
11 ebd., S. 51
12 Basis der folgenden Ausführungen sind 1. meine Arbeit im Diplomstudiengang Erziehungswissenschaften / Sozialpädagogik an der TU Berlin (FB 22), in dem ich seit 1972 als Professorin arbeite und seit 1977 den Studienschwerpunkt »Frauenforschung« vertrete; 2. meine siebenjährige Praxis in der Psychologischen Beratung (überwiegend mit Frauen) und deren wissenschaftlicher Begleitung; 3. kontinuierliche Diskussionen – außerhalb des engeren beruflichen Arbeitsbereichs – mit Frauen, die an feministischen Forschungsvorhaben arbeiten.
Auf die organisatorischen und inhaltlichen Bedingungen des erstgenannten Arbeitsbereichs muß ich an dieser Stelle etwas näher eingehen, um den Hintergrund der eigenen Erfahrungen und Überlegungen besser vermitteln zu können: Der Diplomstudiengang Erziehungswissenschaften / Sozialpädagogik ist ein Projektstudiengang. Alle Studierenden arbeiten nach dem Vordiplom zwei Jahre (vier Semester) obligatorisch in einem Theorie-Praxis-Projekt im Rahmen eines der insgesamt sechs angebotenen Schwerpunkte (z. B. Vorschulerziehung, Jugendarbeit etc.), für den jeweils ein Hochschullehrer / eine Hochschullehrerin zuständig ist und zu dem sich die Student/inn/en im Hauptstudium für zwei Jahre entscheiden müssen.

Hauptamtlich arbeitete ich in dem Schwerpunkt »Frauenforschung« bis vor einem Jahr allein, seit einem Jahr zusammen mit einer wissenschaftlichen Mitarbeiterin, Carola Wildt; nebenamtlich arbeiten fünf Lehrbeauftragte mit vier Semesterwochenstunden (ohne Prüfungsrecht) mit, die alle Erfahrungen in feministischer Arbeit in Praxis und Forschung haben. Der Frauenschwerpunkt hat sich in den letzten sieben Jahren von seiten der Studentinnen kontinuierlich verstärkt. In der Regel studieren jeweils ca. 50 Frauen im Rahmen dieses Schwerpunkts, pro Semester existieren vier laufende Theorie-Praxis-Projekte mit durchschnittlich jeweils 12 Frauen, die als Gruppe in einem bereits bestehenden (z. B. Frauenhaus) oder einem selbstorganisierten Frauenprojekt (z. B. Beratungsladen, Frauencafé, Theater) arbeiten. Jedes Projekt wird mit den jeweiligen Dozentinnen vorbereitet und von ihnen theoretisch und pädagogisch begleitet; z. T. arbeiten die Dozentinnen auch selbst im Praxisbereich mit. Das Spektrum der Projekte ist breit. Inhalt und Ort der Arbeit werden meist mehr oder weniger intensiv von den Studentinnen mitgeprägt, die sich meist bereits vor dem ausformulierten Lehrangebot als Gruppe zusammenfinden und eigene Vorstellungen entwickeln. Beispiele von Projekten, in historischer Reihenfolge, sind: Selbsterfahrungsorientierte Beratungsarbeit; Frauenhaus; Frauenberatung bei pro familia; Mitarbeiter im FFGZ (Feministisches Frauen-Gesundheits-Zentrum); institutionelle und außerinstitutionelle Mädchenarbeit; Arbeit mit Prostituierten bzw. »Aussteigerinnen«; Frauenberatung in der Psychiatrie-Nachsorge; Frauenfriedensbewegung; Frauen-Theater. Die verschiedenen Frauenprojekte treffen sich dreimal pro Semester ganztägig zu einem Projektplenum, in dem alle beteiligten Studentinnen und Dozentinnen nicht nur Erfahrungen austauschen, sondern gemeinsame Fragestellungen entwickeln.

Für die Studentinnen werden darüber hinaus – neben dem allgemeinen Studienangebot – Frauenseminare zu übergreifenden oder spezifischen feministischen Fragestellungen angeboten; außerdem wöchentlich ein dreistündiges Colloquium für alle Frauen, die sich Diplomarbeiten im Rahmen der Frauenforschung vornehmen, deren Themen sich i. a. aus den Erfahrungen der Theorie-Praxis-Projekte ergeben. Jede Arbeit wird zwei- bis dreimal im Laufe der halbjährlichen Bearbeitungszeit von den Verfasserinnen vorgestellt und mit den übrigen Diplomandinnen diskutiert.

Der Anspruch, eigenständige Arbeitsansätze und Kriterien zu entwickeln, ließ sich bisher institutionell durchsetzen. Er stößt eher an die eigenen Grenzen. Bei der Zweitbegutachtung der Arbeiten durch männliche Kollegen sind, bisher zumindest, wenig offene Konflikte aufgetreten. Die Prüferwahl ist frei, und eine Reihe von Kollegen stellen zumindest eine liberale oder respektvolle Einstellung dem Frauenschwerpunkt gegenüber unter Beweis.

Eine gemeinsame Darstellung oder Auswertung von Erfahrungen des Arbeitsbereichs »Frauenforschung« ist aus Gründen der allgemeinen Arbeitsbelastung leider noch nicht gelungen. Ich habe deswegen hier auch nicht den Anspruch, eine umfassende Bestandsaufnahme der vielen heterogenen Erfahrungen mit den verschiedenen Ansätzen und deren vielfältigen Problemen zu leisten. Ich konzentriere mich vielmehr auf die Erfahrungen mit Arbeiten, die einen empirischen biographischen Ansatz verfolgten. Auf der Basis intensiver Gespräche mit Frauen, die die Untersucherinnen im allgemeinen in ihrer Praxis kennengelernt hatten (z. B. Frauenhausbewohnerinnen, alleinlebende Mütter, ehemalige Prostituierte etc., auch eigene Mütter), ging es ihnen um die Wiedergabe und das Verstehen eines Ausschnitts aus der Lebensrealität der anderen Frau, immer auch um den Versuch, diese mit Hilfe einer solchen Arbeit zu unterstützen, ihr die Ergebnisse zu vermitteln, in einzelnen Fällen auch, sie bei der Interpretation und Aufarbeitung einzubeziehen. Die Untersucherinnen versuchten, sich mit spezifischen Fragen den Lebensgeschichten zu nähern und der anderen Frau ihre Fragen zu vermitteln (z. B. Fragen zur Widerstandsgeschichte, zum Widerspruch von Liebeserwartungen und Diskriminierungserfahrung, zu den Konsequenzen biographischer Krisen etc.).

Auch bei der Behandlung dieses einen Ausschnitts, d. h. biographischer Ansätze, geht es mir nicht darum, die Probleme umfassend darzustellen – für alle Beispiele gäbe es Gegenbeispiele. Ich möchte hier lediglich Tendenzen aufzeigen, die Seiten der Probleme, die bisher zwar viel intern andiskutiert, aber öffentlich meistens verschwiegen worden sind.

13 Christel Bürmann: *Anpassungsleistungen von Frauen – Analyse der Lebensgeschichte einer Hausfrau und Mutter.* Unveröff. Diplomarbeit, TU Berlin 1980
14 Inge Hildebrandt/Gaby Strezelczyk: *Mütter und Töchter. Der Versuch der Aufarbeitung einer widersprüchlichen Beziehung.* Unveröff. Diplomarbeit, TU Berlin 1980
15 Jutta Wolf/Andrea Volmary: *Feministische Forschung: »Am Anfang stand die Euphorie ...«* Unveröff. Diplomarbeit, TU Berlin 1982
16 *Thesen zu den Begriffen Betroffenheit und Parteilichkeit in Frauenprojekten auf der Grundlage unserer Arbeit im Frauenhaus.* Colloquiumsbeitrag von Studentinnen, TU Berlin vom 27. 11. 1980
17 Dagmar Hörster/Anneliese Homann: *Eine typisch untypische Frau – Analyse einer Lebensgeschichte.* Unveröff. Diplomarbeit, TU Berlin 1982
18 Maria Mies: a. a. O., S. 48
19 Barbara Konrad/Hildegard Schonefeld: *Karina P. – Eine mißhandelte Frau auf der Suche nach einer Perspektive.* Unveröff. Diplomarbeit, TU Berlin 1982
20 Maria Mies: a. a. O., S. 49
21 ebd.
22 zuerst z. B. Frankfurter Sozialarbeiterinnen-Gruppe: *Mütter der Nation.* In: Sozialmagazin, Heft 9, 1978
Sarah Sauerkirsch/Moni Mutlos/Mirabelle Mirabo/Hildchen Harmlos: *Weiblichkeit als Beruf.* In: Beiträge zur feministischen Theorie und Praxis, Heft 2, 1979, S. 63–70

23 Joachim Kersten/Christian Wolffersdorff-Ehlert: *Jugendstrafe – Innenansichten aus dem Knast*. Frankfurt a. M. 1980
24 ebd., S. 11
25 ebd., S. 27
26 ebd., S. 23

Querdenken – Gegenfragen – Einspruch

1 *Frauenforschung oder Feministische Forschung?* Beiträge zur feministischen Theorie und Praxis, H. 11, 1984, S. 5
2 Erwin Chargaff: *Unbegreifliches Geheimnis. Wissenschaft als Kampf für und gegen die Natur*. Stuttgart 1981, S. 225
3 ders.: *Warnungstafeln. Die Vergangenheit spricht zur Gegenwart*. Stuttgart 1982, S. 249
4 ebd., S. 252
5 ebd., S. 248
6 ders.: *Kritik der Zukunft*. Stuttgart 1983, S. 92
7 Maria Mies: *Methodische Postulate zur Frauenforschung*. In: Beiträge zur feministischen Theorie und Praxis, H. 1, 1978, S. 41–63
8 Claudia von Werlhof: *Geschlecht und Arbeit – Zur Geschichte der Frauenforschung an der Universität Bielefeld*. Manuskript, Bielefeld 1986, S. 12
9 Ilse Frapan: *Wir Frauen haben kein Vaterland. Monologe einer Fledermaus.* (1. Ausg. Fontane, Berlin 1899). Berlin 1983
10 ebd., S. 40
11 ebd., S. 50
12 ebd., S. 55
13 ebd., S. 29
14 ebd., S. 71
15 ebd., S. 51
16 ebd., S. 48
17 ebd., S. 56
18 ebd., S. 48
19 ebd., S. 58
20 Günther Anders: *Hiroshima ist überall*. München 1982
21 siehe ebd., S. XXXII
22 Ilse Frapan, a. a. O., S. 48
23 Claudia von Werlhof, a. a. O., S. 11/12

Haßverbot

1 Volker Elis Pilgrim: *Wuthaß, Neidhaß, Liebhaß*. In: *Haß – Die Macht eines unerwünschten Gefühls*, Hg. Renate Kahle u. a. Reinbek 1985, S. 82
2 Klaus Trappmann (Hg.): *Landstraße, Kunden, Vagabunden. Gregor Grogs Liga der Heimatlosen*. Berlin 1980, S. 224
3 Dorothee Sölle: *Gibt es einen kreativen Haß?* In: H. E. Bahr (Hg.): *Politisierung des Alltags*. Darmstadt/Neuwied 1972
4 ebd., S. 254
5 ebd., S. 260
6 Antje Vollmer: *Redebeitrag auf dem Kongreß des ehemaligen SDS »Prima Klima«*, Dez. 1986
7 Renate Kahle, Heiner Menzner, Gerhard Vinnai (Hg.): *Haß – Die Macht eines unerwünschten Gefühls*. Reinbek bei Hamburg 1982, S. 9
8 Dorothee Sölle, a. a. O., S. 263
9 Günther Anders: *Hiroshima ist überall*. München 1982
10 ders.: *Die Antiquiertheit des Hassens*. In: R. Kahle u. a., a. a. O., S. 11
11 ebd., S. 32
12 Manfred Pohlen: *Die Vernichtung des Individuellen in einer ›befriedeten‹ Gesellschaft*. In: Renate Kahle, a. a. O., S. 260
s. a. ders.: *Zu den Wurzeln der Gewalt*. In: *Krieg und Frieden aus psychoanalytischer Sicht*. Hg: Peter Passet/Emilio Modena. Basel/Frankfurt a. M. 1983, S. 132–197
13 Cora Stephan: *Mit Entsetzen. Scherz*. In: Renate Kahle, a. a. O., S. 40
14 s. Jutta Brauckmann: *Die vergessene Wirklichkeit*. Münster 1984
15 Margarete Mitscherlich: *Die friedfertige Frau*. Frankfurt a. M. 1985
16 Friedrich Nietzsche: *Jenseits von Gut und Böse*. Abschnitt 232, (1885/86), Werke Bd. 7, Stuttgart 1921, S. 192
17 ebd., S. 193
18 Paul J. Möbius: *Über den physiologischen Schwachsinn des Weibes*. (1900), Marhold, Halle a. d. S. 1907

Das »moralische Irresein« der Frau

1 Ann Jones: *Frauen, die töten*. Frankfurt a. M. 1986
2 Kursbuch 85: *GAU – die Havarie der Expertenkultur*. Berlin 1986
3 Eberhard Jens: *Am äußersten Rand*. In: Kursbuch 85, 1986
4 Claudia von Werlhof: *»Wir werden das Leben unserer Kinder ...«* In: Marina Gambaroff/Maria Mies u. a. (Hg.): *Tschernobyl hat unser Leben verändert. Vom Ausstieg der Frauen*. Reinbek bei Hamburg. 1986, S. 8–24
5 ebd., S. 16

Die unheilbare Pluralität der Welt –
Von Patriarchatskritik zur Totalitarismusforschung

1 Karin Schrader-Klebert: *Die kulturelle Revolution der Frau.* In: Kursbuch Nr. 17. Berlin 1969, S. 1–46
2 Christina Thürmer-Rohr: *Die Anstößigkeit der Freiheit des Anfangens. Feministische Kritik – Feminismuskritik.* In: Daniel Ganzfried/Sebastian Hefti (Hg.): *Hannah Arendt – Nach dem Totalitarismus.* Hamburg 1997, S. 135–146
3 Christina Thürmer-Rohr: *Mittäterschaft der Frau – Analyse zwischen Mitgefühl und Kälte.* In: *Mittäterschaft und Entdeckungslust.* Berlin 1998, S. 87 ff.
4 Christina Thürmer-Rohr: *Wir sind nicht Reisende ohne Gepäck.* In: Ika Hügel/Chris Lange/May Ayim u. a. (Hg.): *Entfernte Verbindungen – Rassismus, Antisemitismus, Klassenunterdrückung.* Berlin 1993, S. 188–204
5 Hannah Arendt: *Was ist Politik?* München, Zürich 1993, S. 9 ff.
6 Hannah Arendt: *Was ist Politik?* a. a. O., S. 9 ff.
7 Zygmunt Bauman: *Moderne und Ambivalenz – Das Ende der Eindeutigkeit.* Hamburg 1992, S. 126
8 ebd.
9 Hannah Arendt: *Elemente und Ursprünge der totalen Herrschaft.* München 1986, S. 638
10 Wolfgang Kraushaar: *Sich aufs Eis wagen. Plädoyer für eine Auseinandersetzung mit der Totalitarismustheorie.* In: Eckhard Jesse (Hg.): *Totalitarismus im 20. Jahrhundert – Eine Bilanz der internationalen Forschung.* Bonn 1996, S. 468
11 David Bosshart: *Politische Intellektualität und totalitäre Erfahrung.* Berlin 1992, S. 59
12 Zum Totalitarismusbegriff siehe W. Kraushaar, a. a. O., S. 458 ff.
13 In diesem Zusammenhang sind Mitglieder der deutschen nicht-jüdischen Gesellschaft gemeint – Ausgebombte, Evakuierte, Heimatlose, Witwen, Waisen, Verwundete etc. –, nicht aber die expliziten Opfer des Naziregimes, die nach rassischen Kriterien Vernichteten und Verfolgten. Es geht hier auch nicht um die Kontroversen zur Kollaboration von Judenräten, Kapos etc.
14 Hannah Arendt: *Elemente und Ursprünge totaler Herrschaft*, a. a. O., S. 728
15 s. z. B. Alfons Söllner/Ralf Walkenhaus/Karin Wieland (Hg.): *Totalitarismus – Eine Ideengeschichte des 20. Jahrhunderts.* Berlin 1997. Wolfgang Wippermann: *Totalitarismustheorien. Die Entwicklung der Diskussion von den Anfängen bis heute.* Darmstadt 1997
16 Klaus Hildebrand: *Stufen der Totalitarismus-Forschung.* In: Eckhard Jesse (Hg.): *Totalitarismus im 20. Jahrhundert*, a. a. O., S. 72
17 Pierre Bouretz: *Das totalitäre Rätsel des 20. Jahrhunderts.* In: Alfons Söllner u. a. (Hg.), a. a. O., S. 221

18 z. B. Ignacio Ramonet: *Demokratie im Abseits*. In: Le monde diplomatique/taz/WoZ, Mai 1997, S. 7
19 Klaus Hildebrand, a.a.O., S. 87.
20 Zygmunt Bauman: *Moderne und Ambivalenz*, a.a.O., S. 70f.
21 Hannah Arendt: *Elemente und Ursprünge totaler Herrschaft*, a.a.O., S. 729
22 Catherine MacKinnon: *Kriegsverbrechen – Friedensverbrechen*. In: Stephen Shute/Susan Harley (Hg.): *Die Idee der Menschenrechte*. Frankfurt am Main 1996, S. 120
23 Y. Michal Bodemann: *Gedächtnistheater. Die jüdische Gemeinschaft und ihre deutsche Erfindung*. Hamburg 1996, S. 20
24 Hannah Arendt: *Elemente und Ursprünge totaler Herrschaft*, a.a.O., S. 296
25 ebd., S. 720
26 ebd., S. 729
27 s. dazu die Diskussion des »Moralischen Urteilens« bei Seyla Benhabib: *Selbst im Kontext*. Frankfurt a.M. 1995, S. 153 ff.
dies.: *Hannah Arendt – Die melancholische Denkerin der Moderne*. Hamburg 1998, S. 272 ff.
28 Hannah Arendt: *Eichmann in Jerusalem. Ein Bericht über die Banalität des Bösen*. München 1992. Hannah Arendt: *Vom Leben des Geistes I. Das Denken*. München 1989, Einleitung, S. 13–25
29 Hannah Arendt: *Zwischen Vergangenheit und Zukunft – Übungen im politischen Denken*. München 1994, S. 129
30 Hannah Arendt: *Vom Leben des Geistes*, a.a.O., S. 182 ff.
31 Tzvetan Todorov: *Das Abenteuer des Zusammenlebens. Versuch einer allgemeinen Anthropologie*. Berlin 1996, S. 32
32 Was für Eichmann routinierte Arbeit und sonst nichts war – Abfahrts- und Ankunftstermine aufeinander abstimmen, Fahrpläne festlegen, Züge umdirigieren, Ärger mit Bahnbehörden und Verkehrsministerium schlichten, die richtige Anzahl von Juden an den Sammelstellen bereitstellen –, war für die Opfer der Untergang. Eichmann brauchte sich nicht einmal »der Stimme des Gewissens verschließen«, denn »die Stimme des Gewissens in ihm sprach genauso wie die Stimme der Gesellschaft, die ihn umgab«: Hannah Arendt: *Eichmann in Jerusalem*, a.a.O., S. 163
33 Befragt über seine Besichtigungen von Vernichtungslagern und ihre Tötungsanlagen, bekundet er seine Erschütterung mit Bemerkungen wie »Ich bin keine so robuste Natur ... Wenn ich eine klaffende Schnittwunde sehe, dann kann ich nicht zusehen ... ich habe nicht hingeschaut ... mir hat es genügt ... dann bin ich abgehauen ... da war ich bedient, da war ich fertig ... ich mußte weg ... mir reichte der Auftrag«: Hannah Arendt: *Eichmann in Jerusalem*, a.a.O., S. 120 ff.
34 Hannah Arendt: *Eichmann in Jerusalem*, a.a.O., S. 78
35 ebd.
36 Hannah Arendt: *Vom Leben des Geistes*, a.a.O., S. 14
37 Siehe z.B. Lore Walb: *Ich, die Alte – ich, die Junge. Konfrontation mit meinen Tagebüchern 1933–1945*. Berlin 1997

38 Tzvetan Todorov: *Das Abenteuer des Zusammenlebens*, a.a.O., S. 78
39 Zygmunt Bauman: *Ansichten der Postmoderne*. Hamburg 1995, S. 114
40 Elvira Scheich: *Feministische Standpunkte. Zu Krieg und Staat, zu Nationalismus und Gewalt*. In: Mittelweg 36, Zeitschrift des Hamburger Instituts für Sozialforschung, Heft 2, 1994
41 Jan Philipp Reemtsma: *Generation ohne Abschied. Wolfgang Borchert als Angebot*. In: *10 Reden und Aufsätze*. Zürich 1995, S. 55
42 Teresa Wobbe: *Das Dilemma der Überlieferung. Zu politischen und theoretischen Kontexten von Gedächtniskonstruktionen über den Nationalsozialismus*. In: Dies. (Hg.): *Nach Osten. Verdeckte Spuren nationalsozialistischer Verbrechen*. Frankfurt a.M. 1992, S. 13–43
43 Richard Rorty: *Menschenrechte, Rationalität und Gefühl*. In: Stephen Shute/Susan Hurley (Hg.): *Die Idee der Menschenrechte*. Frankfurt a.M. 1996, S. 145
44 ebd., S. 144
45 Carola Sachse: *Frauenforschung zum Nationalsozialismus*. In: Mittelweg 36, Zeitschrift des Hamburger Instituts für Sozialforschung, 6. Jg., Nr. 2 1997, S. 29.
Claudia Koonz: *Mütter im Vaterland. Frauen im Dritten Reich*. Freiburg i. Br., 1991.
Gaby Zipfel: *Wie führen Frauen Krieg?* In: Hannes Heer/ Klaus Naumann (Hg.): *Vernichtungskrieg. Verbrechen der Wehrmacht 1941–1944*. Hamburg 1995, S. 460–74
46 Das bedeutet nicht, Männer aus der Pflicht zu entlassen. Im Gegenteil: Das Problem muß zu ihrem Problem werden, solange das Konstrukt, das ihr Konstrukt ist, real existiert und reale, nicht eingebildete Verhältnisse schafft. So sitzt eine Wissenschaftlerin oder eine Kranfahrerin nicht zu Hause, weil sie ein Konstrukt ist, sondern weil sie keine Arbeit hat, aber *daß* sie keine Arbeit hat, ist Folge des Konstrukts. Hier ist die Sachlage eindeutig: Das »Geschlecht« als totalitäre Kategorie ist eine männliche Kreation. Die Urheber haben mit ihrer Schöpfung offenbar wenig Probleme, denn ein totales Konstrukt war »der Mann« nie, eher eine vergleichsweise vielfältige Möglichkeit – jedenfalls konzeptionell. Männer wären also gefragt als Dekonstrukteure ihrer eigenen Herstellung.

Quellenhinweise

Das Ende der Gewißheit erschien erstmals in der *Courage* Nr. 7, 1983, und wurde für dieses Buch stark überarbeitet.

Abscheu vor dem Paradies erschien unter dem Titel *Die gespenstischen Paradiese der Männer und die Hoffnungslosigkeit der Frauen* in *Psychologie heute*, Heft Nr. 1, 1984. Für diesen Band stark überarbeitet.

Aus der Täuschung in die Ent-Täuschung zuerst in: *Beiträge zur feministischen Theorie und Praxis*, Heft 8, 1983, überarbeitete Fassung.

Letzter Liebesanfall entnehmen wir mit freundlicher Genehmigung des Piper Verlages dem Band: Marielouise Janssen-Jurreit (Hg.): *Lieben Sie Deutschland? Gefühle zur Lage der Nation.* München 1985.

Wendezeit – Wendedenken – Wegdenken erstmals erschienen in: *Beiträge zur feministischen Theorie und Praxis*, Heft 12, 1984, und in Nadia Bagdadi/Irene Batinger (Hg.): *Ewig lockt das Weib? Bestandsaufnahmen und Perspektiven feministischer Theorie und Praxis.* Weingarten 1986. Für diesen Band überarbeitet.

Feminisierung der Gesellschaft ... in: *Beiträge zur feministischen Theorie und Praxis*, Heft 18, 1986; stark veränderte Fassung.

Der Chor der Opfer ist verstummt ebenda erschienen, Heft 11, 1984

Die unheilbare Pluralität der Welt – Von Patriarchatskritik zur Totalitarismusforschung zuerst in: *Beiträge zur feministischen Theorie und Praxis*, Heft 47/48, 1998

Bonnie S. Anderson und Judith P. Zinsser

Eine eigene Geschichte
Frauen in Europa

Band 1: Verschüttete Spuren
Frühgeschichte bis 18. Jahrhundert

Aus dem Amerikanischen von Katharina Biegger Schwarz

Band 12049

Der erste Band beschreibt die Geschichte der Frauen von der Frühzeit bis zum 18. Jahrhundert. Die Autorinnen richten sich dabei nicht nach der gängigen Epocheneinteilung, sondern machen vielmehr deutlich, daß diese für Frauen nicht gilt. Die Erfindung des Strickens z. B. hat die Lebensbedingungen von Frauen entscheidender verändert als die Verkündung der Menschenrechte, die doch nur für Männer gemeint waren. Die Lebensbedingungen von Frauen unterschieden sich jedoch vorrangig nach dem Stand, dem sie angehörten. Dieser Erkenntnis ist durch die Aufteilung des Buches in die großen Kapitel »Frauen auf dem Land«, »Frauen in der Kirche«, »Frauen der Schlösser und Gutshöfe« und »Frauen innerhalb der Stadtmauern« Rechnung getragen worden.

Fischer Taschenbuch Verlag

Bonnie S. Anderson und Judith P. Zinsser

Eine eigene Geschichte
Frauen in Europa

Band 2: Aufbruch
Vom Absolutismus zur Gegenwart

Aus dem Amerikanischen von Pia Holenstein Weidmann

Band 12050

Noch immer beherrscht eine traditionelle, männerzentrierte Sicht das Bild von der Vergangenheit. Die eine Hälfte der Menschheit – die Frauen – taucht nur am Rand auf und verschwindet wieder im Dunkel der Geschichte. Doch bereits Ende der 60er Jahre entstand ein neuer Forschungszweig: die Frauengeschichte. Dieser Ansatz ist zwar inzwischen zum festen Bestandteil historischer Forschung geworden, was aber fehlte, ist ein umfassendes Werk, in dem die Ergebnisse der langjährigen Forschungen systematisch zusammengetragen sind. Diese Lücke haben die beiden renommierten amerikanischen Historikerinnen geschlossen. Die Autorinnen zeichnen präzise und anschaulich, dabei immer wissenschaftlich fundiert, eine neue Sicht der europäischen Menschheitsgeschichte.

Fischer Taschenbuch Verlag

Carola Meier-Seethaler

Ursprünge und Befreiungen

Die sexistischen Wurzeln der Kultur

Band 11038

Archäologische und ethnologische Untersuchungen förderten immer mehr Wissen über Lebensformen zutage, die entscheidend von Frauen geprägt waren – von Frauen, die nicht nur als Mütter, sondern geistig und organisatorisch im Zentrum kultischer und sozialer Zusammenhänge standen. Nach jahrelanger Beschäftigung mit kulturhistorischen, ethnologischen und sozialpsychologischen Studien wagt die Autorin den eigenwilligen Entwurf einer neuen Kulturtheorie: Die menschliche Kultur hat, so ihre These, ihren Ursprung in matrizentrischen Kulturen, in denen die Autorität von Frauen nicht auf Herrschaft, sondern auf deren magisch-religiöser Aura beruhte. Das Patriarchat hat seinen Ursprung in der Rebellion der Männer gegen ihre anfängliche Zweitrangigkeit. Herrschaft, Krieg und Ausbeutung sind keine Grundbegebenheiten des menschlichen Lebens, sondern die Folgen männlicher Überreaktion und Kompensation. Befreiungen zur Partnerschaft nennt die Autorin die individuellen, politischen und kulturellen Konsequenzen einer Patriarchatskritik, deren Ziele sehr konkret und aktuell sind.

Fischer Taschenbuch Verlag

Jessica Benjamin

Die Fesseln der Liebe

Psychoanalyse, Feminismus und und
das Problem der Macht

*Aus dem Amerikanischen von
Nils Thomas Lindquist und Diana Müller*

Band 11087

In *Die Fesseln der Liebe* zeigt die New Yorker Psychoanalytikerin, warum wir Unterwerfungsverhältnisse annehmen und oft sogar noch selbst vertiefen. Sie beschreibt den komplexen psychischen Prozeß, der beide Seiten in Fesseln schlägt und zu Komplizen macht. Die Autorin spürt diese Strukturen in unserem Familienleben auf, in gesellschaftlichen Institutionen, vor allem in unseren sexuellen Beziehungen – entgegen bewußtem Engagement für Gleichheit und Freiheit. *Die Fesseln der Liebe* ist ein wesentlicher Beitrag zu zeitgenössischem gesellschaftlichen Denken. Unter Einbeziehung klinischer Erfahrungen und neuerer psychologischer Forschungen bietet Jessica Benjamin einen entscheidenden Neu-Ansatz für die Psychoanalyse und ihre Auseinandersetzungen mit dem »Unbehagen in der Kultur.«

Fischer Taschenbuch Verlag

Florence Weiss
Die dreisten Frauen
Eine Begegnung in Papua-Neuguinea
Band 12831

Die Ethnologin Florence Weiss begibt sich auf eine zweimonatige Reise nach Papua-Neuguinea, um dort ihre Freundin, die Iatmul-Frau Miat zu treffen. Diese ältere Frau, die sie schon seit ihrem ersten Feldforschungsaufenthalt vor vierzehn Jahren kennt, lebt in einer Dorfgemeinschaft am Fluß Sepik und ist Alleinernährerin einer großen Familie. Sie selbst hat elf Kinder, die zum Teil schon erwachsen sind, versorgt aber auch noch die Kinder ihres verstorbenen Bruders mit. Die Iatmul leben vor allem vom Fischfang und vom Sammeln; die Frauen sind die Fischerinnen und für den größten Teil der Nahrungsbeschaffung zuständig, die Männer sind mit den gröberen Arbeiten wie dem Hausbau beschäftigt, außerdem sind sie kunstvolle Schnitzer, deren Arbeiten weit über Papua-Neuguinea hinaus geschätzt werden. In die Beschreibung der Dorfgemeinschaft aus dem Blickwinkel einer Europäerin sind die Aufzeichnungen der Gespräche mit Miat eingefügt: Der Außensicht der Besucherin wird eine Innensicht gegenübergestellt. In den Gesprächen wird deutlich, wie Miat ihr Leben sieht. Wir lernen ihre Einstellung zu Körperlichkeit und Sexualität, zu den anderen Frauen im Dorf und zu den Männern kennen.

Fischer Taschenbuch Verlag

Claudia Pinl

Vom kleinen zum großen Unterschied

»Geschlechterdifferenz« und
konservative Wende im Feminismus

Band 12320

Nicht mehr Gleichheit, sondern »Differenz« heißt die Lösung in weiten Teilen der Frauenbewegung. Wurde in den siebziger Jahren noch für die rechtliche, soziale und gesellschaftspolitische Gleichstellung der Geschlechter gekämpft, wird heute die »Geschlechterdifferenz« hervorgehoben. Es könne keine Gleichheit mit den Männern geben, sie anzustreben sei politisch falsch. Frauenpolitik müsse statt dessen die Vielfalt »weiblicher« Lebenszusammenhänge von Frauen berücksichtigen und materiell absichern. Claudia Pinl diskutiert diese Konzepte zur »Geschlechterdifferenz« vor dem Hintergrund der aktuellen politischen Situation von Frauen. Sie entlarvt so manche scheinbare Neuerung als Rückfall in längst vergangen geglaubte patriarchale Zeiten. Zwanzig Jahre neue Frauenbewegung – doch der emanzipatorische Karren steckt, so Claudia Pinl, tief im patriarchalen Dreck. Und haben wir es wirklich mit neuen Positionen zu tun? Oder handelt es sich nur um eine Neuauflage uralter Mythen über das »Wesen des Weibes«, mit einer lang bekannten Aufwertung der Haus- und Familienarbeit?

Fischer Taschenbuch Verlag

Maya Nadig

Die verborgene Kultur der Frau

Ethnopsychoanalytische Gespräche mit
Bäuerinnen in Mexiko

Band 13422

In ihren Gesprächen mit mexikanischen Bäuerinnen erkannte die Autorin die besondere Bedeutung der Arbeit für das Identitäts- und Selbstwertgefühl der Frau in der Bauerngesellschaft. In ihrer häufig gering bewerteten Arbeit leben und konstruieren die Frauen Tag für Tag eine »unsichtbare« Kultur, ein System von Sinngebung und Bedeutungen, das die Existenz der Frau in positiverer Weise widerspiegelt als die herrschende Kultur. In den Gesprächen werden Zusammenhänge von innen her, von der Subjektivität und der Erlebensweise der einzelnen Frau, versteh- und nachvollziehbar. Das Instrument der Ethnopsychoanalyse macht das Zusammenspiel von objektiven Strukturen und weiblicher Subjektivität sichtbar. Der vielschichtige Prozeß affektiver Beziehungen, Erlebnisse und Reaktionen zwischen der Autorin und den mexikanischen Bauersfrauen und das daraus resultierende Verständnis der fremden Kultur werden Schritt für Schritt einfühlsam vermittelt.

Fischer Taschenbuch Verlag

Ingeborg Mues (Hg.)

Was Frauen bewegt und was sie bewegen

Band 13946

Seit 20 Jahren setzt sich die Reihe ›Die Frau in der Gesellschaft‹ für eine offene Diskussion innerhalb der Frauenbewegung ein. Sie bietet engagierten Autorinnen hierfür ein Forum, von dem Impulse ausgegangen sind. Die Beiträge dieser Anthologie erzählen davon, wie alles begann, was erreicht wurde und was es – trotz allem – noch immer zu tun gibt. Wohin geht die Frauenbewegung? Vom Weiberrat bis zur Frauenpartei, vom Marsch durch die Institutionen bis zur ersten Kanzlerin im Jahr 2002? Eine spannende Bestandsaufnahme und ein aufschlußreicher Ausblick in die Zukunft.

Fischer Taschenbuch Verlag